U0892350

TAHOTA
泰和泰律師文丛

工程总承包（EPC/DB）争议解决实战攻略

张 旗 叶 海 余灵颖◎著

法律出版社 LAW PRESS · CHINA
——北京——

图书在版编目(CIP)数据

工程总承包(EPC/DB)争议解决实战攻略 / 张旗,叶海,余灵颖著. -- 北京 : 法律出版社, 2022
(泰和泰律师文丛)
ISBN 978-7-5197-6496-8

Ⅰ. ①工… Ⅱ. ①张… ②叶… ③余… Ⅲ. ①建筑工程-承包工程-法律-研究-中国 Ⅳ. ①D922.297.4

中国版本图书馆 CIP 数据核字(2022)第 037702 号

工程总承包(EPC/DB)争议解决实战攻略
GONGCHENG ZONGCHENGBAO(EPC/DB)
ZHENGYI JIEJUE SHIZHAN GONGLÜE

张 旗 叶 海 余灵颖 著

策划编辑 朱海波 李沂蔚
责任编辑 李沂蔚
装帧设计 汪奇峰

出版发行 法律出版社
编辑统筹 法律应用出版分社
责任校对 邢艳萍
责任印制 刘晓伟
经　　销 新华书店

开本 710 毫米×1000 毫米 1/16
印张 19.25 **字数** 332 千
版本 2022 年 3 月第 1 版
印次 2022 年 3 月第 1 次印刷
印刷 北京中科印刷有限公司

地址:北京市丰台区莲花池西里 7 号(100073)
网址:www.lawpress.com.cn
投稿邮箱:info@lawpress.com.cn
举报盗版邮箱:jbwq@lawpress.com.cn
销售电话:010-83938349
客服电话:010-83938350
咨询电话:010-63939796
版权所有·侵权必究

书号:ISBN 978-7-5197-6496-8
定价:78.00 元
凡购买本社图书,如有印装错误,我社负责退换。电话:010-83938349

序　一

做建设工程案件的专职律师很多，但研究建筑工程实务问题的很少，我带的几百名博士硕士中，好像只有三个既挣钱又出成果的，一个是浙江大公律师事务所的余卫博士，一个是广西同望律师事务所的李彩凤硕士，还有一个是泰和泰（深圳）律师事务所的张旗硕士。

我国是基建大国，建筑工程纠纷多，标的大，当事人大多有支付能力，历来是律师的兵家必争之地。但是，建筑工程纠纷的水很深，深到足以让律师喘着大气仰望星空的程度。无所不在的阴阳施工合同、无可奈何的层层转包分包、无计可施的虚假工程签证、无奇不有的工程造价鉴定，还有无理可争的群体性事件，全是无人能解的迷宫。没有一点勇气，没有一点技术，没有一点阅历，真不敢涉足。

张旗的团队准备出书了，书名是《工程总承包（EPC/DB）争议解决实战攻略》。年轻人最大的资本是无畏，实战攻略是将军的口气。这本书是否真有将军的雄才大略和三十六计，自有读者评论，但其中的工程管理和法律逻辑的思维碰撞、建筑工程纠纷实例的庖丁解牛般的复盘分析、办案过程中积累而成的经验领悟，对于律师和准律师的法学院学生有显而易见的阅读价值。

是为序。

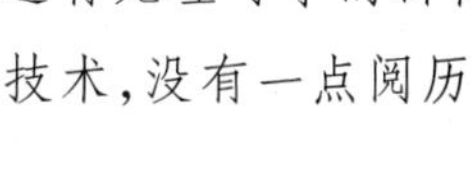

2022年1月26日于海口

序　二

解案析法　拨沙见金

工程总承包是近些年建筑业最热门的词汇。

2016年始，国务院、发改委、住建部等政府部门陆续出台《关于进一步推进工程总承包发展的若干意见》（建市〔2016〕93号）、《关于促进建筑业持续健康发展的意见》（国办发〔2017〕19号）、《关于加快新型建筑工业化发展的若干意见》（建标规〔2020〕8号）、《房屋建筑和市政基础设施项目工程总承包管理办法》（建市规〔2019〕12号）等相关政策、制度，积极推行工程总承包模式，倡导设计、采购、施工深度融合，以提高工程建设质量和效益。实践中，交通、水利、能源、化工、机场、港口等建设领域更是将工程总承包作为工程承发包的主要交易模式。

但与工程总承包的发展趋势不相匹配的是，现阶段工程总承包的规则制度供给不足。工程总承包的专项法律规定尚未出台，《民法典》《建筑法》等法律规定仅能提供原则参考，无法有针对性地适用于工程总承包领域。而传统的施工总承包与工程总承包差异较大，施工合同相关管理理念亦不能套用于工程总承包。陷入制度缺失的困境，工程总承包实施过程中出现了大量的争议。

鉴于此，泰和泰深圳办公室张旗、叶海、余灵颖律师复盘了大量的工程总承包项目法律服务案例，提炼整理工程总承包全过程法律服务指引，梳理工程总承包领域常见的法律纠纷，并运用“法律+造价+项目管理”的综合思维，总结出参考价值极强的工作建议，对化解工程总承包合同争议、解决项目管理实践问题大有裨益。

众所周知，建设工程领域专业性强，对律师的要求也高。作为泰和泰律师事务所的首席合伙人,我很欣喜地看到优秀的泰和泰青年律师迎难而上,不断思考总结、复盘并形成内容输出。

“君子之道,辟如行远必自迩,辟如登高必自卑。”希望张旗、叶海、余灵颖律师坚持长期主义、专业主义,持续探究工程总承包模式的有序运行,持续探讨工程总承包建筑领域法律专业服务,为建筑业健康发展贡献力量。

是为序。

法学博士

泰和泰律师事务所首席合伙人

第十届中华全国律师协会副会长

2022 年 1 月

自　序

2016年5月20日，住建部发布《关于进一步推进工程总承包发展的若干意见》（建市〔2016〕93号），从工程总承包的意义、模式、管理制度等方面进行了规定，并规定政府投资项目和装配式建筑应当积极采用工程总承包模式。随后，国务院办公厅于2017年2月21日发布《关于促进建筑业持续健康发展的意见》（国办发〔2017〕19号），要求装配式建筑原则上应采用工程总承包模式。政府投资工程应完善建设管理模式，带头推行工程总承包。以上述政策为开端，国家不断出台政策性文件鼓励工程建设主体采用工程总承包模式，并在房屋建筑和市政基础设施领域得到极大推广。

与传统的施工总承包模式（设计—招标—建造〈Design－Bid－Build〉模式）相比，工程总承包模式（EPC/DB）具有简化招标程序、缩短建设周期、降低工程造价、强化质量责任、降低发包人管理投入等一系列优势，在当下的工程建设中备受推崇。工程总承包项目的法律服务已成为建设工程法律领域的新热点。

无可讳言的是，工程总承包模式的实施效果并不理想，法律争议频发。主要原因是，工程总承包模式缺乏专门立法，仅有散落在《建筑法》和《民法典》中的若干原则性条文规定，在实践中缺乏普遍的指导性。在司法裁判领域，工程总承包模式也缺乏可资援引的基本规则。特别是工程总承包模式推广至复杂多变的房屋建筑领域之后，由于市场参与主体合同管理水平参差不齐，计价规则和风险分配条款等法律造价交叉内容极易引发争议。

乘着工程总承包的风口，笔者团队曾为多个大型工程总承包项目提供法律服务，如横琴新区海绵城市第一批示范项目（EPC）、横琴科学城（一期）勘察设计施工总承包项目（105.4亿元）、美的库卡智能制造产业园一期EPC项目等，并开展了多项贯穿“项目策划＋项目管理＋争议解决”项目建设全过程的法律服务,处理了多项争议,积累了一定经验。

本书创作的初衷是将笔者团队开展工程总承包项目法律服务案件(包括诉讼、非诉项目)的经验进行全面复盘和提升。具体篇章的创作均以实际案例、常见问题为切入点,针对近年来对工程总承包模式(EPC/DB)在国内推行过程中产生的典型争议,从律师办案和实务处理视角进行分析。笔者团队力争本书更具有实践价值,能为各位工程总承包参与者实际问题的解决提供参考。

在本书第一章,笔者首先以某 EPC 项目全过程法律服务的经验为基础,梳理总结了笔者团队为 EPC 项目发包人提供全过程法律服务的工作指引。同时,对“EPC + O”“PPP + EPC”等模式从非诉实务的角度进行了专门论述,提出了建设性意见。

在第二章“争议解决”中选取真实案例,从律师团队办案视角出发,条分缕析解读争议问题所涉的工程管理、工程计价、法律渊源,更加贴近工程总承包管理的一线实务,努力呈现争议解决的“法律 + 造价 + 项目管理”综合思维,为工程总承包项目法律风险管理提出可资借鉴的意见和方案。

为了回应实务中常见的典型问题,本书亦设置了第三章“实务问答”专章,对实务人士提出的问题,依据现行的法律法规、政策性文件及裁判案例进行系统性的解答,并对项目管理提供法律意见和建议。

感谢王先伟、朱宏伟两位老师授权《从 2017 版银皮书谈 FIDIC 对工程总承包合同终止的价格确定原则》及《由 2017 版银皮书 DAAB 条款谈 FIDIC 争端解决机制沿革及对国内工程多元化纠纷解决机制的启示》两篇文章在本书中出版使用,使本书关于工程总承包合同争议解决的体系构建更趋完整,并使理论性得到极大的提升。感谢中国石油工程建设有限公司青海分公司副总经理魏可广先生对书稿提出的宝贵修订意见。

由于工程总承包模式还在探索中,本书涉及很多问题也没有统一的认知,为笔者团队一家之言;而且除王先伟、朱宏伟两位老师的文章外,本书其余内容均是笔者团队在繁忙工作之余写作,难免有所不足或争议之处。故请各位读者朋友不吝赐教,如有任何宝贵意见和建议,欢迎与笔者团队联系,我们将积极听取并逐步加以修订完善。

全称、简称对照表

一、法律

全　称	简　称
《中华人民共和国招标投标法》	《招标投标法》
《中华人民共和国建筑法》	《建筑法》
《中华人民共和国政府采购法》	《政府采购法》
《中华人民共和国民事诉讼法》	《民事诉讼法》
《中华人民共和国民法典》	《民法典》
《中华人民共和国民法通则》(已失效)	《民法通则》
《中华人民共和国行政诉讼法》	《行政诉讼法》
《中华人民共和国民法总则》(已失效)	《民法总则》
《中华人民共和国合同法》(已失效)	《合同法》
《中华人民共和国仲裁法》	《仲裁法》
《中华人民共和国电力法》	《电力法》
《中华人民共和国城乡规划法》	《城乡规划法》
《中华人民共和国保险法》	《保险法》
《中华人民共和国刑法》	《刑法》
《中华人民共和国安全生产法》	《安全生产法》
《中华人民共和国劳动合同法》	《劳动合同法》
《中华人民共和国价格法》	《价格法》
《中华人民共和国审计法》	《审计法》

二、行政法规、规章

全 称	简 称
《建设项目工程总承包管理规范》(GB/T 50358－2017)	《工程总承包管理规范》
《建设工程工程量清单计价规范》(GB 50500－2013)	《工程量清单计价规范》
《房屋建筑和市政基础设施项目工程总承包计价计量规范(征求意见稿)》	《工程总承包计价计量规范》
《房屋建筑和市政基础设施项目工程总承包管理办法》	《工程总承包管理办法》
《中华人民共和国招标投标法实施条例》	《招标投标法实施条例》
《中华人民共和国审计法实施条例》	《审计法实施条例》
《建设工程安全生产管理条例》	《安全生产条例》

三、司法解释、各地法院裁判指导意见

全 称	简 称
最高人民法院《关于适用〈中华人民共和国民事诉讼法〉的解释》	《民事诉讼法解释》
最高人民法院《关于印发〈民事案件案由规定〉的通知》	《民事案件案由规定》
最高人民法院《关于民事诉讼证据的若干规定》	《民事诉讼证据规定》
最高人民法院《关于审理民事案件适用诉讼时效制度若干问题的规定》	《民事诉讼时效规定》
最高人民法院《关于审理建设工程施工合同纠纷案件适用法律问题的解释》(已失效)	《施工合同司法解释》
最高人民法院《关于审理建设工程施工合同纠纷案件适用法律问题的解释(一)》	《施工合同司法解释(一)》
最高人民法院《关于审理建设工程施工合同纠纷案件适用法律问题的解释(二)》(已失效)	《施工合同司法解释(二)》
最高人民法院《关于适用〈中华人民共和国合同法〉若干问题的解释(二)》(已失效)	《合同法解释(二)》

四、其他

全　称	简　称
FIDIC《施工合同条件》	FIDIC 红皮书
FIDIC《生产设备和设计—施工合同条件》	FIDIC 黄皮书
FIDIC《设计采购施工(EPC)/交钥匙工程合同条件》	FIDIC 银皮书
FIDIC《设计、施工和运营合同条件》	FIDIC 金皮书
最高人民法院	最高院
高级人民法院	高院
中级人民法院	中院
仲裁委员会	仲裁委
住房和城乡建设部/厅/局	住建部/厅/局
住房和城乡建设管理委员会	住建委
建设行政主管部门、建设主管部门	建设主管部门
国家发展和改革委员会	发改委

目 录

第三章 工程总承包模式实务问答

第一章 工程总承包法律服务概述

第1节 EPC项目全过程法律服务指引——发包人方

随着《工程总承包管理规范》《工程总承包计价计量规范》《工程总承包管理办法》等政策文件的密集出台，工程总承包的时代已经强势来临。无论是政府引导还是市场探索，EPC模式必然会进入建设者的视野并发挥重要作用。

本节中，笔者团队以服务若干工程总承包（EPC）项目之发包人方的法律经验为例，提出“项目策划＋项目管理＋争议解决”全过程辅导的法律服务思路，探讨EPC项目法律服务的要点、常见问题及解决思路，以期提供借鉴。

一、EPC模式的定义及项目策划要点

（一）EPC模式的定义

根据住建部《关于培育发展工程总承包和工程项目管理企业的指导意见》（2003年2月13日，建市〔2003〕30号）第二条第三款的规定，EPC模式即设计采购施工总承包，是指工程总承包企业按照合同约定，承担工程项目的设计、采购、施工、试运行服务等工作，并对承包工程的质量、安全、工期、造价全面负责。EPC（Engineering，Procurement and Construction）是设计（Engineering）、采购（Procurement）、施工（Construction）的英文首字母组合，即设计采购施工总承包的缩写。EPC模式的典型范例是FIDIC编制的FIDIC银皮书。

(二)EPC项目策划

符合工程总承包发展要求的组织结构和项目管理体系仍在探索阶段,工程一线人员项目经验与管理能力尚显薄弱,EPC总承包项目执行下来,很容易变成"E+P+C"的管理结局,未能很好地发挥EPC总承包的管理优势。因此,提供EPC项目法律服务的律师,重要任务就是在工程实施前,协助委托方认真地进行前期策划。

笔者团队基于项目实际需要,在提供服务之初将开展如下工作:

1. 梳理国家和当地关于EPC工程总承包模式的法律法规、政策性文件、管理规定,就发包条件、投标人资格、承发包双方风险分配、投资控制、再发包、工程结算与政府审计、税务筹划等项目实施要点进行专题研究。

2. 研究同类项目工程总承包成功与失败的案例,并事先做好应对和风险管理方案。

3. 与发包人团队中工程、设计、商务等专业人员就造价条款、招标方案的制订、工程总承包项目管理等事宜进行交流。

4. 向其他有EPC工程承包相关经验的人士咨询等。

通过以上研究工作,笔者团队在合法合规的前提下协助发包人编制适合本地区、本项目的EPC发包方案。

(三)EPC项目的管控要点及措施

以某EPC项目为例,笔者团队与发包人团队在项目立项之初就对拟实施EPC发包方案进行详细论证,并就管控重点制定相关措施:

问题1. 项目投资规模大、建筑类型多、工期紧,如何保质按时完成建设任务,并实现目标?

采取的相关措施:采用EPC建设模式,充分利用EPC模式的优点,针对EPC模式的缺点,制定相应的措施,做好预防和主动控制。

问题2. 如何选好EPC承包单位,尽可能促进设计、施工的强强联合?

采取的相关措施:

(1)采用"全过程"EPC的模式,选择带概念设计的招投标方式;

(2)分别合理设置设计、施工单位投标门槛,框选入围团队范围;

(3)采用资质预审,评标和定标分离的招标模式;

(4)量化设计任务书,明确各分区功能需求。

问题3.如何保证设计方案的质量,达到较好的设计效果?

采取的相关措施:

(1)设置具有一定吸引力的设计方案投标补偿激励办法,吸引更多有实力的设计单位参与投标,参与概念设计方案竞赛;

(2)采用评标和定标分离的招标模式,确保发包人定标的权利;

(3)提前选定设计咨询和造价咨询单位,让设计咨询和造价咨询单位协助做好招标、定标的工作;

(4)要求中标单位借鉴各入围设计方案的优点,优化并调整中标设计方案。

问题4.如何做好材料、设备的选择及定价?

采取的相关措施:

(1)尽快收集项目可能涉及的材料以及设备的品牌、厂家、供应商、价格信息,逐步建立材料、设备库,并继续补充、完善;

(2)招标文件约定大型、大宗材料设备的品质档次要求和参考品牌;

(3)招标文件要制定材料和设备的选定、价格确定的流程、争议的解决办法,要确保发包人对材料、设备合理定价的话语权;

(4)对非标材料、设备采用发包人定品牌、定价,EPC单位可推荐参考品牌;

(5)通过制作样板间的方式配合好材料、设备的选择和定价工作。

问题5.如何做好设计变更管理?

采取的相关措施:

(1)引入设计监理单位,加强对设计工作的监督管理。

(2)制定对设计单位的奖惩机制,对设计质量及进度进行考核,对超过一定数量、一定范围的设计失误进行处罚。

(3)风险分配及价格调整条款中约定仅发包人原因引起的设计变更方可调整价格;施工图审查后,因承包人设计错、漏、碰、缺等引起的后期修正类设计变更均不予调整价格。

二、EPC项目法律服务要点

鉴于EPC模式在国内房建和市政基础设施领域的应用经验尚不丰富,项目实施过程中必然需要专业的法律支持。现就笔者团队服务相关项目期间涉及的若干法律服务要点简述如下：

(一)项目前期阶段

1. 判断项目是否适用 EPC 模式

《工程总承包管理办法》第六条规定："建设单位应当根据项目情况和自身管理能力等,合理选择工程建设组织实施方式。建设内容明确、技术方案成熟的项目,适宜采用工程总承包方式。"2021 年 12 月 28 日,深圳市福田区人民政府办公室发布的《福田区政府投资项目设计—采购—施工(EPC)工程总承包管理办法》[①]第三条规定："EPC 总承包项目原则上适用于建设内容明确、技术方案成熟的工程项目,如学校、保障性住房、市政道路、装配式建筑等房屋建筑和市政工程项目;建设规模较大、内容复杂的信息化建设项目,如智慧城市、智慧园区(信息化建设)、数据中心等;以及其他经区政府会议审定需采用 EPC 模式推进的项目。"实践中,一般认为对个性化要求较高、建设需求和标准存在较多变数的项目不宜采用总承包方式。比如,《福田区政府投资项目设计—采购—施工(EPC)工程总承包实施细则》[②]第三条就规定："对设计个性化要求较高、建筑材料及施工工艺特殊、建设需求不明确、预期不稳定、地下工程占比较大的项目不宜采用 EPC 模式。"

2. 判断项目是否具备发包条件

关于 EPC 项目的发包条件,国家及各地方的规定亦有不同。《工程总承包管理办法》第七条规定："建设单位应当在发包前完成项目审批、核准或者备案程序。采用工程总承包方式的企业投资项目,应当在核准或者备案后进行工程总承包项目发包。采用工程总承包方式的政府投资项目,原则上应当在初步设计审批完成后进行工程总承包项目发包;其中,按照国家有关规定简化报批文件和审批程序的政府投资项目,应当在完成相应的投资决策审批后进行工程总

---

① 2021 年 12 月 28 日,福田区人民政府办公室印发《福田区政府投资项目设计—采购—施工(EPC)工程总承包管理办法》,详见网址 http://www.szft.gov.cn/bmxx/qfzhggj/zwxxgk/zcfg/content/post_9486625.html。

② 《福田区政府投资项目设计—采购—施工(EPC)工程总承包实施细则》为 2021 年 12 月 28 日福田区人民政府办公室印发的《福田区政府投资项目设计—采购—施工(EPC)工程总承包管理办法》的附件 1,详见网址 http://www.szft.gov.cn/attachment/0/935/935597/9486625.pdf。

承包项目发包。”根据上述规定，企业投资的 EPC 项目最早可以在可行性研究完成之后发包，政府投资的 EPC 项目原则上应在初步设计审批后发包。[①] 而深圳地区的规定略有差异。深圳住建局发布的《EPC 工程总承包招标工作指导规则（试行）》（深建市场〔2016〕16 号）规定，EPC 工程总承包招标可以在完成概念方案设计之后进行，也可以在完成方案设计之后进行，即方案未定的 EPC 工程总承包招标和方案已定的 EPC 工程总承包招标。同时就项目需明确的招标需求也作出了较为细致的规定。《福田区政府投资项目设计—采购—施工（EPC）工程总承包管理办法》第七条[②]亦规定，采用 EPC 总承包模式的政府投资项目，原则上应当在初步设计及项目总概算审批完成后进行 EPC 总承包项目发包。对于特殊情况需提前发包的，亦可以经区政府批准后在可行性研究报告批复（免可研审批项目除外）后或者项目建议书批复后进行 EPC 总承包项目发包。

3. 判断项目是否应当招标

关于 EPC 项目应当如何招投标，一直是备受关注的热点问题，但《招标投标法》及《招标投标法实施条例》对此并未提及。目前政策及实操层面仅能根据招标投标活动的一般性规定进行理解。如《工程总承包管理办法》第八条规定：“建设单位依法采用招标或者直接发包等方式选择工程总承包单位。工程总承包项目范围内的设计、采购或者施工中，有任一项属于依法必须进行招标的项目范围且达到国家规定规模标准的，应当采用招标的方式选择工程总承包单

---

① 《上海市建设项目工程总承包管理办法》第五条（发包条件）进一步明确了政府投资项目在初步设计审批完成后招标的几种例外情况，即采用工程总承包方式的政府投资项目，除下述情况外，原则上应当在初步设计批复完成后进行工程总承包项目发包：（1）工程可行性研究报告（初步设计深度）获得批准的房屋建筑项目。（2）工程可行性研究报告获得批准的以下项目：建设标准明确的中、小型市政基础设施、交通（不含公路）、园林绿化、水利等项目；此类项目，根据实际情况，可将勘察业务纳入工程总承包进行发包。（3）对建设周期有特殊要求的重大建设项目。

② 《福田区政府投资项目设计—采购—施工（EPC）工程总承包管理办法》第七条规定：“采用 EPC 总承包模式的政府投资项目，原则上应当在初步设计及项目总概算审批完成后进行 EPC 总承包项目发包。

对于建设规模与标准明确，建设内容及方案预期稳定，且属于紧急情况确需提前发包的，可由建设单位报区政府会议审定后，向区住房建设局提出申请认定为应急工程后进行 EPC 总承包项目发包。

工程项目确需提前发包的，且建设规模与标准明确，建设内容及方案预期稳定的，应当经区政府批准，在可行性研究报告批复（免可研审批项目除外）后进行 EPC 总承包项目发包。信息化建设项目确需提前发包的，应当经区政府批准，在项目建议书批复后进行 EPC 总承包项目发包。”

位。”笔者理解,根据《招标投标法》等相关规定理解无须招标的项目,也可以采用直接发包方式。在此基础上,后续服务中也应当对诸如“工程分包或设备采购是否需要招标”等细节问题进行论证。

(二)招标文件及合同文本起草

招标文件及合同文本起草阶段,法律顾问需要结合项目建设需求及 EPC 模式的疑难问题协助客户制作和审查相关文本。

1. 项目建设要求

(1)审查发包人要求、设计任务书等必要附件是否具备。工期方面,设计、施工工期是否区分并有效衔接。如涉及多个子项目,是否明确各子项目分别计算工期和竣工验收。

(2)质量标准是否明确。除项目总体的质量管理目标外,也应当对设计质量、采购质量、施工质量等分别提出指导性要求。

(3)承包范围是否清晰。项目进行联合体招标的情况下,可以区分设计、施工的承包范围,并分别制作设计、施工的任务书。

(4)项目前期手续的分配。列明项目前期已完成的手续,并明确后续的手续由哪一方负责办理。

(5)工程变更的程序是否明确以及费用风险由哪一方承担。

(6)竣工验收、场地及工程资料移交的程序是否明确。

2. 承包人要求

(1)是否允许联合体投标,是否对联合体的牵头方提出要求,比如,要求是设计单位或者施工单位。

(2)承包人与其他专业机构的配合义务。如约定承包人与发包人单独聘请的设计咨询、造价咨询顾问单位的配合义务。存在境外设计单位的,约定承包人对境内设计单位(境外单位无资质,一般是作为境内单位的分包方或合作方)的协作义务。

(3)对承包人资质的要求,根据工程规模确定相应的工程设计资质和施工总承包资质（部分地区仅要求单资质[①]），或者由具有相应资质的设计单位和施工单位组成联合体。

（4）对承包人业绩和资信的要求，如具有与发包工程相类似的设计、施工或者EPC总承包业绩；具有良好的资信水平，包括总承包单位和主要专业责任人近三年内无不良信用记录，能提供不低于总承包合同额或投标价10%的履约保函等。

（5）禁止转包和违法分包。如约定：总承包单位不得将EPC总承包项目进行转包；不得将EPC总承包项目工程主体结构的设计、施工业务分包给其他单位；不得将工程分包给不具备相应资质条件的单位。分包单位不得将其承包的工程再分包。以设计和施工双资质承接项目的总承包单位，应当自行完成主体工程的设计和施工业务；以联合体形式承接项目的总承包单位，联合体各方应当按照合同约定分别自行完成主体工程的设计、施工业务。

（6）发包人是否参与关键分包单位的选择，考虑指定分包的风险设置定标权、推荐权或一票否决权等。

3. 计价方式

计价方式存在固定总价、固定单价以及下浮率报价三种选择。以下浮率报价为例，对建设周期有紧急要求且尚未达到方案设计深度的，发包单位在发包时须明确要求投标单位带设计方案进行投标，经批复的项目总概算作为上限价。合同需考虑是否明确合同暂定价以及暂定价的依据是什么（一般是投资估算，可区分勘察、设计费、建安工程费）。为控制项目建设成本，一般在合同中作出限额设计的要求，如以审定概算中的建安工程费进行施工图的限额设计。针对超出限额的风险，也可以事先约定处理方式，如发生规划调整、经发包人批准的设计变更等原因，发包人有权申请调整工程概算。措施费一般约定在报价中包干。

---

①　深圳住建局发布的《关于进一步完善建设工程招标投标制度的若干措施》（深建规〔2020〕1号）第二十二条规定："设计—采购—施工总承包（EPC）项目招标可以按下列方式之一设置投标人资格条件：

（一）具备工程总承包管理能力的独立法人单位；

（二）具备与招标工程规模相适应的工程设计资质（工程设计专项资质和事务所资质除外）或施工总承包资质。

前款所称具备工程总承包管理能力的独立法人，必须具有与工程总承包相适应的组织机构、项目管理体系、专业管理人员，以及同类工程建设管理的经验（业绩）。具体标准由招标人在招标文件中明确。"

4. 税务筹划

营改增后,增值税作为价外税,需要在合同价款中予以考虑,若承包人无法通过有效的税务筹划合理降低成本,该成本最终也将体现在报价中,并最终影响投资控制。目前存在以下两种计税方式:

(1)混合销售

按照销售劳务缴纳增值税,无论是管理费、调试费、设备还是建安服务费,都适用9%税率。如某地税务局认为,建筑企业受发包人委托,按照合同约定承包工程项目的设计、采购、施工、试运行等全过程或若干阶段的EPC工程项目,应按建筑服务缴纳增值税。

(2)兼营

在仅有EPC总承包合同的情况下,亦有税务部门认为分开核算可计算不同税率。如合同中分别约定设计服务(6%)、采购(13%)、施工(9%)等内容和价款,以适用不同税率。但实操中容易造成财务记账混乱、税务部门核算不清,从而被税务部门要求从高适用税率。

从税务筹划的角度,可以考虑在签订EPC总承包合同时,将设计、采购、施工合同分开签订,避免从高适用税率的风险,但合同起草工作量较大,同时责任分配较为复杂,律师工作量大。此外,事先拆分为多个单独的、不同的合同,也存在认定为普通建设工程合同的风险。实务中,可以提前与当地税务部门进行沟通,在明确税收管理要求之后制定税务筹划策略,并可在招标文件中规定双方可共同税务筹划。

5. 合同价格确认与调整

(1)一般在完成初步设计概算、施工图预算评审后,对非包干性质的设计费按实结算,并以施工图预算价作为建安工程费进度款支付的依据。

(2)材料价差的调整与施工总承包模式基本一致。

(3)信息价缺项的主要设备和材料的价格确认一般由承包人报发包人审批确定,若双方对价格无法达成一致,则由双方共同或者由承包人通过公开采购平台(公开招标)采购,相关价格不参与下浮。

(4)主要材料和设备品牌的选择权可由发包人保留。

(5)对发包人提出的工程变更予以补偿,包括设计变更补偿费。

6. 付款方式

需考虑勘察设计费、建安工程费是否分别支付。分开付费的情况下，设计费一般按阶段成果付费，建安工程费按进度支付或按月支付。同样，设计费可与建安工程费分开结算。

7. 风险分配

(1)发包人承担的风险

①发包人提出的建设范围、建设规模、建设标准、功能需求、工期或者质量要求的调整。

②主要工程材料价格和招标时基价相比，波动幅度超过合同约定幅度的部分。

③因国家法律法规政策变化引起的合同价格的变化(如税率调整)。

④难以预见的地质自然灾害、不可预知的地下溶洞或者采空区或者障碍物、有毒气体等重大地质变化，其损失和处置费由发包人承担；因承包人施工组织、措施不当等造成的上述问题，其损失和处置费由承包人承担。

⑤其他不可抗力所造成的工程费用的增加。

(2)承包人承担的风险(合同约定)

①项目现状地质情况与勘察结果不一致(勘察由承包人负责的情况下)。FIDIC 银皮书也将地质风险分配给承包人。如 FIDIC 银皮书第 4.10 款规定：雇主应在基准日期前(和之后)，将其取得的现场地下、水文条件及环境方面的所有资料提供给承包人。承包人应负责核实和解释所有此类资料，雇主对这些资料的准确性、充分性和完整性不承担责任。

②招标工期紧迫及赶工的风险。

③图纸深化。承包人承担施工图明确的建设范围内难以准确预见的工程和费用。

④非不可抗力所造成的损失和预防灾害所采取的措施费用。

⑤承包人引起的设计变更，如设计错漏、碰缺。因承包人设计上的错误或严重不合理导致的施工作业返工、材料设备采购增加等的损失均由承包人自行承担，延误的工期不予顺延。

⑥其他根据项目特征设置的风险。

8. 违约责任

(1)设计与施工方的责任是否连带。招标项目的联合体应当承担连带责任。

(2)违约金一般按固定标准计算。

(3)创优、赶工目标的保障。可在进度款中预留,在结算时考核。

(4)其他根据项目特征设置的违约责任。

(三)合同交底

笔者处理建设工程合同争议时,遇到的普遍场景是管理人员并不熟悉合同内容,谈到具体问题便匆忙找出原始合同文件翻看。这样暴露了一个问题:合同签约后未做合同交底,管理人员不熟悉合同条款,脱离合同实施管理。

实际上,合同交底对项目管理工作至关重要。合同交底应包括合同的主要内容、合同实施的主要机会和风险、合同签订过程中的特殊问题、合同实施计划和合同实施责任分解等内容。实施合同交底动作,应当建立在对企业的业务流程和内部管理程序有一定了解的基础上,并将其他项目的后端问题解决思路延伸到本项目合同履行过程,如证据固定的指导。

(四)履约监控管理

EPC 合同签订后,律师团队需要协助客户对项目建设运营过程中存在的合同管理偏差及法律风险隐患进行评估,规范项目管理的工作流程,树立全员法律风险防控意识,为项目的顺利完工扫清障碍。

履约评估以质量、工期、造价管理等管理目标为中心,按月度、季度、年度节点持续跟踪收集、整理、分析合同执行情况,及早发现、提出和解决合同履行中存在的问题,以最大限度地规避或减少风险。服务手段包括以下几个方面:

1. 书面资料收集

根据项目特征设计法律风险尽职调查清单,由客户项目部根据清单目录提供相应的书面资料。书面资料主要是项目实施过程中产生的基础资料,如(1)招投标文件;(2)合同;(3)来往信函;(4)会议纪要;(5)施工管理日志、周报、月报;(6)变更指令;(7)签证单;(8)承包商索赔文件;(9)各类担保保证文件;(10)各类保险单;(11)政府官方部门发布的对项目有影响的法规、条例和规定;(12)工程照片;(13)收付款文件(含发票);(14)有关部门发布的人机料市场信息和外汇信息;(15)其他项目执行文件。

2. 调查问卷

为了获取客户项目部相关制度、合同的执行情况和执行者对制度执行、合同管理的主观感受,在收集资料的基础上,律师团队可以制作调查问卷,将向合约管理、工程管理、财务管理、工程管理所涉及的相关工作人员发放调查问卷。

3. 现场访谈

在得到第一轮调查问卷的反馈后,对通过问卷调查未能有效传达或准确描述的问题,律所团队可以继续锁定这些问题,采取与工作人员面对面的访谈方式,进一步挖掘信息。

4. 现场观察

在必要时,律师团队可以对项目建设现场进行观察,以此获取现实工作中法律风险的第一手资料。

(五)索赔风险管理

法律服务过程中,律师团队可以根据客户项目部的实际情况制定或完善工程变更、索赔管理管理制度,协助客户做好索赔管理。

在 EPC 模式下,承包人索赔和调整合同价款的合理事由大大减少。作为发包人的专业顾问,律师应当认真对待发包人提出的索赔事件咨询,谨慎作出法律判断,避免因意见偏颇而给发包人造成决策失误的不利影响。

1. 发包人反索赔的基本思路

承包人的索赔是指承包人在施工过程中根据合同约定及法律规定,要求发包人补偿由于发包人原因或需要发包人承担风险造成的损失。因此,发包人审查承包人索赔文件时需着重注意索赔的正当性(是否有合同或法律上的依据)、程序性(是否符合合同约定的程序)和证据性(证据形式的合法性、与索赔请求的关联性、真实性以及索赔项目和金额)。

从动态的角度来看,索赔的基本要件包括索赔理由、索赔时限、索赔证据和索赔数额计算,因此,发包人审查具体索赔文件时,一般应对索赔的要件进行全面审查。

(1)索赔主体是否适格:在工程索赔关系中,索赔主体应当是与发包人有直接合同关系的承包人。分包商或其他与发包人没有合同关系的第三方不能向发包人提出索赔,发包人可不接收或直接拒绝其索赔申请。

(2)索赔时限:索赔意向书、索赔报告、索赔函提交的时间是否符合合同约定。

(3)索赔事件:索赔事件发生的时间、内容、特征、影响范围等是否属实。

(4)损害结果:受到索赔事件影响的各分项工程损失的计算依据、方法(如混淆定额计价和清单计价)、结果以及各分项工程是否属于合同约定的索赔范畴等。

(5)索赔事件发生的原因与责任分析:索赔事件发生的原因或责任是发包人,还是承包人,或是双方共同责任,或是归咎于非当事人任何一方。

(6)索赔事件和损害结果的因果关系:索赔事件发生后,承包人有没有尽至一个有经验的承包商应当采取的措施以减轻或消除损害扩大等。

(7)证据材料的真实性和关联性:承包人的索赔文件中有没有上述第(2)项至第(6)项相关的证据材料,证据是否真实(如虚假签证等),证据与待证事实之间有没有关联关系(如前后引用不同的价格指标来证明物价波动等),证据的形成是否符合合同的约定等。

2. 反索赔案例

以下结合典型案例,就EPC固定总价合同在履行中发生变更是时是否调价进行解读:

【案情简介】

2007年10月,山东某发电公司(发包人)与江苏某环保工程建设公司(承包人)签订《2×150MW机组烟气脱硫工程合同》。合同约定,由承包人承包发包人1、2机组炉外烟气脱硫工程,工程承包方式为EPC总承包,合同价款为固定总价5240万元。

双方在《2×150MW机组烟气脱硫工程合同》第4.3款约定,“本合同总价在合同执行期内为不变价,遇下列情况作相应调整:氧化风机已包含在合同总价中,如设计不需要,按乙方(承包人)投标价格从合同总价中扣除;如乙方考虑不周,漏设或其他原因等造成工程量的增加,增加的工程量不再增加费用”。

双方在《2×150MW机组烟气脱硫工程合同》专用条款中约定,本合同价款为闭口价,除合同条件4.3条款外,在整个合同执行期内不变,本合同价款包含但不限于乙方为完成本工程所发生的所有费用及风险,乙方已在投标报价时充分考虑。

双方在《技术协议书》中约定:在本协议书中关于各系统的配置和布置等是甲方的基本要求,仅供乙方设计参考,并不免除乙方对系统设计和布置等所负的责任。

合同签订后,承包人开始施工。2008 年 1 月 8 日,发包人向承包人发函,载明:"关于脱硫工程增压风机方案事宜,我公司从系统运行的可靠性、建设投资及今后运行维护费用等方面进行了详细的论证,确定取消增压风机,对原引风机及电机进行改造,以达到脱硫投运后的系统要求。另:相应扣除脱硫系统中增压风机的费用 250 万元,请贵方回函确认。"

2008 年 1 月 8 日,某环保公司回函,载明:"贵司 2008 年 1 月 8 日关于脱硫工程取消增压风机的函已收到,我司同意贵司安排,现回函予以确认。"

2009 年 12 月 18 日,发包人与承包人召开脱硫干燥系统改造方案讨论会,会议对干燥系统改造方案进行讨论研究并形成会议纪要,会议纪要第 4 条载明:采用蒸汽换热方式,由于出料量设计为 18 吨/小时,蒸汽消耗量较大,承包人应设计采用电厂锅炉热风作为干燥源,根据发包人锅炉热风运行参数和干燥系统运行参数选择合适的管径和阀门,干燥方案报发包人审批后组织实施。后承包人实施了改造工程。

该改造工程造成承包人费用增加,此后双方因相关增减项问题发生争议诉至法院。法院最终支持了发包人在结算款中扣减减少的增压风机的费用,并驳回了承包人要求增加的改造工程部分费用请求。

【法律分析】

本案中,因发包人原因导致的增项工程是否应该相应地增加工程款是争议焦点之一。承包人主张改造工程部分是由于发包人提供的蒸汽不符合要求而导致的,因此,该部分应认定为增项工程量。对此,法院认为,本合同为 EPC 合同,承包人应对勘测、设计、施工、采购全面负责,且《技术协议书》中明确约定,发包人提供的配置和布置仅供承包人参考,承包人需对技术参数的准确性负责。故承包人无权要求发包人承担设计风险。

从上述案例可以看出,EPC 合同项下,设计问题导致的工程量增加一般不能作为承包人要求调整合同价款的依据。不仅单纯工程量的增加一般不视为工程变更,而且设计也是承包人的责任,对于因设计不符合发包人要求而导致的工程量增加,属于承包人的责任范围,承包人无权要求调增合同价款,即使该参数由发包人提供(由发包人承担责任的情况除外)。①

(六)工程验收及资料移交管理

竣工验收是工程建设过程的最后环节,是投资成果转入使用的标志,也是全面考核建设成果、检验设计和工程质量的重要步骤。

《建筑法》第六十一条第一款规定:"交付竣工验收的建筑工程,必须符合规定的建筑工程质量标准,有完整的工程技术经济资料和经签署的工程保修书,并具备国家规定的其他竣工条件。"

《建设工程质量管理条例》第十六条规定:"建设单位收到建设工程竣工报告后,应当组织设计、施工、工程监理等有关单位进行竣工验收。建设工程竣工验收应当具备下列条件:(一)完成建设工程设计和合同约定的各项内容;(二)有完整的技术档案和施工管理资料;(三)有工程使用的主要建筑材料、建筑构配件和设备的进场试验报告;(四)有勘察、设计、施工、工程监理等单位分别签署的质量合格文件;(五)有施工单位签署的工程保修书。"第十七条规定:"建设单位应当严格按照国家有关档案管理的规定,及时收集、整理建设项目各环节的文件资料,建立、健全建设项目档案,并在建设工程竣工验收后,及时向建设行政主管部门或者其他有关部门移交建设项目档案。"

从上述规定可以看出,发包人和承包单位所做的建设项目各环节的文件资料、项目档案就是其主张权利、解决纠纷的证据。

虽然,工程总承包模式下的竣工验收资料管理与传统的施工总承包模式存在一定区别,但目前国家并未出台关于工程总承包项目竣工资料归档的专项规定。目前,工程总承包项目工程竣工资料的来源、类别、保存依然按照《建设工程文件归档规范》(GB/T 50328－2014)、《建筑工程资料管理规程》(JGJ/T 185－2009)的要求执行。这也是律师团队协助发包人进行竣工资料审查的重要依据。

---

① 参见朱中华:《减项增量如何调整EPC合同的固定总价?》,载新浪博客2018年2月9日,http://blog.sina.com.cn/s/blog_8193711c0102x3mq.html。

(七)结算风险管理

工程总承包模式的结算风险主要是计价方式的争议,工程总承包模式提倡固定总价,除合同约定可以调整的情形外,合同总价一般不予调整。与传统施工总承包模式相比,承包人承担的工程变更风险较大,可调价情形较少。承包人不平衡报价,低价中标高价索赔的空间较少。但在建筑市场成本普遍上涨、利润日趋微薄的行业背景下,许多承包人依然选择在结算阶段提出超额结算请求。

服务发包人的专业律师团队,需要认真研究工程总承包模式的计价规则,准确判断承包人超额费用发生的深层次原因,如是否属于承包人违反限额设计原则恶意突破控制价,工程变更发生的原因是否承包人设计失误造成,索赔项目是否属于承包人自担风险范围或双方共担风险,工程量增加后是否按照清单价格据实结算或属于总价包干范围等。

在准确定性结算请求各项费用的基础上,律师团队协助发包人提出明确的结算审核回应意见。

EPC 模式作为国际通行的建设项目组织实施方式,具有层次分明、责任明确、灵活多变等管理的多样性及先进性,必将广泛应用于工程建设中。对于发包人来说,EPC 总承包项目管理是对自己认知水平、管理能力的一项挑战,有机遇也充满风险。律师为发包人提供 EPC 项目的法律服务时,可以协助进行项目管理策划,合理设计 EPC 模式及承包合同有关条款,持续跟踪 EPC 合同的履约过程,并对索赔事件提供专业法律支持,以帮助发包人既能实现项目建设目标又不承担过多风险。

附图 1－1－1　EPC 项目法律服务全流程示意

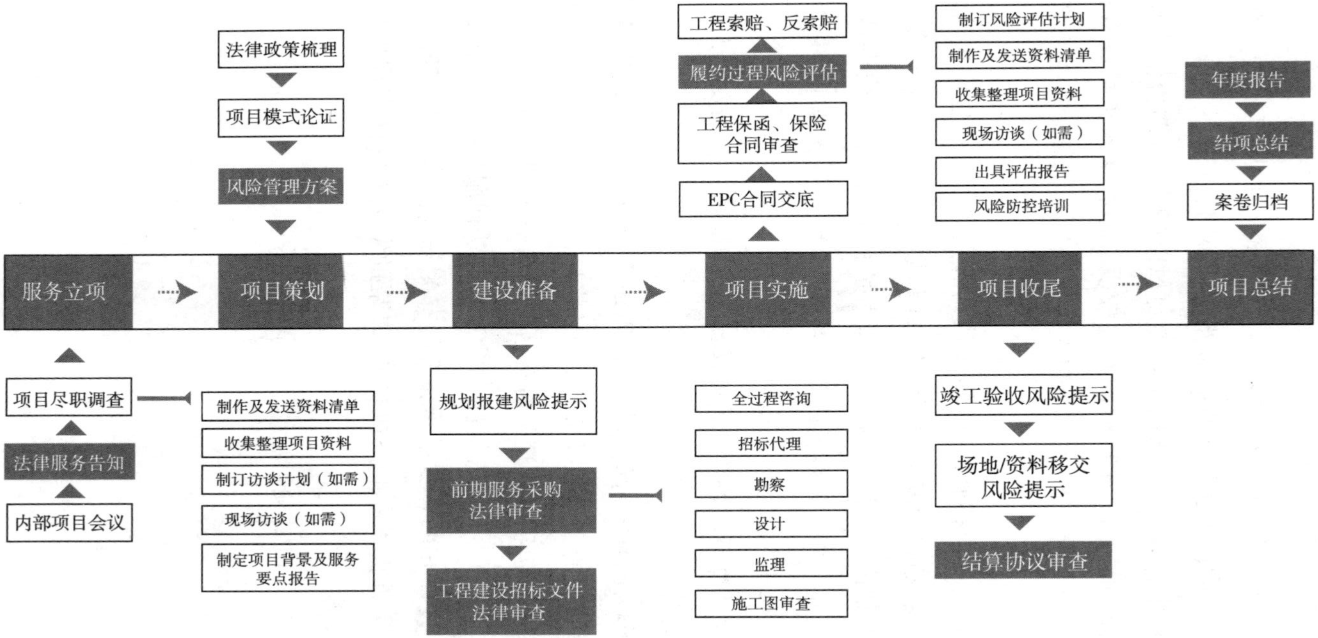

图1–1–1　EPC项目法律服务全流程示意

第2节　“EPC + O”项目模式解析与法律风险控制

“EPC + O”模式(实践中也称为EPCO模式,以下统称“EPC + O”模式),即设计、采购、施工及运营一体化的总承包模式,是EPC总承包模式向后端运营环节的延伸,即总承包商除承担建设期内设计、采购、施工任务外,还要承担运营期内的运营维护职责。该种承包方式可以提高项目的运营效率,降低项目全生命周期内的成本。

在推行EPC和PPP的背景下,“整合”成为一种潮流。EPC是建设过程中设计、采购、施工的整合,PPP是投资、建设以及运营的整合,而另一种整合“EPC + O”——设计、施工、运营的整合,也开始流行起来。但是,目前对EPC模式目前的研究尚不透彻,遑论将后端运营整合进来的“EPC + O”模式了。本书从实务角度出发,尝试分析“EPC + O”模式的法律关系与风险控制。

一、DBO模式与“EPC + O”模式的辨析

为了行文方便以及避免不必要的争议,笔者首先对DBO和“EPC + O”两个名词进行必要的辨析。

国际咨询工程师联合会(FIDIC)于2008年9月在加拿大魁北克省举行的2008年会期间推出被国际工程界冠之为“金皮书”的DBO合同[Conditions of Contract for Design, Build and Operate Projects (First Edition, 2008)],属于DBO领域的指导性合同文件。根据合同文件的表述,DBO合同是在FIDIC黄皮书的基础上增加了“运营服务”,并对“风险分担”“特殊风险”“保险”的内容和编排顺序进行了调整,逻辑性更强。

与“设计—建设”(DB)或者EPC模式等相比,DBO模式的主要特点是将项目的设计、建设以及长期运营和维护工作,一并交给一个承包商(通常为联合体或联营体)来完成,从而获得更优的创新、质量与性能的提升。承包商不仅负责项目的设计和建设,而且负责项目建成后持续性的运营服务。故承包商在设计时,须考虑项目设计阶段与其后施工、运营各阶段衔接,以达到项目整体的统一协调。而且,承包商承担运营工作,将更有动力优化设计和建设,使建设工期更为合理。同时,承包商更注重工程质量的长期可靠性,以减少其运营和维护

时的成本费用,最大限度地优化项目的全生命周期成本。

国内目前实践中大量应用的“EPC + O”模式,主要有以下特征:项目投融资责任均由政府方发包人承担;资产所有权归发包人所有;承包商均需承担设计、施工和运营职责等。由此可见,FIDIC 合同文本中 DBO 模式的内涵,与“EPC + O”模式并无本质区别。

至于两者的差别,笔者认为主要来自合同的具体约定。有人通过对比 FIDIC 系列合同条件中 EPC 模式(银皮书)和 DB 模式(黄皮书)的区别(EPC 模式承包人工作范围更大、承担的风险更大),来说明 DBO 模式和“EPC + O”模式的差异。笔者认为,在 FIDIC 合同条件语境下讲具体模式的区别,并不符合国内实践情况。实际上,国内很多 EPC 模式项目实质是借鉴 FIDIC 合同条件中的 DB 模式,即在发包人和承包人的风险分配中,并没有像 FIDIC 银皮书一样过于偏向发包人。

住建部与发改委于 2019 年发布的《工程总承包管理办法》第十五条对建设单位需要承担的风险进行了规定,[①]在一定程度上限缩了承包人的风险范围。故笔者认为,在国内法律与工程实践语境之下,“EPC + O”与 DBO 实际上并无明显区分,实践中的差异在于具体项目合同条款的设计。

故本书的行文表述并不刻意区分“EPC + O”与 DBO,而是统一称为“EPC + O”。本书的讨论也不涉及具体项目的风险分配问题,因此并不会产生理解歧义。

二、“EPC + O”模式的适用范围与起源

从国内、国际工程承包的发展历程来看,“EPC + O”是项目承包内容进一步

---

① 《工程总承包管理办法》第十五条规定:“建设单位和工程总承包单位应当加强风险管理,合理分担风险。

建设单位承担的风险主要包括:

(一)主要工程材料、设备、人工价格与招标时基期价相比,波动幅度超过合同约定幅度的部分;

(二)因国家法律法规政策变化引起的合同价格的变化;

(三)不可预见的地质条件造成的工程费用和工期的变化;

(四)因建设单位原因产生的工程费用和工期的变化;

(五)不可抗力造成的工程费用和工期的变化。

具体风险分担内容由双方在合同中约定。

鼓励建设单位和工程总承包单位运用保险手段增强防范风险能力。”

整合的结果。从应用最早的DBB模式,[①]到DB模式,再到EPC模式,项目承包内容一再扩大,最终将设计、施工(以及采购)整合在一起。在工程建设能力上,DB、EPC模式对承包人的要求相比传统的DBB模式已经有较大的提升;而在"EPC+O"模式下,承包人不仅要具备建设能力,还要具备运营能力。

要实现基础设施项目运营和建设的整合,有两条路径:一是通过BOT等特许经营(或PPP)模式来实现,即该模式改变了投资主体——从传统的政府方投资转变为社会资本方投资;二是不改变投资主体,即通过"EPC+O"模式予以实现,投资主体仍然为政府方。

基于"EPC+O"模式整合承包内容的目的,其适用的项目范围比EPC模式更小。除具备EPC项目所需要的条件外,还需要项目具有强运营属性(而且可以委托第三方外包运营)。对于没有运营的维护项目,以及必须由发包人自行运营的工业项目、商业地产项目,"EPC+O"模式都不适用。实践中,"EPC+O"模式主要适用于具有强运营属性的政府投资基础设施项目,如污水处理、垃圾处理、自来水等。水务行业是近几年"EPC+O"模式实施的重要领域。

具有强运营属性的项目,最终运营效果才是建设的目的。实施"EPC+O"模式可以突出项目的公共服务属性和运营属性,使前段设计建造与后端运营效果紧密挂钩,以实现项目整个生命周期的降本增效。[②]

最早提及类似"EPC+O"模式概念的文件,是国务院于2005年年底发布的《关于落实科学发展观加强环境保护的决定》(国发〔2005〕39号)。该文件中要求:"推行污染治理工程的设计、施工和运营一体化模式,鼓励排污单位委托专业化公司承担污染治理或设施运营。"此后,国务院陆续出台《关于加快发展节能环保产业的意见》(国发〔2013〕30号)、《关于加快发展生产性服务业促进产业结构调整升级的指导意见》(国发〔2014〕26号),均提到要在环保领域鼓励发展包括系统设计、设备成套、工程施工、调试运行、维护管理在内的环保服务总承包模式。

自2017年财政部发布"92号文"开始,PPP项目进入政策强监管时期。虽

① DBB即设计—招标—建造模式(Design-Bid-Build),也就是传统的先设计,在设计完成后编制施工招标文件,随后通过招标选择施工承包人的模式。

② 参见《DBO出没　水务新蓝海需要它——公用环保行业周报》,载申港证券2019年12月23日,https://img.shangyexinzhi.com/xztest-file/report/report_7ff56c484021221405f6c9e6afa99760.pdf。

然,如火如荼的PPP模式遇冷,但建设运营一体化的理念已经深入人心。在政府投资项目中,"EPC+O"模式的应用呈现增长趋势。"EPC+O"模式除了承包人不负责投资以外,其余对承包人的设计、建设运营等要求与新建的PPP项目有相似之处。在政府方作为项目投资主体,又能实现建设运营一体化的要求下,"EPC+O"模式成为一种现实可行的选择。

三、"EPC+O"模式的法律规制与法律关系

现行法律法规并没有明确规定"EPC+O"模式。除了上文提及的"设计、施工、运营一体化"以外,仅有以下文件涉及了"EPC+O"模式:

1. 财政部、住建部在《关于开展2016年中央财政支持地下综合管廊试点工作的通知》(财办建〔2016〕21号)所附的《2016年地下综合管廊试点城市申报指南》中,把地下综合管廊是否采用"EPC+O"模式作为建设运营模式的评审内容;

2. 湖南省人民政府办公厅关于印发《湖南省乡镇污水处理设施建设四年行动实施方案(2019—2022年)》的通知(湘政办发〔2019〕43号)中提及:"具备条件的地区,也可采取工程总承包+运营(EPC+O)等模式建设污水处理设施。"

3. 广东省东莞市政府发布的《关于深化改革全力推进城市更新提升城市品质的意见》(东府〔2018〕102号)中提出:"鼓励活化更新和生态修复。探索通过EPC+运营权招标或公开遴选方式,引入产业园区综合运营服务企业和重点创新载体单位实施旧工业区、成片出租屋活化更新,提升镇村工业园区软硬件条件和运营效率。"

但是,以上文件并不是对"EPC+O"模式的法律规制,仅能体现为一种政策倡导。相关文件中也缺乏对"EPC+O"模式的明确解释以及实施要点。当然,"EPC+O"模式也没有创设新的法律关系——与PPP模式不同,PPP模式创设了新的法律关系。

EPC本身是一种建设模式,而"O"是委托运营,分属于两个不同的阶段。所以,"EPC+O"模式可以理解为基于建设与运营之间的关系,发包人特意将两个不同阶段法律关系绑定在一起,要求两部分互相配合的一种模式。深究"EPC+O"模式的底层逻辑,实际上还是两个不同法律关系的组合。以联合体方式实施"EPC+O"项目的,发包人对EPC总承包商和运营承包商合并招标。

但 EPC 合同与委托运营合同可以分别签署,相应费用也可以由发包人分别支付给工程总承包人和运营受托人。

本案法律关系见图 1 -2 -1。

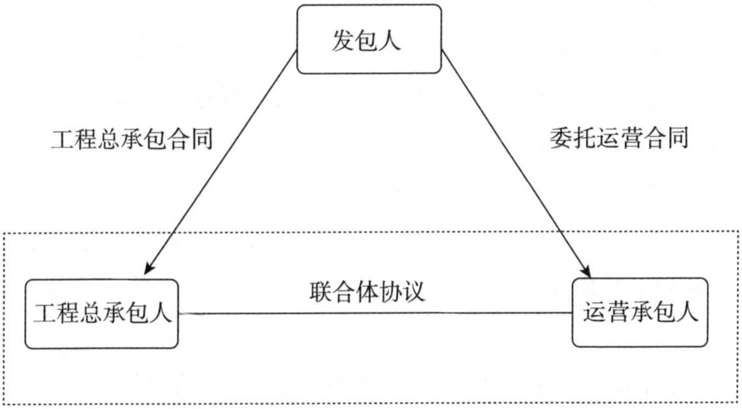

图 1 -2 -1 "EPC + O"模式法律关系

基于这种复合的法律关系,对"EPC + O"项目的法律规制实质应包括对 EPC 部分的规制和对"O"部分的规制。目前,实务界已有针对 EPC 部分的大量研究成果。限于篇幅,本书不予赘述。笔者重点阐述"O"部分的若干法律规制问题:

1. 政府实施"EPC + O"项目的运营年限问题

委托运营属于一种服务。对于政府(或政府授权主体)作为发包人的"EPC + O"项目,如果运营维护费最终源于财政预算,则对运营服务的采购可能会被认定为政府购买服务。

《政府购买服务管理办法》第十六条规定,政府购买服务项目所需资金应当在相关部门预算中统筹安排,并与中期财政规划相衔接,未列入预算的项目不得实施。第二十四条规定,政府购买服务合同履行期限一般不超过 1 年;在预算保障的前提下,对于购买内容相对固定、连续性强、经费来源稳定、价格变化幅度小的政府购买服务项目,可以签订履行期限不超过 3 年的政府购买服务合同。

实践中,财政预算每年均须编制,国务院发布的《关于深化预算管理制度改革的决定》(国发〔2014〕45 号)规定,中期财政规划为 3 年。"EPC + O"项目的建设加运营总年限很可能超过 3 年,则超过部分在采购时没有纳入政府财政预算与中期财政规划,故不能满足《政府购买服务管理办法》第十六条"未列入预算的项目不得实施"的要求。此种情况下,可能存在超期部分的运营费用不能纳入财政预算的风险。

2. 政府实施"EPC + O"项目是否属于以政府购买服务名义采购工程

财政部发布的《关于坚决制止地方以政府购买服务名义违法违规融资的通知》(财预〔2017〕87 号)中明确规定:"……严禁将建设工程与服务打包作为政府购买服务项目。严禁将金融机构、融资租赁公司等非金融机构提供的融资行为纳入政府购买服务范围。政府建设工程项目确需使用财政资金,应当依照《中华人民共和国政府采购法》及其实施条例、《中华人民共和国招标投标法》规范实施。"

此外,《政府购买服务管理办法》第十条规定:"以下各项不得纳入政府购买服务范围:……(三)政府采购法律、行政法规规定的货物和工程,以及将工程和服务打包的项目……"

通过上文分析,政府对运营服务的采购可能会被认定为政府购买服务。笔者也曾接到诸如"'EPC + O'项目中工程与委托运营服务打包,是否属于被禁止的'将建设工程与服务打包作为政府购买服务项目'"的咨询问题。笔者认为,在"EPC + O"项目中,委托运营无疑属于政府购买服务,但是 EPC 部分仍属于政府采购工程。如果在"EPC + O"项目中,政府方以委托运营费的名义支付工程款,则可能演变为"以政府购买服务名义采购工程"。因此,在"EPC + O"项目中,工程款的支付方式属于最核心的合规要点。工程款应单独计费并单独支付,不能以运营费用方式支付。

四、"EPC + O"模式与 PPP 模式的比较

加拿大 PPP 国家委员会根据私营部门在 PPP 项目中承担风险的大小,将 PPP 模式划分为 12 种具体运作方式,其中就包括 DBO 模式,即认为 DBO 模式属于 PPP 模式的一种。

国内有关法律法规没有明确规定"EPC + O"属于 PPP 项目。财政部于 2014 年 11 月 29 日发布的《关于印发政府和社会资本合作模式操作指南(试行)的通知》(财金〔2014〕113 号)中认为,PPP 项目的运作方式包括委托运营

(Operations & Maintenance,O&M)。[①] 而"EPC + O"中的"O"就是委托运营(O&M),从"113 号文"的角度理解,"EPC + O"也属于 PPP 模式的一种具体运作方式。但是,后续实践中,委托运营逐渐不被认为是 PPP 模式。

财政部于 2019 年 3 月 7 日发布的《关于推进政府和社会资本合作规范发展的实施意见》(财金〔2019〕10 号,即"10 号文")中要求,规范的 PPP 项目"合作期限原则上在 10 年以上",显然与"113 号文"中委托运营合同期限一般不超过 8 年是冲突的。

而且,在 2019 年 11 月 1 日财政部办公厅向各地方财政部门发出的《关于征求〈政府和社会资本合作模式操作指南(修订稿)〉意见的函》(财办金〔2019〕94 号)中,所列的 PPP 模式类型中已经删除了"委托运营"。虽然该征求意见稿并未最终发布,但是实践操作中,PPP 模式正在逐渐向传统的特许经营项目靠拢,政府付费项目被大量限制。随着《政府购买服务管理办法》新规的发布,"EPC + O"项目作为 PPP 模式的可能性越来越低。

实践中,"EPC + O"模式与 PPP 模式都是一种建设与运营整合的模式,两者最大的区别在于谁来投资。特别是对于政府有投资义务的项目,如果项目最终由政府投资,则应适用"EPC + O"模式;如果是由社会资本投资,则应适用 PPP 模式。

五、"EPC + O"模式中承包人风险控制要点

"EPC + O"模式是工程建设与运营管理融合的承包方式。实践中,大量的"EPC + O"项目承包人都是联合体,并分为工程总承包人和运营承包人(基于本书研究目的,工程总承包人不再区分设计、施工)。由于两者履行主要义务的时间段不一致,导致风险类型存在较大差异。对于工程总承包人,其主要义务阶段是在工程建设阶段,在运营阶段工程仅有保修义务;而对于运营承包人,其主要义务在运营阶段,在工程建设阶段没有实质义务。

联合体因其主体的特殊性,《招标投标法》第三十一条规定:"……联合体中

---

① 《关于印发政府和社会资本合作模式操作指南(试行)的通知》(财金〔2014〕113 号,即"113 号文",已失效)附件 2 名词解释:委托运营,是指政府将存量公共资产的运营维护职责委托给社会资本或项目公司,社会资本或项目公司不负责用户服务的政府和社会资本合作项目运作方式。政府保留资产所有权,只向社会资本或项目公司支付委托运营费。合同期限一般不超过 8 年。

标的,联合体各方应当共同与招标人签订合同,就中标项目向招标人承担连带责任。”在“EPC + O”项目中,联合体各方也应当共同与发包人签订“EPC + O”合同,并就成员方的履约行为向发包人承担连带责任。因此,工程建设与运营虽然在工作内容上保持一定独立性,但在承包人主体责任上又相互关联。各参与单位为了控制风险,必须关注其他成员的履约能力与履约情况,或者直接参与关联阶段的履约。比较常见的是,运营承包人牵头参与前期的建设管理。这既是“EPC + O”模式的应有之义,也是发包人采用“EPC + O”模式的主要目的。

综合“EPC + O”项目的特性,笔者提出以下双方应重点关注的风险控制要点:

(一)“EPC + O”项目中工程总承包人的风险控制要点[①]

如上文分析,在“EPC + O”项目中,“EPC”与“O”分别是工程建设与运营两个不同的阶段。就工程总承包人而言,主要有以下风险:

1. 与传统的工程建设模式相比,“EPC + O”项目最主要的区别是建设与运营相捆绑。运营在建设之后,如果某项目设定的运营年限较长,则可能会导致工程设计、施工单位的责任区间会被拉长。工程总承包人应当关注建设工期之外的责任风险。

2. 部分项目中,为了确保项目建设效益最终体现在运营效果上,发包人会要求工程总承包人保留一定的工程款,在运营期根据运营绩效考核情况来支付。一方面,此种方式可能会涉及垫资。对于政府投资项目,垫资被《政府投资条例》禁止,故具体保留款项的比例以及合理性需要充分论证;另一方面,由于影响运营绩效考核的因素不仅是工程设计以及施工质量,更重要的是运营承包人的运营能力。[②] 此种情况下,工程总承包人的施工质量可能并无问题,但是因为运营承包人的运营能力不足,导致运营绩效考核得分较低,进而导致工程总承包人的工程款无法足额获得。

故对于工程总承包人,需要通过以下几方面控制风险:

---

① 本书仅分析“EPC + O”项目特有的风险,对 EPC 项目共有的风险在此不作分析。

② 绩效考核与施工质量、运营的关联程度以及合同约定的绩效考核具体条件有关。

(1)选择有优秀运营能力的运营承包人作为合作伙伴,以免因运营承包人的能力不足影响工程总承包人的工程款利益。

(2)关注合同中运营相关内容。如果合同要求工程总承包人保留一定的工程款,在运营期根据运营绩效考核情况支付的,则需要重点关注相关运营绩效考核是否合理。笔者建议争取将运营绩效考核分为两部分,与工程质量相关的考核与工程款挂钩,与运营管理相关的绩效考核不与工程款挂钩。

(3)重视联合体内部合作协议的科学性、完备性。发包人希望通过联合体的连带责任来让承包人通盘考虑项目建设运营,工程总承包人也要通过联合体内部的合作协议来明确各方责任。如果因运营承包人导致工程承包人无法获得足够的工程款,则在内部合作协议中可约定工程承包人有权向运营承包人索赔。

(二)"EPC + O"项目中运营承包人的风险控制要点

相对于单独的委托运营项目,"EPC + O"模式基于建设与运营的捆绑,也存在特有的风险。[①]

1. 工程承包与运营服务的风险性质存在差异。通常工程总承包人的风险承受能力和风险偏好是远大于运营承包人的,大部分工程的建设投资也远大于短期的运营费用。所以,"EPC + O"项目要求运营承包人承担工程总承包人的风险,实质是大幅增加了运营承包人的风险。对于风险偏好低的运营承包人可能难以接受与工程总承包人组建联合体。[②] 如果组建联合体,则对运营承包人风险控制能力提出了较高的要求。

2. 工程建设与运营服务最大的关联因素,是前期的设计和施工完成后的工程质量。特别是,前期设计对运营成本的考虑情况,将极大影响后期运营的收益。在运营阶段普遍存在绩效考核的情况下,工程施工质量对运营收益影响更大。

3. 运营承包人能否设立项目公司来具体运营项目,尚存在争议。对于运营

① 此处分析不涉及委托运营共同的风险,仅分析"EPC + O"模式特有的运营承包人相关风险。

② EPC 模式推行时,风险偏好低的设计单位也有类似的想法,很多设计单位并不想通过与施工单位组建联合体的方式参与 EPC 项目。

期限较长的项目,运营承包人倾向于设立项目公司来隔离母子公司的风险。但是EPC项目中设计、施工承包有明确的资质要求,且只能由中标人来实施。运营承包人设立项目公司是否会构成转包,目前没有明确的界定。

故对于运营承包人,需要从以下方面来控制风险:

(1)运营承包人也需要选择具有优秀工程设计施工能力的总承包人作为合作伙伴。

(2)运营承包人需要参与前期设计、工程建设管理工作,以确保工程质量和运营效果,达到工程为运营服务的目的。这也是很多"EPC+O"项目发包人的明确要求。如有条件,运营承包人应尽量争取参与前期设计、主导工程管理的权利,并争取工程款支付的审批权力,以有效约束工程总承包人。

(3)通过联合体内部合作协议明确各方责任。如果因工程总承包人设计、施工导致运营承包人无法获得足额运营服务费,运营承包人可以向工程总承包人索赔。

(4)尽量避免在"EPC+O"合同中约定工程款与运营情况挂钩。防止因运营过错、绩效考核不达标影响工程总承包人的工程款收取,进而遭受索赔。

整体而言,"EPC+O"还是一个相对较新的模式。实践中还存在各种问题与风险,难以在本书中详尽阐述。笔者期待与各参与者进一步探索、研究,共同促进"EPC+O"模式的科学发展。

第3节 "PPP+EPC"项目中政府方投资控制风险以及应对策略

"PPP+EPC"模式是EPC模式的向上延伸。在PPP项目中,如何进行风险分配是PPP项目交易模式设计和项目合同起草需要重点关注的问题,而对于"PPP+EPC"模式,因其实施模式、参与主体、法律关系等方面的特殊性,政府方在支出控制方面呈现出其特有的一些风险。本书希望从现有模式中存在的一些问题出发,探讨其解决和应对之道。

"PPP+EPC"模式,指采用PPP模式建设运营的项目,政府部门在选择社会投资人的同时确定项目的工程总承包人，并采用 EPC 模式建设。[①] 目前的基础设施项目中，采用“PPP + EPC”模式的项目众多，笔者参与的多个项目均采用了“PPP + EPC”模式。对于“PPP + EPC”模式中涉及政府支付费用的项目来讲，政府支出的控制是一个非常值得重视的问题。

投资控制是政府投资项目管理、政府采购的立法和实践中所贯彻的理念。虽然无资本金注入的 PPP 项目并非政府投资项目，[②]但在政府付费项目和可行性缺口补贴的项目中，若政府付费金额与项目的投资金额挂钩，则项目投资失控的风险最终由政府方来承担。此种情况下，政府有控制投资的要求和意义。为了行文方便，以下将政府付费项目和可行性缺口补贴两种方式统称为政府支付的 PPP 项目。需要说明的是，本书分析研究的“PPP + EPC”项目有如下前提条件：

1. 分析对象是存在政府支付的“PPP + EPC”项目，含政府付费与可行性缺口补贴方式。在纯使用者付费的 PPP 项目中，投资控制问题实际上不是政府方的考虑范围（使用者付费标准因投资额变动而调整不在本书的研究范围内）。

2. 政府支付的金额与项目的总投资相关的项目，即总投资增加或减少，政府支付的费用也相应增加或减少，在实践中一般体现为社会资本投标人报项目总投资下浮率。此种模式目前普遍存在，而且大部分项目的投资回报是以“可用性付费 + 运营服务费”的方式存在的，其中可用性付费与最终决算投资额挂钩，在这种项目中投资超支风险最终是由政府方来承担的（即使存在绩效考核也不能转移投资超支风险）。以固定价格方式确定可用性付费金额的项目也不属于本书的分析范围内。

3. 此处的“投资”主要是指项目的建设投资，“PPP + EPC”模式是从前期模式策划的视角来看，但是 PPP 与 EPC 两者所描述的对象并不一致，EPC 仅是针对 PPP 项目建设阶段的实施方式。故本书所分析的投资控制实际上是指建设

---

① 由于在 EPC 模式中，项目承包人的资质要求也存在一定的争议，部分项目实践中是由项目公司与社会资本方的设计、施工单位分别签署设计、施工合同，虽然并不符合 EPC 合同的要求，但是鉴于社会资本方与项目公司的特殊关系，就政府方而言，与 EPC 模式并无本质区别，相关项目管理方式和风险分配应参照 EPC 模式。

② 关于 PPP 模式投资项目的性质目前还缺乏明确规定，但是从政府方控制地方政府债务和风险承担的视角，并不属于政府投资项目，但是若完全将 PPP 项目排除在政府投资项目之外，可能会导致传统项目管理中的部分机制无法在 PPP 模式中应用，这也是本书研究的一个内容。

投资控制,并不涉及后续运营的投资控制。

当然,本书更多的是从法律视角来看待问题,无意着墨于工程造价上的具体造价控制手段,即如何确定总投资等方式以及如何在确定总投资中控制金额,而是着力于在前期交易模式和合同条款的设计上如何通过控制投资金额的方式来实现对政府支付的控制。

一、"PPP + EPC"模式存在的投资控制风险

PPP 模式是政府所力推的基础设施和公共服务领域的投资模式,其推行的一个重要作用就是从市场的角度,由专业化的社会资本来实施投资、建设、运营,提供全过程服务成果,以降低项目建设、运营全生命周期的成本。所以,目前财政部对 PPP 项目有物有所值的要求,也有强制物有所值评价的程序。但是,具体项目能否达到物有所值,还需要看项目的实施情况,即最终政府支出能否和评价所设定的数值相符。若投资失控导致政府支付增加,最终评价时可能并非物有所值。

(一)采用"PPP + EPC"模式的原因

现阶段政府方采用"PPP + EPC"模式主要出于以下两方面考虑:

一是利用社会资本方的专业能力,政府方最大限度地将具体建设事务交给社会资本方实施,以使社会资本方从设计阶段即开始对项目做整体安排,设计方案更加合理,同时可以起到缩短建设工期的作用。

二是避免设计、施工的二次招标,由于《招标投标法实施条例》第九条第一款第三项和财政部的相关规定,[①]在实践中采用"PPP + EPC"模式可以避免设计、施工等工作的二次招标问题。故这种方式对政府方来讲可以省去第二次招标的时间;对社会资本方来讲,可以快速获取项目,赚取设计、施工的利润。这应该是"PPP + EPC"模式在市场上大量存在的主要原因。

---

① 《招标投标法实施条例》第九条第一款第三项规定"已通过招标方式选定的特许经营项目投资人依法能够自行建设、生产或者提供"的,可以不招标;财政部发布的《关于在公共服务领域深入推进政府和社会资本合作工作的通知》规定:"对于涉及工程建设、设备采购或服务外包的 PPP 项目,已经依据政府采购法选定社会资本合作方的,合作方依法能够自行建设、生产或者提供服务的,按照《招标投标法实施条例》第九条规定,合作方可以不再进行招标。"

（二）采用“PPP + EPC”模式的风险

PPP 模式和 EPC 模式虽然并非新概念，但是近几年才大规模开展。各地方政府对 PPP 项目投资控制以及 EPC 项目的造价控制均缺乏明确的机制和措施，很多项目参与者并未完全理解这两种模式的要求。而将两种模式结合起来形成的“PPP + EPC”模式，更需要深刻理解模式背后的理念。因此，政府方（及其咨询机构）在前期设计交易模式以及起草招标文件、合同等法律文件时，如何进行合理的风险分配以及实现对投资的有效控制，均存在不确定性。

笔者理解，对于政府支付的“PPP + EPC”模式项目，而且政府支付与建设投资金额挂钩的情况下，存在以下风险：

在选择社会资本方时，政府方完成的前期工作较少，一般仅完成了可研或者初步设计，因此通常只能采用定额计价的方式确定工程造价。这与我国建筑业造价管理市场化的发展方向不符，从“清单计价时代”退回到“定额计价时代”，特别是对建安工程费的控制造成了较大的影响，导致在项目实施过程中确定的各项工程价格实际并未经过市场竞争。

基于采用“PPP + EPC”模式的原因一般是为了避免设计、施工的二次招标，而承担施工或工程总承包单位的社会资本方又是项目公司的股东，存在施工利润的反向激励因素，社会资本方可能会做高工程造价。

PPP 模式下，设计工作和相应风险分担的边界相对模糊。即便是引入了投资控制绩效激励机制，也可能因为难以明确界定激励行为范围，导致社会资本都没有足够的动力做好项目的投资控制和设计管理工作。

“PPP + EPC”模式下，绝大部分建设工作由社会资本方（项目公司）完成。若不能根据项目实际情况准确分配风险，不恰当地将应社会资本方承担的风险分配给政府方，可能导致投资失控。

综上，虽然 EPC 模式能够有效实现设计、采购、施工的一体化管理，提高建设效率，降低项目建设成本，但是在 PPP 项目中实施 EPC 模式，政府方面临着投资控制和设计管理难度大的风险。如何通过对政府监督机制、交易结构以及合同条款的设置，实现控制投资的目的，是一个必须考虑的问题。

二、传统政府投资项目的投资控制措施

在传统政府投资项目的管理实践中,政府方建立了一些行之有效的投资控制机制,可以作为分析“PPP + EPC”模式投资控制的参考。

在传统的政府投资项目中,普遍采用的是 DBB 模式(设计—招标—施工),即分阶段实施。该模式下,政府方承担全部投资控制风险,须通过过程管控来实现投资目标。工程建设从立项、设计到招标、施工,政府方都面临着投资控制的压力。为了控制投资风险,政府方设计了一整套应对机制。如中共中央、国务院于 2016 年 7 月 5 日发布《关于深化投融资体制改革的意见》,要求严格审批政府投资项目的项目建议书、可行性研究报告和初步设计概算,辅以具体建设过程中的施工图预算控制、招标方式规定、变更控制、结算审计等。经过多年的发展,已经形成了一整套运行良好的投资控制机制。

如在立项阶段,政府投资项目所实施的是审批制,各级政府的发改部门是投资控制管理部门,需要通过立项申请书、可行性研究报告审批等一系列流程确定项目的投资规模;在设计阶段,发改部门还需要审查项目的初步设计概算,以此控制设计规模和标准;在招标阶段,政府采购工程适用《招标投标法》,通过强制公开招标的方式进行充分的价格竞争,以实现投资控制的目的;在施工阶段,政府方和代建管理单位通过控制变更的方式来实现对投资的控制;在结算阶段,政府方财政部门或其委托的第三方咨询机构也通过造价审核的方式进行投资控制。最终,审计部门也会对政府各项操作程序进行复查或过程监督,以保障上述具体措施实际发挥作用。

2019 年 7 月 1 日实施的《政府投资条例》则以行政法规的形式进一步明确了政府投资项目各阶段的投资控制以及财政预算管理要求。对各阶段的投资控制更明确具体。例如,《政府投资条例》第十二条规定:“经投资主管部门或者其他有关部门核定的投资概算是控制政府投资项目总投资的依据。初步设计提出的投资概算超过经批准的可行性研究报告提出的投资估算 10% 的,项目单位应当向投资主管部门或者其他有关部门报告,投资主管部门或者其他有关部门可以要求项目单位重新报送可行性研究报告。”第二十三条第一款规定:“政府投资项目建设投资原则上不得超过经核定的投资概算。”

上述基本建设程序的设计,目的是在每一个建设的流程和节点中实现对工

程投资的控制。但此种方式并不通过合同管理，而是进行建设流程的切割，由建设单位（或代建单位）在不同的节点与相应的政府主管部门相互配合的方式实现。由于建设阶段被人为切割，虽然表面上实现了各个阶段的投资控制，但是从项目的全过程和项目的全生命周期的角度来看，效果并不一定理想。

在“PPP + EPC”模式中，从项目产出的角度，PPP 需要解决全生命周期的问题，而从项目建设模式的角度 EPC 解决建设全过程的问题。但是在“PPP + EPC”模式相关政策和操作细则还不明朗，而且法律框架囿于传统政府投资项目的情况下，利用相关资源为 PPP 项目服务也是一种现实的思路。

三、“PPP + EPC”模式中投资控制风险的应对措施和建议

对于采用“PPP + EPC”模式的项目，笔者根据既往的经验以及 PPP 模式和 EPC 模式背后的逻辑，提出以下控制投资风险的应对措施和建议。

（一）完善政府方的投资控制机制建设

目前关于 PPP 项目投资管理的机制并不明确，如国务院发布的《关于投资体制改革的决定》，及中共中央、国务院发布的《关于深化投融资体制改革的意见》均规定了对企业投资项目、政府投资项目的管理思路，《政府投资条例》也明确了对政府投资项目的管理机制。虽然部分 PPP 项目由于存在政府直接投资，可能会被认定为政府投资项目，但是对于普遍意义上的 PPP 项目的投资管理，实际上仍缺乏相关的管理机制。如 PPP 项目由谁来立项，还是一个存在争议的问题；[①]又如 PPP 项目的设计概算、施工图预算是否要审查也不明确；此外，PPP 项目是否需要审计也存在争议。目前的解决方法是合同约定，如在 PPP 项目合同中约定政府方有审查概算、预算以及对工程投资、项目公司进行审计的权利。但由于缺乏法律法规的明确规定，各项目的具体操作方式有所不同。尽管政府方可以通过合同约定的方式转移大部分风险，但是对于无法转移的支付风险，也应通过政府机制建设的方式予以明确。同前述分析，利用好现有的机制资

---

① 《关于规范政府和社会资本合作（PPP）综合信息平台项目库管理的通知》（财办金〔2017〕92 号）中有关项目入库的规定，要求 PPP 项目需完成前期立项审批手续才能入库，也就是此项争议现已经明确，需政府方完成立项。

源,将传统政府投资项目的审查(如设计概算审查、结算审核等)纳入 PPP 项目中,是一种有效的应对方法。

(二)项目实施机构应扎实前期工作,明确项目定义,适时选择社会资本方

"PPP + EPC"项目也是 EPC 项目,应当符合 EPC 项目的建设要求,即项目实施机构的前期工作应当扎实,明确政府方的要求(项目的定义),并且确定合适的选择社会资本方的节点。对此,住建部关于 EPC 模式的相关规范性文件中已经有明确的要求:

如住建部发布的《关于进一步推进工程总承包发展的若干意见》(建市〔2016〕93 号)规定,工程总承包项目的发包阶段,建设单位可以根据项目特点,在可行性研究、方案设计或者初步设计完成后,按照确定的建设规模、建设标准、投资限额、工程质量和进度要求等进行工程总承包项目发包。

该意见已经明确了 EPC 项目发包的要求,而住建部、发改委在 2019 年 12 月 23 日发布的《工程总承包管理办法》也有相应规定,如第六条第二款规定,"建设内容明确、技术方案成熟的项目,适宜采用工程总承包方式"。第七条规定:"建设单位应当在发包前完成项目审批、核准或者备案程序。采用工程总承包方式的企业投资项目,应当在核准或者备案后进行工程总承包项目发包。采用工程总承包方式的政府投资项目,原则上应当在初步设计审批完成后进行工程总承包项目发包;其中,按照国家有关规定简化报批文件和审批程序的政府投资项目,应当在完成相应的投资决策审批后进行工程总承包项目发包。"

根据以上规定,政府方的要求和项目定义明确了之后,才适合对 EPC 项目进行发包。鉴于"PPP + EPC"模式是选择社会资本方的同时发包 EPC,故此要求也同样适用。

此外,PPP 项目政策①要求政府支付费用与绩效考核相结合。若在设定项目定义时,加入绩效考核中的相关内容——特别是对绩效目标可以量化的项目,则可以实现一举两得的效果。

---

① 《关于规范政府和社会资本合作(PPP)综合信息平台项目库管理的通知》中对 PPP 项目入库的要求,即付费机制必须与项目的绩效考核挂钩。

（三）在 PPP 项目模式设计时考虑政府支付不与总投资挂钩，以向社会资本方转移投资增加的风险

政府方在 PPP 项目中的主要目标是保证项目能达到计划的效果，投资控制主要是通过控制变更的方式进行。如政府支付不与总投资挂钩，则政府方的投资控制的压力相对较小。投资增加的风险由社会资本方承担，实现了风险转移。

若项目前期工作扎实，对项目预期目标、功能要求和设计标准明确，政府方预期变更较少的项目，可以采用政府支付不与总投资挂钩。体现在项目建设的 EPC 合同上，就是固定总价合同。除政府方增减工程量、提出的设计变更、不可抗力及合同约定的不可预见费外，在确定的工作范围和工作内容下，政府方所支付的费用可以一次“包死”，固定不变。

（四）PPP 项目合同约定投资重要事项的控制要求

PPP 项目合同作为带有民事性质的合同，是政府方与社会资本方（项目公司）权利义务的主要依据性文件。政府方为实现其特殊目的，应当在 PPP 项目合同中进行相应的条款安排。

以笔者接触的项目为例，PPP 项目合同中一般也会约定政府方有预算审核、变更审核、结算审核的权利，但是对于具体审查的原则以及确定方式并没有明确的规定，仅简单说明最终以政府的意见为准。虽然政府方在现实中具有优势地位，并有能力做到以其价格审核意见为准，但是这种方式并不符合 PPP 模式所要求的平等协商的原则。一旦发生价格争议，政府方也可能难以依据该条款保障利益。故有必要在 PPP 项目合同条款的设计上，对项目的价款、变更等内容作出适当的安排。

此外，虽然在 PPP 模式的法律关系中，总承包人（或施工承包人）并不直接与政府方发生法律关系，但是项目公司所签署的工程总承包合同（或施工合同）具体约定仍对工程投资有较大影响：一方面，工程总承包合同（或施工合同）关于具体材料、设备价款的约定可能会间接影响政府方的结算审核；另一方面，社会资本方（项目公司）发生工程总承包合同（或施工合同）项下损失时，有可能以此向政府方提出增加总投资。故 PPP 项目合同中应明确政府方享有对工程

总承包合同(或施工合同)进行审查的权利。

最后,PPP项目合同应明确约定社会资本方在设计阶段的投资控制义务,如通过限额设计控制投资及违约责任,以避免"PPP+EPC"模式中可能出现的工程造价反向激励。

(五)在PPP项目合同中合理约定风险分配

PPP项目投资失控的风险最终由政府方承担,也可能是合同风险分配不合理所导致。在PPP+EPC模式中,社会资本方承担全部工程建设工作,也应当承受相应的工程造价风险。例如,在施工阶段,除政府方改变项目定义要求产生的设计变更外,其他原因导致的设计变更均不调整合同价款;再如,在设计阶段,若社会资本方未实现设计目标,则应承担在施工中出现的相关风险。政府方在PPP合同起草阶段,应当充分考虑上述问题,并在合同中合理分配风险。

"PPP+EPC"模式的合理应用,须建立在对PPP模式和EPC模式透彻理解的基础上,否则容易产生项目后期投资失控的风险,尤其是政府支付与总投资挂钩的项目。故需正本清源,探寻实施相关模式的内在逻辑,通过设计投资控制机制、明确项目定义、细化合同条款和恰当分配风险等方式,实现对"PPP+EPC"项目的投资控制目标。

第4节 从2017版银皮书谈FIDIC对工程总承包合同终止的价格确定原则①

EPC合同是工程总承包项目的典型合同形式之一。无论是否符合规范的

① 本部分作者为朱宏伟、王先伟,已于2020年8月26日发表于微信公众号"广东省建设工程标准定额站订阅号",https://mp.weixin.qq.com/s/Ycp7saCIlmfqdm_OvAf81A。本部分内容已获作者授权在本书中出版使用。

朱宏伟,男,深圳市审计局政府投资审计专业局前处长,造价工程师,监理工程师,高级工程师,担任广东省工程造价法制化改革专项工作组副组长。

王先伟,男,上海市科汇律师事务所执行主任,深圳仲裁委员会建设工程国际仲裁院院长,中国行为法学会法制服务中心副主任兼法治服务(建筑工程)中心主任,中国建设工程造价管理协会(标准学术委员会)专家委员,造价工程师,监理工程师,咨询工程师(投资),时担任上海、哈尔滨、石家庄、宁波、武汉、深圳、南京、台州、徐州、马鞍山、长沙、淮北等十余地仲裁委员会仲裁员,长沙与台州仲裁委员会专家委员会委员,担任广东省工程造价法制化改革专项工作组副组长。

定义内涵和形式外延，近年来 EPC 合同在国内方兴未艾，几至滥用。随之而来的便是大量的 EPC 项目结算纠纷，而对于 EPC 合同未完工程的结算，更是当前亟待解决的问题。

对于未完工的工程总承包项目如何计算已完工工程价款，当前国内至少存在四种观点，分别是：(1) 按已完工程的完工比例折算法；(2) 按政府指导价并结合承包商组价原则法；(3) 按已完工工程量 × 投标报价（类似于清单文件）法；(4) 合同总价扣除后续的建设费用法。但究竟何种方式更为合适，莫衷一是。

国际咨询工程师联合会于 2017 年 12 月在伦敦举办的 FIDIC 国际用户会议上发布了 FIDIC 2017 版系列合同条件，即施工合同条件（Conditions of Contract for Construction）、生产设备和设计—建造合同条件（Conditions of Contract for Plant and Design - Build）和设计—采购—施工与交钥匙工程合同条件（Conditions of Contract for EPC/Turnkey Projects，本部分简称 2017 版银皮书）。2017 版银皮书在 FIDIC 于 1999 年发布的设计—采购—施工与交钥匙工程合同条件（Conditions of Contract for EPC /Turnkey Projects，本部分简称 1999 版银皮书）基础上，更好地实现其清晰、透明和明确的合同条件的设计意图。

业界通常认为，总价合同、里程碑支付方式、非“工程师”管理、偏向于承包商的风险，是 2017 版银皮书的主要合同特征。但究其本质，2017 版银皮书的精髓在于强调和推崇合同双方“公平对等”分配风险。因此，在合同终止事件发生时，已完工程价格和价值的确定，应当遵从“公平对等”的基本理念，对其合同特征和条款设计意图进行分析解构。

在 2017 版银皮书的 21 个条款中，第 15 条和第 16 条分别就发包人终止合同和承包商终止合同作出相应的条款设计。

除了合同双方各自终止合同的对方违约责任、权利和义务、程序与时限等条文内容外，2017 版银皮书在第 15 条终止日期的估价条款和终止后付款条款中，主要阐述了发包人终止合同时确定和支付工程价值款额的原则，并且在 1999 版银皮书的基础上，按照承包商违约和发包人的便利性目的这两种发包人终止合同情形分别重新进行约定；在第 16.4 款【承包商终止合同后的付款】条款原则性阐述了承包商终止合同时应当获得的权益。这几款具体条文中同时交织了其他相关条款关于工程价格价值的显性或隐性定义，需要在实务中穿插对照。

虽然2017版银皮书并未具体载明我们所讨论的EPC合同中途解约价格结算的任何一种规则,但是,通过对上述第15条、第16条等条款和其他相关条款的解读,可以大致勾勒出FIDIC对EPC合同终止价格结算的总体理念。

例如,第15.3款【承包商违约终止后的估价】:

根据第15.2款【因承包商违约的终止】终止合同后,雇主代表应根据第3.5款【协议或决定】同意或确定永久工程、货物和承包商文件的价值,以及应付给承包商的按照合同执行工程的任何其他款项(根据第3.5.3项【时间限制】而言,终止日期应为根据第3.5.3项达成协议的开始日期。

本估价应包括与第14.13款【最终付款】(a)和(b)所述事项有关的任何增减和/或扣减,以及应付余额(如有)。

本估价不包括任何承包商不遵守合同的文件、材料、生产设备和永久工程的价值。

本款涉及的第14.13款【最终付款】(a)和(b)项规定:

(a)雇主公正地认为最终到期的金额,包括根据3.5款【协商或确定】或根据合同或其他方式到期的任何增加和/或扣减;

(b)在将雇主以前支付的所有款项和雇主有权获得的所有款项授信给雇主之后,并在将所有先前由承包商支付和/或雇主根据履约担保收到的款项授信给承包商之后(如有),雇主应支付给承包商或承包商应付给雇主的余额(如有),视情况而定(这些条件下的"最终付款")。

第15.3款明确表达:即便是承包商违约终止合同,发包人也应当同意或确定承包商已经完成的价值,包括工程价值、货物、文件和任何承包商按照合同应当获得的款项。而此款所涉及的第3.5款商议确定条款中,完善了估价的程序与时间限制,对发包人态度也作出要求:发包人代表应当根据合同,在充分考虑有关情况的前提下,公平地决定事项或索赔。

同时,此条款强调了承包商不遵循合同行为的工程成果不能得到确认。但在工程总承包合同中,发包人的目的是获得符合最终要求的工程,相比传统施工合同对承包商行为的约束,发包人更多的是提出要求,且要求往往是针对最终完成的整体工程。在这类情况下,EPC合同中途解约,承包商行为是否符合合同约定,已完工程是否符合发包人要求,实际上难以甄别。这也是 EPC 合同下已完工程价款确定与传统施工合同模式下(无论是总价合同还是单价合同)已完工程价款确定的极为重要的差异。实际上第 15.3 款已在估价时考虑到本项内容,但核心在于如何鉴别承包商行为,如何将此项风险承担明晰地规定在合同条件中,使双方能够清楚地认识到"违约方承担不利后果"的责任承担原则,以及"公平对等"的风险分配理念。

在第 15.4 款【承包商违约合同终止后的付款】中,列示了发包人可以在终止后付款中暂扣(with－hold)相关的费用:

在根据第 15.2 款【因承包商违约的终止】合同终止后,雇主应有权按条款【付款索赔和/或工期延误】要求承包商支付款项:

(a)根据第 15.3 款【承包商违约终止后的估价】在扣除应付给承包商的任何款项后,工程执行的额外费用,以及发包人合理发生的所有其他费用(包括根据 11.11 款【现场清理】所述的清理、清洗和恢复现场所需的费用;

(b)雇主在完成工程时所承受的任何损失及损害;

(c)延误损害,如果工程或分项工程尚未根据第 10.1 款【工程和单位工程的接受】接管,以及如果根据第 15.2 款【因承包商违约的终止】终止日期,发生在与工程或分项工程(视情况而定)竣工时间相对应的日期之后,这种延迟损害应按这两个日期之间的每一天支付。

第 15.4 款进一步明确发包人扣除费用包含三个方面:终止后实施工程合理开支的附加费用;完成剩余工程发包人遭受的损失和损害;工期延长赔偿费(若有)。也对发包人如何确定暂扣费用进行了条款指引:依据第 20.2 款【付款索赔和/或工期延误】规定的索赔程序,确定减少合同价格的金额。值得注意的是,2017 版银皮书将 1999 版银皮书第 2.5 款【雇主的索赔】的简单规定予以删除,并与第 20 款【雇主和承包商的索赔】合并,对发包人和承包商索赔程序的规定加以完善,这也是 2017 版银皮书更加重视合同双方权利的公平性又一体现。例如,下文第 16.4 款将会提到的因发包人违约承包商要求支付款项中的利润损失等其他损害,依据第 20.2 款的规定确定。

而第 15.4 款的这些暂扣费用,往往可能成为合同终止价格计算的具体争议事项。

2017 版银皮书增加了第 15.5 款【为方便雇主的终止】,其附带的第 15.6 款【为方便雇主终止后的估价】为发包人便利性目的的合同终止工程价格确定作出特别安排,要求发包人向承包商支付经商定或确定的金额,而不需要承包商专门提交报表:

(a)承包商所做工作的价值,其中应包括:

(i)第 18.5 款【选择终止】第(a)至(e)段所述事项。

(ii)第 14.13 款【最终付款】(a)和(b)项所述事项的任何增加和/或扣减,以及应付余额(如有)。

(b)承包商因这一终止而遭受的任何利润损失或其他损失和损害的数额。

1999 版银皮书对发包人自主终止合同情形下,承包商可获得的付款规定为:承包商按照第 19.6 款【自主选择的终止、支付和解除】的规定获得付款,即参照不可抗力情形下发包人对承包商的补偿,不包括利润补偿。2017 版银皮书第 15.6 款改变了此种情形下的发包人负担风险的程度:除了依据第 18.5 款获得相应补偿外,可获得利润损失。

2017 版银皮书第 15 条通过对某些风险事项的进一步明确,提醒双方在合同签订阶段充分考虑各项因素,以使权益获得更为充分的保障。

在(发包人违约)承包商终止合同情形下,第 16.4 款【承包商终止合同后的付款】规定了发包人应当立即向承包商的支付:

(a)按照第 18.5 款【选择的终止】向承包商付款。

(b)根据第 20.2 款【付款索赔和/或工期延误】,付给承包商因此项终止而承受的任何利润损失或其他损失或损害的款额。

2017 版银皮书规定:“除非合同有明文规定,否则发包人对其提供的所有文件和信息资料的准确性、充分性和完整性概不负责;且在项目执行过程中,除非构成例外事件,否则任何预见或未预见的物质条件风险,都由承包商承担。”且 FIDIC 在 2017 版银皮书“设计责任分工与风险分配”相关规定中,依然遵循“如无特别规定,则由承包商负责设计,确保符合预期目的”以及“由提供设计的一方承担设计风险”的原则。但是,当合同规定有发包人设计责任,且由发包人的设计责任导致第 17.2 款【工程照管的责任】和第 17.5 款【雇主提供的保障】所述损害发生时,由发包人承担相应的责任。同时,由第 15.6 款【为方便雇主的终止】和第16.4款【承包商终止合同后的付款】对比可见,出于发包人便利性目的的发包人合同终止和发包人违约的承包商合同终止,在条款内容上基本接近,当因发包人违约时,“发包人应当立即向承包商的支付”,这体现了合同条款设计向非过失方的权益倾斜的公平性。

另外,2017版银皮书中新增加了第18条【例外事件】,整体取代了1999版银皮书中的“不可抗力”。1999版银皮书基本遵循不可抗力在法律上的概念,但是在事件后果上则作出了对承包商更为有利的规定,即“在不可抗力的特定事件下,由发包人来赔偿承包商的成本损失”,此规定亦是银皮书所独有的保障承包商利益的条款。1999版银皮书对不可抗力下所规定的事件后果与大多数工程合同相比,明显加大了对承包商的保护力度,甚至超过了通常法律概念上的救济后果。因此,为避免合同条件下“不可抗力”与法律中的专有概念产生误解或后果冲突,2017版银皮书将“不可抗力”替换为“例外事件”。

2017版银皮书对“例外事件”的相关定义条款(第18.1款)和后果(第18.4款)进行了详细阐述,同时明确了因“例外事件”导致合同终止后,应以承包商提交真实、完备资料的形式确定已完工程价格(price)和价值(value)(第18.5款,此款同样适用于发包人原因的合同终止情况,譬如第15.6款)。因此,“例外事件”彰显了FIDIC一贯倡导的风险均衡分配原则,亦是发包人与承包商在面临风险时对“公平对等”理念的另一亮点体现。以下为第18.5款内容:

(1)已完成的、合同中有价格规定的任何工作的应付金额。

(2)为工程订购的、已交付给承包商或承包商有责任接受交付的生产设备和材料的费用;当雇主支付上述费用后,此项生产设备与材料应成为雇主的财产(风险也由其承担),承包商应将其交由雇主处理。

(3)在承包商原预期要完成工程的情况下,合理的任何其他费用或债务。

(4)将临时工程和承包商设备撤离现场,并运回承包商本国工作地点的费用,或运往任何其他目的地,但不得超支。

(5)将终止日期时的完全为工程雇用的承包商的员工遣返回国的费用。

通过阅读上述条款,笔者体会到公平对等是FIDIC对合同终止工程价值(价格)确定的基本理念。虽然银皮书通用合同条件中并没有就“中途解约价格结算的具体计算方式”作出技术性的规定,但在具体条款中对诸如“雇主蒙受的任何损失和损害赔偿费,以及完成工程所需的任何额外费用”“承包商因此项终止而蒙受的任何利润损失或其他损失或损害的款额”“承包商原预期要完成工程的情况下,合理的任何其他费用或债务”“设备、人员转移费用”等费用进行了明确定义,甚至提示了这些费用中还包括“预期利润”“合理债务”等。2017 版银皮书尤其对发包人终止合同的不同情势(“承包商违约”和“发包人便利性目的”)作出差异化的条款设计,以体现这两种情势下发包人和承包商责任承担和权益保障的公平性。

由于 2017 版银皮书更加强调和推崇合同双方之间的对等关系,且这种理念为合同编制者和执行方提供了有益借鉴,因此,合同终止价格确定的具体操作就不应当成为令人束手无策的难题。在合同终止时,不同的情形应予以不同的考虑,并在合同中将已完工作价值确定的程序与内容、违约方应承担的风险与后果等予以明确。当合同终止事项出现时,分情形公平合理地按照合同条款的约定执行。

当然,合同终止的价格确定往往伴随着索赔争议,2017 版银皮书对索赔的管理在第 20 条进行了专门章节的条款设计。且 2017 版银皮部书第 20 条【雇主与承包商的索赔】不再将“雇主的索赔”与“承包商的索赔”分开规定,而是合并统一,在索赔程序上对双方更具公平性。

另外,2017 版银皮书合同条件的争端裁决/避免委员会解决合同争议的机制设计,也同样适用于合同终止价格结算纠纷事务,2017 版银皮书第 21 条对 DAAB 的运作机制进行了约定。这种“联合任命、费用分担”的 DAAB 机制,在道德信用、技术能力等各种因素规范有效的状态下,不啻为解决争端的有效机制,与当下国内工程提倡的“多元化纠纷解决机制”不谋而合。

同时,我们也应当保持不同客观情况下的独立探索。虽然依据 FIDIC 合同条件对合同终止条款的设计,可从中提取一些先进的理念和观点,但是不同的法律、不同的文化、不同的行业环境对合同条款的理解都有所不同。而工程总承包模式在国内的兴起就伴随着当事人对一些概念的模糊理解等。因此,在处理工程总承包未完工程造价的问题时,不能一概而论,宜依据国内基础法律规定结合行业特征进行处理。

第5节　由2017版银皮书DAAB条款谈FIDIC争端解决机制沿革及对国内工程多元化纠纷解决机制的启示[①]

2020年9月，我国参与联合国国际贸易法委员会制定的《联合国关于调解所产生的国际和解协议公约》（United Nations Convention on International Settlement Agreements Resulting from Mediation，以下简称新加坡公约）正式生效，为国际商事争端纠纷解决机制的发展点燃了又一座灯塔，也将为国际和国内建筑工程合同纠纷调解等多元化纠纷解决（或称替代性纠纷解决）机制的研究和实践探照光明之路。

时下，国内行业、学界纷纷对多元化纠纷解决机制的理论研究和实务探索抱以极高热忱。

住建部于2020年11月25日发布的《建设项目工程总承包合同（示范文本）》（GF-2020-0216），在争议解决机制的设计方面，采用了和解—调解—争议评审—仲裁或诉讼的进阶方式。在工程总承包合同争议解决的视角下，调解是关注的重点。笔者以为，回溯FIDIC关于争端解决机制设计的历史沿革，对国内工程多元化纠纷解决机制的研究和实践将有所启发。

国内外研究文献普遍认为，FIDIC的DAB（Dispute Adjudication Board）机制肇始于1995版桔皮书“D-B and Turnkey”（设计—建造和交钥匙）合同条件，并视其为DRB（Dispute Review Board）的发展。时迄当前，FIDIC的DAB已演进为更注重预防和化解潜在争端的DAAB（Dispute Adjudication/Avoidance Board）机制。

本部分以2017版银皮书DAAB条款为例，解析FIDIC的非工程师管理EPC合同执行环境下（较工程师管理模式更容易发生重大纠纷）争端解决方案的条款设计，以期获得更为深刻的理解。

---

① 本部分作者为朱宏伟，已于2021年2月3日发表于微信公众号“广东省建设工程标准定额站订阅号”，https://mp.weixin.qq.com/s/j-CKDWlw7Ddam2DgqEVsXg。本部分内容已获作者授权在本书中出版使用。

一、FIDIC 争端解决机制的沿革

1957 年第一版红皮书《土木工程施工合同条件》(Conditions of Contract for Work of Civil Engineering Construction)发布至今,工程师管理模式一直是 FIDIC 施工合同条件的重要特征。1995 年桔皮书之前,仲(讼)前合同争端的解决只有工程师决定(Engineer's Decision)的形式。早期版本的 FIDIC 施工合同条件约定合同争议在施工过程中由工程师决定,工程完工后方提能交仲裁裁决;1969 版和 1987 版红皮书修订为合同一方对工程师决定不满(dissatisfaction)时可以在完工前将争议提交仲裁的条款。

因为工程师与发包人的关系是咨询商与客户(client/consultant)关系,其服务报酬由发包人直接支付,尤其在 1999 年版本之后 FIDIC 不再将工程师定义为"独立的第三方",因此工程师决定的公正性容易受到承包方的质疑。我国于二十世纪八九十年代借鉴 FIDIC 工程师管理模式建立的工程监理制度,提出"三控二管一协调"概念,其中监理工程师的"协调"功能就包括了工程师决定合同纠纷的含义。但在国内工程实践中,因为主体身份、地位问题,监理工程师对合同纠纷解决的"协调"功能基本是纸上谈兵。笔者作为国内较早从业的首期注册监理工程师,对此颇有感受。

1995 年出版的桔皮书《设计—建造和交钥匙合同条件》(Conditions of Contract for Design - Build and Turnkey)不仅形成 FIDIC 合同范本初期彩虹系列,同时首次在合同条款中设计了 DRB 机制,与 1995 年世界银行招标规范的仲裁前采用 DRB 的规定相呼应;1996 年红皮书第四版等修订文本中也编入了 DRB 的相应内容。

具有里程碑意义的新彩虹系列合同范本于 1999 年正式出版,构成了 FIDIC 合同范本的完整体系。1999 版彩虹系列合同范本和其后的修订版本中,DRB 由 DAB 替代,在各主要合同文本的最末条款(claims, disputes and arbitration,索赔、争议和仲裁)中专门阐述了 DAB 规则。以 1999 版银皮书为例,第 20.2 款至第 20.4 款和第 20.7 款、第 20.8 款分别就 DAB 的任命(appointment)、未达成(DAB 人选)意见(failure to agreement)、DAB 裁决程序(obtaining decision)、未遵守 DAB 决定(failure to comply with decision)和 DAB 任期满后(expiry)的处置等进行了条款设计。

虽然 DRB 和 DAB 之间仅有 review(评议)和 adjudication(裁决)的一字之差,但其"评议建议"和"裁决决定"在约束力生效等方面的差别则是显著的。在之后长达 18 年的实践中,DAB 在预防索赔发展为争端、减少合同争端诉诸仲裁的对抗性、快速高效解决争议等方面发挥了积极作用,也引发了其需要进一步完善升级的讨论。

FIDIC 于 2017 年年底出版的合同文本系列是目前的最新版本。在 1999 版 DAB 基础上,争议解决机制升级为 DAAB 机制,并与索赔管理拆开后分列为(以银皮书为例)第 20 条[索赔(claims)]和第 21 条[争端和仲裁(disputes and arbitration)]的不同条文。DAAB 机制的设计旨在强调其预防化解潜在的重大争端的作用,希望合同相对人和参与者以主动和温和的态度及时发现和解决重大争端事件的发生。2017 版银皮书在 DAAB 的组织、程序、时限等方面均与 1999 版银皮书有所区别和调整。

二、2017 版银皮书 DAAB 条款浅析

对照 1999 版 DAB 条款,2017 版银皮书的 DAAB 条款具有重要的升级,主要体现在争端裁决和避免委员会(the Board)的组织设立和工作方式的变化上。在组织设立方面,由 DAB 的"争议发生临时设立"调整为 DAAB 的"合同约定时间内(无约定则默认 28 天)成立",由"争议事毕组织(人员)解散"调整为"随合同有效期存在而存在",总体上由 DAB 的临时机构上升为 DAAB 的常设机构。工作方式上,由 DAB"因事而事无事不事"的被动型方式提升为 DAAB"过程介入纠纷管控"的主动型方式(譬如,第 21.3 款规定:如果 DAAB 意识到一个问题或分歧,它可以邀请当事各方提出这样的联合请求)。

以下摘录 2017 版银皮书第 21 条全部中译文,并对照 1999 版银皮书进行提纲性简介,有兴趣的同行可以自行对照阅读。

2017 版银皮书第 21 条关于"争端和仲裁"(标注部分为条款内容提纲和个人解读)

21.1　争端裁定/避免董事会的组成

本款约定 DAAB 的组织设立、人员组成、有效活动时限和酬金问题。本款规定 DAAB 的任命和终止几乎贯穿于整个合同执行期间;其成员由合同文件事先确定,并由合同双方推荐人员外的第三人(在三人委员会的情况下)作为主席

(chairperson);报酬各付等 DAAB 全过程参与、相对独立等特征。

争端应由 DAAB 根据第 21.4 款【获得 DAAB 的决定】作出决定。双方应在双方签订合同协议之日起,在合同资料规定的时间内(如未规定,为 28 天)共同任命 DAAB 成员。

如合同资料所述,DAAB 应由一名合格成员(唯一成员)或三名合格成员(成员)组成。如果没有如此说明人数,且双方另有协议,DAAB 应由三名成员组成。

唯一成员或三名成员(视情况而定)应从合同资料清单中列出的成员中选出,不能或不愿接受 DAAB 任命的成员除外。

如果 DAAB 由三人组成,各方均应推荐一人,报他方认可,双方应同这些成员协商,并商定第三名成员,此人应任命为主席。

DAAB 应视为在双方和唯一成员或 DAAB 的三个成员(视情况而定)均签署 DAAB 协议之日成立。

唯一成员或三个成员中的每一个成员的报酬条款,包括 DAAB 咨询的任何专家的报酬,应由双方在商定 DAAB 协议条款时共同商定。各方应负责支付该报酬的一半。

如果经双方同意,他们可以在任何时候任命一位或几位有适当资格的人员,替代 DAB 的任何一位或几位成员。除非双方另有协议,如果成员拒绝履行职责或因死亡、疾病、残疾、辞职或任命终止而无法履行职责,则任命一名替代 DAAB。替换成员的任命方式应与本款所述的被替换成员被选定或同意的方式相同。

对任何成员的任命,可以经过双方相互协议终止,但雇主或承包商都不能单独采取行动。

除非双方另有协议,DAAB 的期限(包括每名成员的任命)应在以下任一时间到期:

(a)根据第 14.12 款【解除】的规定,解除证明已经生效或认为已经生效的日期,或

(b)在 DAAB 根据第 21.4 款【获得 DAAB 的决定】就所有争端作出决定后 28 天,在该等解除生效之前。

以较迟者为准。

但是,如果合同根据本条件的任何子条款或其他条款终止,DAAB 的期限(包括各成员的任命)应在以下日期后 28 天到期:

DAAB 已在终止日期后 224 天内就提交给它的所有争端作出决定(根据第 21.4 款【获得 DAAB 的决定】);或双方就与终止有关的所有事项(包括付款)达成最终协议的日期。

以较早者为准。

21.2 未能委任 DAAB 成员

本款约定因故未能组成 DAAB 成员而由指定的任命实体或官员确定成员的程序。在因故未能组成 DAAB 情况下,指定的任命实体或官员(如国际商会组织、工程业界行会等)有权(最终的和决定性的)确定成员。

> 如果以下任何条件适用,即
>
> 如果 DAAB 将由一名唯一成员组成,则双方未能在第 21.1 款【DAAB 的组成】第一段中规定的日期前商定该成员的任命;或如果 DAAB 由三人组成,并且在第 21.1 款【DAAB 的组成】第一段中规定的日期之前:
>
> 1. 任何一方未选择成员(另一方同意);
>
> 2. 一方未能同意另一方选定的成员;和/或
>
> 3. 双方未能就 DAAB 第三位成员(担任主席)的任命达成一致意见;
>
> (c)在唯一成员或三名成员中的一名成员拒绝履行职责或因死亡、疾病、残疾、辞职或任命终止而无法履行职责之日起 42 天内,双方未能就替代人选的任命达成一致意见;或
>
> (d)如果在双方同意任命或更换成员后,由于一方拒绝或未能在另一方要求的 14 天内与任何该等成员或更换成员(视情况而定)签署 DAAB 协议,该任命无法生效。
>
> 然后,合同资料中指定的任命实体或官员应根据任何一方或双方的要求,并在与双方适当协商后,任命 DAAB 成员[在上述(d)项情况下,该成员应为商定的成员或替代者]。该任命应是最终的和决定性的。
>
> 此后,双方和如此任命的成员应被视为已签署并受 DAAB 协议约束,根据该协议:
>
> 1. 月服务费和日服务费应符合任命条款的规定;以及
>
> 2. 适用于 DAAB 协议的法律应为第 1.4 款【法律和语言】中定义的合同适用法律。
>
> 各方应负责支付指定实体或官员报酬的一半。如果承包商支付了承包商的报酬,则应在报表中包括该报酬金额的一半,然后雇主应根据合同向承包商支付报酬。如果雇主全额支付了报酬,雇主应将此类报酬的一半根据第 14.6.1 项【期中付款通知】第(b)项的规定扣除。

21.3 避免纠纷

本款倡导提前预案、过程管控、避免争议,虽然篇幅不大,却是 DAAB 对 DAB 实质性的升级创新。

> 如果双方同意,他们可以共同(以书面形式)请求 DAAB 提供协助和/或非正式讨论并试图解决双方在履行合同期间可能出现的任何问题或分歧。如果 DAAB 意识到一个

问题或分歧,它可以邀请当事各方提出这样的联合请求。

这种联合请求可随时提出,但在雇主代表根据第3.5款【协议或决定】就有争议或有分歧的事项履行其职责期间除外,除非双方另有协议。

此类非正式协助可在任何会议、实地考察或其他过程中进行。但是,除非双方另有协议,否则双方应出席此类讨论。双方无义务根据非正式会议期间提出的任何建议采取行动,DAAB也不受任何未来争端解决程序或决定的约束,无论是口头还是书面形式,都不受非正式援助过程中提出的任何意见或建议的约束。

21.4 获得DAAB的决定

本款规定提交和裁决争议的时限、程序、文件要求、裁决的约束力和裁定结果支付决定的执行及其担保,当事人“不满意通知(NOD)”的处置等规定,是本条最重要的内容。其中,NOD的概念较之前版本的DAB得到进一步明确。

如果双方之间发生争议,则任何一方均可将争议提交DAAB决定(无论是否根据第21.3款【避免争议】进行了任何非正式讨论),并应适用以下规定。

21.4.1 争端提交DAAB

争端提交DAAB(本款第21.4款中的提及)应:

(a)如果第3.5款【协议或决定】适用于争议的主题,则相关的不满通知应根据第3.5.5项【对雇主代表的决定不满】之日起的42天内提出。如果争议在42天内未提交DAAB,则该不满通知应视为已失效,不再有效。

(b)说明是根据本款发出的。

(c)列出了相关方有关争议的案例。

(d)以书面形式,并将副本送交另一方。

(e)对于三人的DAAB,应视为在DAAB主席收到之日已被DAAB收到。

除非法律禁止,根据本条向DAAB提及争议应被视为中断任何适用的时效法规或诉讼时效的运行。

21.4.2 提交后的双方义务

双方应立即向DAAB提供DAAB可能要求的进入现场的所有信息以及适当的设施,以便对争议作出决定。

除非合同已被废弃或终止,否则双方应继续按照合同履行其义务。

21.4.3 DAAB 的决定

DAAB 应在以下范围内完成并作出决定:

(a)提交后 84 天;或

(b)DAAB 提出并经双方同意的期限。

但是,如果在该期限结束时,任何 DAAB 成员发票的付款到期日已过,但该发票仍未支付,则 DAAB 无义务作出决定,直到该未付发票已全额支付为止,在这种情况下,DAAB 应在收到付款后尽快作出决定。

该决定应以书面形式发给双方,并应具有合理性,且说明是根据本款作出的。

该决定对双方均有约束力,无论一方是否就本条项下的该决定发出不满通知,该方均应立即遵守该决定。

如果 DAAB 的决定要求一方向另一方支付一笔款项:

1. 除下文第 2 款另有规定外,该笔款项应立即到期应付,无须任何声明或通知;以及

2. DAAB(作为决定的一部分)可应一方的请求,但前提是 DAAB 有合理理由相信,如果根据第 21.6 款【仲裁】的规定撤销决定,收款人将无法偿还该金额,则 DAAB 可要求收款人提供适当的担保品(由 DAAB 自行决定)对该金额进行担保。

DAAB 程序不应被视为仲裁,DAAB 也不应担任仲裁员。

21.4.4 对 DAAB 决定的不满

如果任何一方对 DAAB 的决定不满意:

(a)该方可向另一方发出不满通知,并将一份副本送交 DAAB;

(b)本不满通知应说明其为"对 DAAB 决定不满通知",并应列出争议事项和不满理由;以及

(c)不满通知应在收到 DAAB 决定后 28 天内发出。

如果 DAAB 未能在第 21.4.3 项【DAAB 的决定】规定的期限内作出决定,则任何一方可在该期限到期后 28 天内,根据上述(a)和(b)项向另一方发出不满通知。

除第 3.5.5 项【对雇主代表的决定的不满】的最后一段、第 21.7 款【不遵守 DAAB 的决定】和第 21.8 款【没有 DAAB 在场】所述的情况外,任何一方均无权对争议进行仲裁,除非根据本条第 21.4.4 项已就该争议发出不满通知。

如果 DAAB 已就争议事项向双方作出决定,且任何一方在收到 DAAB 的决定后 28 天内未发出第 21.4.4 项所述不满通知,则该决定应为最终决定,对双方均具有约束力。

如果不满意的一方仅是对 DAAB 的部分决定不满意:

1. 该部分应在不满意通知中明确指出;

2. 本部分以及受该部分影响或依赖该部分作为完整性的本决定的任何其他部分,应被视为与本决定的其余部分可分割,以及如果不满意的一方只对 DAAB 决定的一部分不满意:该决定的其余部分应成为最终决定,对双方均具有约束力,如同未发出不满通知一样。

21.5 友好解决

与之前版本类似的条款。

如果已按照上述第 21.4 款【获得 DAAB 的决定】发出了表示不满的通知,双方应在着手仲裁前,努力以友好方式解决争端。但是,除非双方另有协议,仲裁可以在表示不满的通知发出后第 28 天或其后着手进行,即使未曾做过友好解决的努力。

21.6 仲裁

本条关于仲裁,与之前版本基本一致,增加仲裁裁决支付需及时执行的规定。

经 DAAB 对之作出的决定(如果有)未能成为最终的和有约束力的任何争端,除非已获得友好解决,根据第 3.5.5 项【对雇主代表的不满决定】,第 21.4.4 项【对 DAAB 决定的不满】,第 21.7 款【未能遵守 DAAB 的决定】以及第 21.8 款【无 DAAB 进行工作】,任何争议应通过国际仲裁对其作出最终裁决。除非双方另有协议:

(a)争端应根据国际商会仲裁规则最终解决;

(b)争端应由按照上述规则任命的三位仲裁人负责解决;

(c)仲裁应使用第 1.4 款【法律和语言】规定的仲裁语言。

仲裁人应有权公开、审查和修改与该争端有关的雇主(或其代表)发出的任何证书、决定(除最终和有约束力的决定外)、指示、意见或估价,以及 DAB 的任何决定。根据合同规定,代表雇主行事的自然人不得因与争议有关的任何事项而被传唤为证人并在仲裁员面前作证。

在处理仲裁费用的任何裁决中,根据第 21.1 款【DAAB 的组成】和/或第 21.2 款【未能任命 DAAB 成员】,仲裁员可以考虑一方在构成 DAAB 时未与另一方合作的程度(如果有的话)。

任一方在仲裁人面前的诉讼中,应不受以前为获得 DAAB 的决定而向其提供的证据或论据,或根据第 21.4 款【获得 DAAB 的决定】在其表示不满的通知中提出的不满意理由的限制。DAB 的任何决定都应可以作为仲裁中的证据。

仲裁可在工程竣工之前或之后开始。DAAB不得因工程施工期间进行的任何仲裁而改变双方的义务。

如果裁决要求一方向另一方支付一笔款项，该款项应立即到期支付，无须任何声明或通知。

21.7 未能遵守DAAB的决定

本条增加仲裁简易快速程序的应用和对FIDIC著名的"有但非最终(binding but not final)"的约束力的加强。

如果一方未能遵守DAAB的任何决定，无论是有约束力的还是最终的和有约束力的，则另一方可以在不损害其可能拥有的其他权利的情况下，根据第21.6款【仲裁】的规定，将上述未遵守决定的事项提交仲裁，在此情况下，第21.4款【取得争端裁决委员会的决定】和第21.5款【友好解决】的规定应不适用。仲裁庭(根据第21.6款仲裁组成)应有权通过简易程序或其他快速程序以暂时或临时措施或裁决(根据适用法律或其他适当方式)命令执行该决定。

在DAAB有约束力但非最终决定的情况下，此类暂时或临时措施或裁决应明确保留，即保留双方关于争议案情的权利，直到裁决解决为止。

执行DAAB决定的任何临时或临时措施或裁决，如未遵守，无论该决定是否具有约束力或最终约束力，也可包括损害赔偿或其他免于责任的命令或裁决。

21.8 无DAAB进行工作

与1999版银皮书基本一致。

如果双方因与合同或工程实施相关或由其引起的问题产生争端，且又因DAB任命期满或其他原因，没有DAAB进行工作(或DAAB正在组建)，则：

(a)第21.4款【取得DAAB的决定】和第21.5款【友好解决】的规定应不适用；

(b)任何一方均可以根据第21.6款【仲裁】的规定，直接提交仲裁，但不得损害双方可能享有的任何其他权利。

三、借鉴和启示

通过对FIDIC关于合同争端解决机制的历史沿革回顾，以及2017版银皮书关于 DAAB 条款的阅读理解,笔者体会到 FIDIC 一贯关注和强调通过有专业能力和相对独立的组织和人员,以公平合理的合同条款设计来预防和解决合同争端,促进工程顺利进展的理念,并且这种理念是与时俱进的。

虽然笔者并没有在目前 FIDIC 的文件体系中阅读到调解(mediation)这个用词,但是 DAB/DAAB 无疑与通常理解的调解基本无异。

尽管国内外业界对 2017 版 FIDIC 合同范本中的 DAAB 机制也表达了诸如争端提交 DAAB 的时限和程序要求更为苛刻、对争端(Dispute)的定义较为狭窄、增加相应的管理成本等意见,但笔者依然认为 2017 版的 DAAB 机制是又一革命性的进步,必将为国内工程合同文本关于争端预防和解决的条款设计提供极其有益的借鉴。

比如,《建设项目工程总承包合同(示范文本)》(GF-2020-0216)中的争议评审条款中引入了"争议的避免(第 20.3.2 项)"概念,这似乎与 FIDIC 最新的 DAAB 机制有些相近,遗憾的是,文本表达中并没有如同 DAAB 避免风险的主动性意思。此外,该示范文本中有关"调解"的表述[①]相当简单,短短 70 个字并不能尽述"调解"这一纠纷解决机制的全貌。同时,将"争议评审"置于"调解"之后,与最新国际规则不相符合。

可喜的是,笔者注意到,住建部标准定额司于 2021 年 11 月 17 日发布的《建设工程工程量清单计价标准(征求意见稿)》(GB/T 50500-202X),在争议解决机制上的设计上,已经和 FIDIC 等国际工程管理理念和实践相衔接(该条款摘录如下):

> 12.4 调解
>
> 12.4.1 发承包双方可在合同中约定或在合同签订后共同约定争议调解人,负责双方在合同履行过程中发生争议的调解。
>
> 12.4.2 合同履行期间,发承包双方可协议调换或终止任何调解人。除非双方另有协议,在最终结清支付证书生效后,调解人的任期应即终止。

---

① 《建设项目工程总承包合同(示范文本)》(GF-2020-0216)通用合同条件第 20.2 款【调解】:"合同当事人可以就争议请求建设行政主管部门、行业协会或其他第三方进行调解,调解达成协议的,经双方签字盖章后作为合同补充文件,双方均应遵照执行。"

12.4.3 发承包双方发生的争议,任何一方可将该争议以书面形式提交调解人,并将副本抄送另一方,委托调解人调解。

12.4.4 发承包双方应按照调解人提出的要求,给调解人提供所需要的资料、现场进入权及相应设施。

12.4.5 调解人应在收到调解委托后28天内或由调解人建议并经发承包双方认可的其他期限内提出调解书,发承包双方接受调解书的,经双方签字后作为合同的补充文件,对发承包双方均具有约束力,双方都应遵照执行。

12.4.6 当发承包双方中任一方对调解人的调解书有异议时,应在收到调解书后28天内向另一方发出异议通知,并应说明争议的事项和理由。除非调解书在协商和解或仲裁裁决、诉讼判决中作出修改,或合同已经解除,承包人应继续按照合同实施工程。

12.4.7 当调解人已就争议事项向发承包双方提交了调解书,而任一方在收到调解书后28天内均未发出表示异议的通知时,调解书对发承包双方应均具有约束力。

显然,我们不能苛求以建设工程工程量清单计价标准《征求意见稿》对争议调解的文字叙述能够达到FIDIC合同条件的详尽程度,但新版标准在合同争议调解机制设计方面的理念无疑是先进的。笔者认为,新版标准有关调解的条款设计,已经能为工程合同价款纠纷调解的实际操作提供明确的指引。

第二章　工程总承包典型争议及解决方案

第1节　EPC工程总承包合同的法律性质及管辖问题

法律关系定性对当事人的适格性、管辖权、确定裁判的既判力等问题的判断,具有重要意义。[①] EPC项目的合同争议,若不得不提交法律程序解决,诉讼策略中就需要考虑合同性质及管辖机构。在本章"工程总承包典型争议及解决方案"中,笔者首先对EPC合同的法律性质及管辖问题进行了系统研究。

一、司法实践对EPC合同纠纷案由存在不同理解

EPC合同包含工程设计、采购、施工或者设计、施工等内容,[②]与单纯的建设工程设计合同、买卖合同、建设工程施工合同有一定联系,但又不完全一致。现行法律未对EPC合同进行明确定性,司法实践亦存在不同理解。经笔者检索裁判文书网,EPC合同纠纷相关的案由有:建设工程施工合同纠纷、建设合同纠纷、承揽合同纠纷、定作合同纠纷、建设工程设计合同纠纷、买卖合同纠纷、合同纠纷、技术服务合同及建设工程施工合同纠纷等。

若是将EPC合同纠纷定性为建设工程施工合同纠纷,则根据《民事诉讼法》第三十四条第一款第一项的规定,"下列案件,由本条规定的人民法院专属

---

① 参见邹碧华:《要件审判九步法》,法律出版社2017年版,第44～45页。

② 《工程总承包管理办法》第三条规定:"本办法所称工程总承包,是指承包单位按照与建设单位签订的合同,对工程设计、采购、施工或者设计、施工等阶段实行总承包,并对工程的质量、安全、工期和造价等全面负责的工程建设组织实施方式。"

管辖：(一)因不动产纠纷提起的诉讼，由不动产所在地人民法院专属管辖”及《民事诉讼法解释》第二十八条第二款规定：“农村土地承包经营合同纠纷、房屋租赁合同纠纷、建设工程施工合同纠纷、政策性房屋买卖合同纠纷，按照不动产纠纷确定管辖。”建设工程施工合同纠纷适用专属管辖，由不动产所在地即由建设工程所在地人民法院管辖；当事人的协议管辖条款若违反专属管辖规定，则属无效。若将EPC合同纠纷认定为其他案由的合同纠纷(如承揽合同纠纷、定作合同纠纷、买卖合同纠纷)，则存在当事人协议选择管辖法院的空间。

鉴于此，笔者试梳理司法实践对EPC合同的法律关系及管辖权的不同认识及其原因，并提炼分析视角，以期对司法实践有所助益。

二、将EPC合同纠纷认定为不同案由的原因

经笔者检索裁判文书网，目前司法实践将EPC合同纠纷定性为不同案由的主要理由如表2-1-1所示。

表2-1-1　EPC合同纠纷相关案由及主要理由

EPC合同案由	主要理由
建设工程施工合同纠纷①	1. 涉案合同中的工程既包括温室主体的土建工程，又包括相关配套设施的安装工程，符合建设工程施工合同的特征 2. 按合同约定，被上诉人的主要义务是按照完成目标项目的设计、采购、施工、验收、实验等全部工作直至项目全容量并网发电，以EPC总承包方式向原审被告提供交钥匙工程，原审被告向被上诉人支付工程款。建设工程合同是指承包人进行工程施工，发包人支付价款的合同 3. 法院认为，《民事诉讼法解释》第二十八条第二项规定：“农村土地承包经营合同纠纷、房屋租赁合同纠纷、建设工程施工合同纠纷、政策性房屋买卖合同纠纷，按照不动产纠纷确定管辖。”对该项涉及的建设工程施工合同纠纷的理解，应不限于《民事案件案由规定》的建设工程合同项下的第三个、第四级案由“建设工程施工合同纠纷”，还包括该项下的建设工程施工相关案件：建设工程施工合同纠纷、建设工程价款优先受偿权纠纷、建设工程分包合同纠纷、建设工程监理合同纠纷、装饰装修合同纠纷、铁路修建合同纠纷、农村建房施工合同纠纷②

① 最高人民法院民事裁定书，(2018)最高法民终433号；最高人民法院民事裁定书，(2017)最高法民辖终409号；最高人民法院民事裁定书，(2017)最高法民辖终345号；青海省高级人民法院民事裁定书，(2020)青民辖终21号；甘肃省高级人民法院民事裁定书，(2020)甘民辖38号；河北省高级人民法院民事裁定书，(2020)冀民辖终84号。

② 最高人民法院民事裁定书，(2017)最高法民辖30号。

续表

EPC 合同案由	主要理由
建设工程合同纠纷①	1. 建设工程合同是承包人进行工程建设,发包人支付价款的合同,建设工程合同包括工程勘察、设计、施工合同 2. 涉案合同表现出建设工程合同特有的特征,相比而言,建设工程合同的特殊性明显胜于承揽合同的一般性 (1)从承包范围和合同标的物的属性来看,承包商的工作范围为合同规定范围内的工程监理、工程勘测、设计、设备制造、设备及材料采购、运输、土建工程、设备安装、设备调试、设备监造、质量检测等内容 (2)合同目的是完成某风电场一期工程建设并通过竣工验收和投产运行,确保按期并网发电,即合同约定的项目范围及于电力工程基础建设项目整体,属于电力基础设施建设,该电力基础设施直接建设于土地上,系土地上的建筑物及其他附着物,建设成果具于不动产的属性 (3)从承包方式和合同价款的约定来看,承包商负责某风电场项目一期工程的建设,工程合同采取设计、采购、施工一体化的 EPC 模式,承包方式超出一般的设备承揽,更符合建设工程的总承包模式。合同中约定工程暂定总价为 39,525 万元,风电场建成投产后根据实际情况进行工程决算,作为最终合同价款。工程价款的约定符合建设工程合同中工程价款预决算的基本特征,而不符合加工、定作等普通承揽合同的一般特征 (4)从工程的质量管理和验收标准及程序来看,合同中明确约定诉争工程的设计、施工、验收等必须遵循国家关于电力、土建、安装等领域的强制性规范,验收程序也必须遵守国家的强制性规定,并实行强制监理制度,而非仅依据定作人的要求即可完成工作成果的验收和交付 (5)从涉案风力发电机组的履行情况来看,承包商提供了风力发电机组的技术规范要求,工程总承包人认为使用某型号风力发电机组符合鼎能公司的项目要求,选择该机型使用于本案工程建设,某型号风力发电机系按国标参数制造的通用产品,且承包商使用和安装的部分风力发电机组的出厂日期早于合同签订日期,不符合承揽合同履行的基本特征

① 青海省高级人民法院民事裁定书,(2018)青民辖终 4 号;福建省高级人民法院民事裁定书,(2014)闽民终字第 1206 号;山西省高级人民法院民事裁定书,(2017)晋民初 45 号之二。

续表

EPC 合同案由	主要理由
承揽合同纠纷①	1. A 公司与 B 公司虽然签订《总承包合同》，但双方在该合同约定“甲方提供电池片，乙方负责制作组件”，在《30 兆瓦光伏发电项目固定式支架购销合同书》约定，由“甲方向乙方购买光伏组件地面固定式支架，数量为 30 兆瓦地面固定式支架”，因此，A 与 B 公司之间不是真正意义上的 EPC 总承包关系 2. 合同约定内容不限于建设工程，当事人诉争法律关系具有复杂性，且原判决并未援引《合同法》承揽合同章的规定，主要是根据《承揽合同》的约定确定本案当事人的权利义务，亦未违反有关建筑法律法规的规定。故原判决以承揽合同纠纷作为本案案由并无不当，适用法律也不属于确有错误 3. 合同约定的主要工作内容为组件支架、光伏组件、穿线管材、逆变器、箱变、光伏监控系统等设备、材料的采购、安装与调试工作，土建并非合同的主要内容。EPC 承包合同的主要合同内容属设备、材料的采购、安装，符合承揽合同内容，其性质属于承揽合同 4. 从合同标的物来看，上诉人提供的整套光伏发电系统不属于不动产，所谓不动产，是指依照其物理性质不能移动或者移动将严重损害其经济价值的有体物。该光伏发电系统安装于某工程有限公司的屋顶，可以拆卸移动且不损害其经济价值 5. 合同价款中设备和材料的采购费用是合同总价的主要组成部分，而土建费用占比很小，非合同价款的主要组成部分
定作合同纠纷②	EPC 总承包合同约定的主要权利义务为：A 公司将某矿井水处理及生活污水处理的设备制作、安装、调试的总承包项目发包给 B 公司，A 公司支付相应的价款。完成污水处理设备的制作、安装、调试等行为属定作合同的合同义务，本案并非建设工程施工合同，不应按专属管辖确定管辖权
建设工程设计合同纠纷③	双方对建设施工、设备安装等均无异议，其《起诉状》内容仅针对某设计院在案涉工程设计阶段存在违约及过错提起本案诉讼，故依据《民事案件案由规定》（法发〔2008〕11 号）“民事案件案由应当依据当事人主张的民事法律关系的性质来确定”，本案案由应确定为建设工程设计合同纠纷为妥

① 最高人民法院民事判决书，（2019）最高法民终 13 号；最高人民法院民事裁定书，（2015）民申字第 185 号。

② 江苏省无锡市中级人民法院民事裁定书，（2016）苏 02 民辖终 730 号。

③ 最高人民法院民事判决书，（2019）最高法民终 969 号。

续表

EPC 合同案由	主要理由
买卖合同纠纷①	本案涉及的《2MW 分布式光伏发电项目 EPC/交钥匙合同》和《2MW 分布式光伏发电项目 EPC/交钥匙合同补充协议》,包含了设备购置及安装内容,实践中一般应以买卖合同纠纷进行审理
合同纠纷②	未展开分析
技术服务合同及建设工程施工合同纠纷③	根据双方确认的技术方案,该方案包括四个部分,分别对项目设计依据、设计参数、设计指标、设计原则、设计范围、技术标准及规范、工艺选择、工艺原理、物料消耗、脱硫除尘脱白工程内容、工程主要设备投资估算及构筑物、综合效益分析等作了详细说明,同时双方签订的《烟气脱白 EPC 施工总承包合同》明确约定被告承包方式为设计、设备供货、施工、调试、移交的 EPC 总承包方式,故本案案由应当确定为技术服务合同及建设工程施工合同纠纷

三、EPC 合同法律关系定性及管辖之分析视角

鉴于目前尚无法律对 EPC 合同进行明确定性,且各合同约定情况、履行情况也不一致,经提炼相关案例观点作为参考,笔者认为,可尝试从以下几个角度分析 EPC 合同法律定性及管辖:

(一)合同内容是否涉及建设工程、建设工程施工

在(2021)苏 05 民辖终 414 号案件中,江苏省苏州市中院认为,建设工程合同与承揽合同的区别在于所承揽的工作内容不同,承揽建设工程的为建设工程合同,承揽其他工作的为承揽合同。因此,建设工程的识别对案由的确定十分重要。

建设工程,是指为人类生活、生产提供物质技术基础的各类建(构)筑物和

① 山东省临沂市中级人民法院民事判决书,(2019)鲁 13 民终 6862 号。

② 最高人民法院民事裁定书,(2019)最高法民辖终 405 号;山西省高级人民法院民事裁定书,(2019)晋民辖终 94 号。

③ 山西省吕梁市(地区)中级人民法院民事判决书,(2020)晋 11 民终 913 号。

工程设施，[1]包括建筑工程、[2]土木工程[3]和机电工程[4]。部分司法案例仅将案涉工程是否涉及土建工程作为区分建设工程合同与承揽合同的标准，该观点值得商榷。

司法实践中，部分法院[5]认为建设工程合同纠纷也应适用专属管辖，当事人违反专属管辖的约定无效。最高人民法院报发表的《关于民诉法解释中有关管辖若干问题的理解与适用》[6]以及最高院在(2017)最高法民辖30号案件民事裁定书中都认为，应当按照不动产纠纷由不动产所在地法院专属管辖的建设工程施工合同纠纷，不限于《民事案件案由规定》的建设工程合同纠纷项下的第三个第四级案由"建设工程施工合同纠纷"，应当包括该项下的建设工程施工相关的案件："(3)建设工程施工合同纠纷，(4)建设工程价款优先受偿权纠纷，(5)建设工程分包合同纠纷，(6)建设工程监理合同纠纷，(7)装饰装修合同纠纷，(8)铁路修建合同纠纷，(9)农村建房施工合同纠纷。"但最高院发布的《关于印发修改后的〈民事案件案由规定〉的通知》(法〔2020〕347号)暂未将建设工程施工合同纠纷的含义作扩大解释。

江苏省高院发布的《关于审理建设工程施工合同纠纷案件若干问题的解答》也对建设工程施工合同纠纷作扩大解释："建设工程施工合同纠纷"还包括建设工程价款优先受偿权纠纷、建设工程分包合同纠纷、建设工程监理合同纠纷、装饰装修合同纠纷、建设工程勘察合同纠纷、建设工程设计合同纠纷。

(二)合同目的是否涉及不动产

根据《不动产登记暂行条例》第二条的规定，不动产是指土地、海域以及房

---

① 参见常设中国建设工程法律论坛第八工作组：《中国建设工程施工合同法律全书词条释义与实务指引》，法律出版社2019年版，第651～652页。

② 建筑工程按照组成结构可分为地基与基础工程、主体结构工程、建筑屋面工程、建筑装饰装修工程和室外建筑工程。

③ 土木工程可分为道路工程、轨道交通工程、桥梁涵洞工程、隧道工程、水工工程、矿山工程、架线与沟管工程、其他土木工程。

④ 机电工程可分为机械设备工程、静置设备与工艺金属结构工程、电气工程、自动化控制仪表工程、建筑智能化工程、管道工程、消防工程、净化工程、通风与空调工程、设备及管道防腐蚀与绝热工程、工业炉工程、电子与通信及广电工程。

⑤ 山西省高级人民法院民事裁定书，(2017)晋民初45号之二。

⑥ 参见高民智：《关于民诉法解释中有关管辖若干问题的理解与适用》，载最高人民法院报2015年8月27日，http://rmfyb.chinacourt.org/paper/html/2015-08/27/content_101793.htm。

屋、林木定着物。部分法院[①]认为,若合同目的所涉基础设施直接建设于土地上,系土地上的建筑物及其他附着物,建设成果具有不动产的属性,则该合同属于建设工程合同,进而根据《民事诉讼法》第三十四条,适用不动产专属管辖。

(三)当事人的诉讼请求及主张的法律关系

最高院发布的《关于印发修改后的〈民事案件案由规定〉的通知》中指出:民事案件案由应当依据当事人主张的民事法律关系的性质来确定。在(2019)最高法民终969号案件中,最高院认为,伊吾东方公司对案涉风电场工程的建设施工、设备安装等均无异议,其《起诉状》内容仅针对新疆电力设计院在案涉工程设计阶段存在违约及过错提起本案诉讼,故依据前述规定,该案案由应确定为建设工程设计合同纠纷。

最高院发布的《关于印发修改后的〈民事案件案由规定〉的通知》中指出:存在多个法律关系时个案案由的确定。同一诉讼中涉及两个以上的法律关系的,应当根据当事人诉争的法律关系的性质确定个案案由;均为诉争的法律关系的,则按诉争的两个以上法律关系并列确定相应的案由。在(2020)晋11民终913号案件中,一审山西省孝义市人民法院根据《烟气脱白EPC施工总承包合同》约定设计、设备供货、施工、调试、移交的EPC总承包方式,认定案由为技术服务合同及建设工程施工合同纠纷,二审山西省吕梁市(地区)中级人民法院予以维持。

(四)是否具有涉外因素

根据《民事诉讼法》第二百六十六条、第二百七十二条[②]的规定,若工程所在地不在中华人民共和国领域内,则不属中华人民共和国人民法院专属管辖。

---

① 山西省高级人民法院民事裁定书,(2017)晋民初45号之二。

② 《民事诉讼法》(2021年修正)第二百六十六条:在中华人民共和国领域内进行涉外民事诉讼,适用本编规定。本编没有规定的,适用本法其他有关规定。

《民事诉讼法》(2021年修正)第二百七十二条:因合同纠纷或者其他财产权益纠纷,对在中华人民共和国领域内没有住所的被告提起的诉讼,如果合同在中华人民共和国领域内签订或者履行,或者诉讼标的物在中华人民共和国领域内,或者被告在中华人民共和国领域内有可供扣押的财产,或者被告在中华人民共和国领域内设有代表机构,可以由合同签订地、合同履行地、诉讼标的物所在地、可供扣押财产所在地、侵权行为地或者代表机构住所地人民法院管辖。

合同双方当事人可依据《民事诉讼法解释》第五百三十一条的规定，书面协议选择被告住所地、合同履行地、合同签订地、原告住所地、标的物所在地、侵权行为地等与争议有实际联系地点的外国法院管辖。

在(2018)鄂民辖终76号案件中，湖北省高级人民法院认为，双方当事人履行海外建设工程施工合同形成的涉外合同纠纷，且项目工程所在地不在中华人民共和国领域内，则不属中华人民共和国人民法院专属管辖的案件，也即合同双方当事人可依据《民事诉讼法》第三十四条[①]规定，书面协议选择被告住所地、合同履行地、合同签订地、原告住所地、标的物所在地等与争议有实际联系的地点的人民法院管辖，也可依据《民事诉讼法解释》第五百三十一条的规定，书面协议选择被告住所地、合同履行地、合同签订地、原告住所地、标的物所在地、侵权行为地等与争议有实际联系地点的外国法院管辖。双方当事人在《阿联酋油库建设EPC项目施工总承包合同协议书》中已约定争议由合同签订地(湖北省潜江市江汉油田)的人民法院管辖，意思表示明确，并不违反我国法律关于专属管辖的规定，故应当认定双方协议管辖条款有效。

(五)不同费用所涉合同价款比例

在(2019)湘02民辖终167号案件中，株洲市中级人民法院将EPC合同认定为承揽合同纠纷，其中一个理由为：从相关数据可以推算出设备采购费用约为817万元，占合同总价款比例为78%；土建及安装费约为116万元，占合同总价款比例仅为11%。由此可见，合同价款中设备和材料的采购费用是合同总价的主要组成部分，而土建费用占比很小，非合同价款的主要组成部分。

但合同价款比重并非决定EPC合同定性的绝对因素，在(2019)陕民终1103号案件中，陕西省高级人民法院认为，建设工程施工合同本身即为特殊的承揽合同，通常施工合同中同时会包括土建及安装部分，实践中亦有发包人将设备采购事项一并发包的情形，因此设备采购安装占合同总额比例并不影响双方的发承包关系，案涉合同名称亦载明是总承包合同，故第四设计院称总承包合同不属建设工程施工合同的诉讼主张，不能成立。

---

① 现为《民事诉讼法》(2021年修正)第三十五条。

(六)合同价款约定方式

在(2017)晋民初45号之二案件中,山西省高级人民法院认定该案案由为建设工程施工合同纠纷,其中一个理由为:合同中约定工程暂定总价为39,525万元,风电场建成投产后根据实际情况进行工程决算,作为最终合同价款。工程价款的约定符合建设工程合同中工程价款预决算的基本特征,而不符合加工、定作等普通承揽合同的一般特征。

(七)工程质量和验收标准

在(2017)晋民初45号之二案件中,山西省高级人民法院认定该案案由为建设工程施工合同纠纷,其中一个理由为:合同中明确约定诉争工程的设计、施工、验收等必须遵循国家关于电力、土建、安装等领域的强制性规范,验收程序也必须遵守国家的强制性规定,并实行强制监理制度,而非仅依据定作人的要求即可完成工作成果的验收和交付。(见图2-1-1)

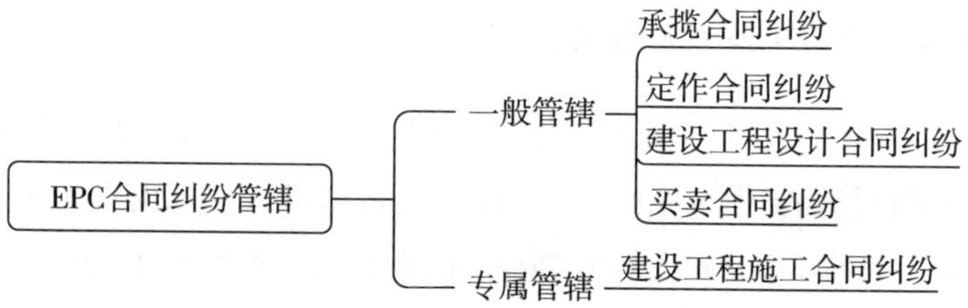

图2-1-1　EPC合同纠纷管辖方式

四、实务建议

鉴于EPC合同纠纷的案由对管辖法院有直接影响,从诉讼策略角度,若当事人考虑希望案件能适用专属管辖相关规定,可结合案件实际情况,尝试从本节第三部分所述合同涉及建设工程/建设工程施工、合同目的涉及不动产、诉讼请求、工程质量和验收标准等视角论证该案件属于建设工程施工合同纠纷;若当事人希望案件能在当事人约定的其他法院起诉并审理,则可结合案件实际情况,从前述角度论证案件不属于建设工程施工合同纠纷。

第2节 EPC联合体成员如何发起诉讼/仲裁

【案情简介】

A设计院与B工程公司作为牵头方与B工程公司组成的联合体，共同承建了某天然气管道建设EPC项目。联合体共同与发包人签署了EPC合同，约定了仲裁条款。

联合体协议约定收款方式为牵头方统一向发包人收取工程款，牵头方收到发包人当期工程款后支付给成员方承包范围的当期工程进度款。

合同履行过程中，因发包人股东内部发生纠纷，项目停建。联合体多次沟通就已完工程办理结算，发包人均以施工未完无法验收为由拒绝。

B工程公司迫于回款压力，请求A设计院共同申请仲裁。但A设计院与发包人属于关联公司，未经共同上级单位批准不便申请仲裁，仅表示同意B工程公司单独申请仲裁，以维护共同权利。

后，B工程公司以发包人为第一被申请人、A设计院为第二被申请人申请了仲裁，要求两被申请人共同承担欠款责任。

本案法律关系见图2-2-1。

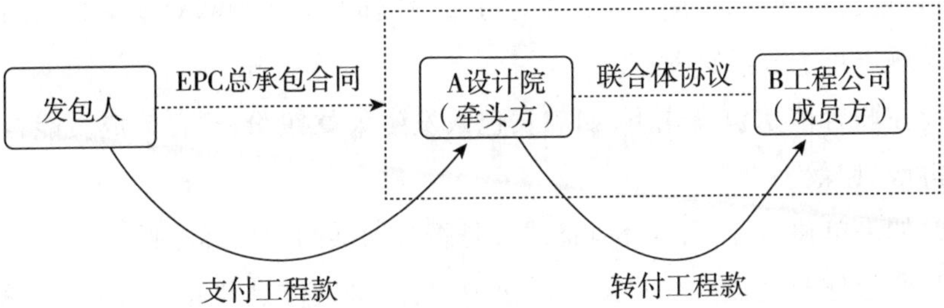

图2-2-1 本案法律关系

【分析与解读】

承包人联合体是工程承包单位为了承揽不适于自己单独承包的工程项目而与其他单位结合而组成的一种组织形式。两个以上法人或者其他组织可以组成一个联合体，以一个承包人的身份共同承包，一般适用于大型的或结构复杂的建设项目。[①]

《工程总承包管理办法》第十条规定:“工程总承包单位应当同时具有与工程规模相适应的工程设计资质和施工资质,或者由具有相应资质的设计单位和施工单位组成联合体……”本条明确规定工程总承包单位必须具备设计和施工双资质,不具备双资质的,只能以组建设计施工联合体的方式承接工程总承包业务。

此外,《工程总承包管理办法》第十二条规定:“鼓励设计单位申请取得施工资质,已取得工程设计综合资质、行业甲级资质、建筑工程专业甲级资质的单位,可以直接申请相应类别施工总承包一级资质。鼓励施工单位申请取得工程设计资质,具有一级及以上施工总承包资质的单位可以直接申请相应类别的工程设计甲级资质。完成的相应规模工程总承包业绩可以作为设计、施工业绩申报。”该条为设计、施工单位申请双资质开了绿色通道,但资质的审批也需要履行相关程序。当下同时具备设计、施工双资质的企业并不多,或者出于借助合作单位业绩、资金或履约实力的考虑,以联合体方式承接工程总承包项目的情况普遍存在。

在该案中,笔者团队代理未主动提起仲裁的联合体牵头方 A 设计院,案件目标有二:一是避免承担欠款责任;二是在本案中固定有利事实,以备主张设计费和材料设备费的二次仲裁。在制定办案策略时,笔者团队对本案涉及的如下法律问题进行了分析研判:

1. 在联合体承包模式下,如与发包人发生欠款纠纷,联合体成员能否单独提起诉讼/仲裁?

2. 如果单独起诉,联合体其他成员是否必须共同参加诉讼呢?

3. 联合体其他成员如果加入诉讼中,其诉讼地位是共同原告或共同被告,还是第三人呢?

4. 未主动参与诉讼的联合体的牵头方是否需要对欠款承担责任?

就上述问题,以下逐步进行解析。

---

① 参见常设中国建设工程法律论坛第八工作组:《中国建设工程施工合同法律全书词条释义与实务指引》,法律出版社 2019 年版,第 15 页。

一、联合体的法律地位

根据《民事诉讼法》的规定，若原告主体资格不适格，将依法予以驳回起诉。明确联合体的法律地位，是判断当事人是否具备诉讼主体资格的前提。但我国法律对联合体的法律地位并未有明确的规定。

我国《建筑法》《招标投标法》《政府采购法》《招标投标法实施条例》《政府采购法实施条例》等法律法规均对联合体承包的组成形式、资质要求、责任划分原则和协议签订形式作出了相应规定。根据上述法律规定，可以归纳工程总承包联合体具有如下法律特点：

一是联合体各方以签订联合体协议形式明确各方应承担的工作范围和职责，具有一定组织体的行为；二是联合体各方既是利益共同体也是责任共同体，联合体成员之间按照联合体协议的约定，以自己所拥有的财产开展业务，享有权利并承担责任；三是联合体就中标项目向招标人承担连带责任。

因该案代理发生在《民法典》出台之前。代理之初，笔者遍寻法律渊源中关于联合体的近似概念，发现《民法通则》第三章"法人"第四节存在关于"联营体"的分类标准及定义，联营体主要包括法人型联营体、合同型联营体和合伙型联营体三大类。"法人型联营"要求必须在联营后成立新的法人，并以新法人自身的资质条件承担工程；"合同型联营"要求各自按照合同约定独立承担民事责任；"合伙型联营"是指参与联营各方，在经核准或协商的生产经营范围内，按照合同约定开展生产经营活动，并以各自投入的财产承担连带责任。

通过对工程总承包联合体成立方式、各方权利义务、责任的承担方式等进行分析，笔者认为，工程总承包联合体的法律地位与《民法通则》第五十二条规定的"合伙型联营"较为相似。但工程总承包联合体与法定的"合伙型联营"仍然存在一定差别。

最高院 1990 年 11 月 12 日印发的《关于审理联营合同纠纷案件若干问题的解答》（法[经]发〔1990〕27 号）（已失效），以及最高院 1992 年 3 月 18 日公布的《关于审理合伙型联营体和个人合伙对外债务纠纷案件应否一并确定合伙内部各方的债务份额的复函》（法函〔1992〕34 号）（已失效），是目前为止有关联营问题的最详细的规定。从《关于审理联营合同纠纷案件若干问题的解答》的内容来看，最高院认为，合伙型联营体应当注册登记，即应该成立合伙企业。实践中,工程总承包联合体作为临时组织,并不会注册登记为合伙企业。

《民法典》出台之后,笔者发现其关于"合伙合同"的规定更加符合联合体之间以协议方式确立合伙关系的特征。该种合伙关系的确立,同样无须注册合伙企业。

此外,《民事诉讼法》第五十一条、第一百一十九条规定,原告必须是适格主体(公民、法人和其他组织),才具备诉讼主体资格。工程总承包联合体既非法人,又不是民事诉讼法第五十一条规定的其他组织,①并不具备诉讼主体资格,因此并不直接作为诉讼程序中的当事人。

【典型案例】

案例 2-2-1

工程总承包联合体的法律地位为共同承包关系

成蜀电力集团有限公司(以下简称成蜀公司)、山河建设集团有限公司(以下简称山河公司)、中房集团成都房地产开发有限公司(以下简称中房集团)建设工程施工合同纠纷二审案

审理法院:四川省成都市中级人民法院

案号:(2018)川 01 民终 12376 号

裁判日期:2018 年 9 月 20 日

【法院观点】

一审法院认为:

第一,关于中房集团、山河公司、成蜀公司在案涉建设工程施工合同的法律关系中的法律地位应如何确定的问题。根据《承包合同》以及合同附件 8《联合体协议书》《成都市牛龙路保障性住房项目联合体施工补充协议》《联合体施工补充协议》载明的内容,山河公司与成蜀公司组成联合体,以联合体的名义共同

---

① 《民事诉讼法解释》第五十二条规定,《民事诉讼法》第四十八条规定的其他组织是指合法成立、有一定的组织机构和财产,但又不具备法人资格的组织,包括:(1)依法登记领取营业执照的个人独资企业;(2)依法登记领取营业执照的合伙企业;(3)依法登记领取我国营业执照的中外合作经营企业、外资企业;(4)依法成立的社会团体的分支机构、代表机构;(5)依法设立并领取营业执照的法人的分支机构;(6)依法设立并领取营业执照的商业银行、政策性银行和非银行金融机构的分支机构;(7)经依法登记领取营业执照的乡镇企业、街道企业;(8)其他符合本条规定条件的组织。

参与案涉政府保障性住房项目工程的投标，并在中标后共同与中房集团签署《承包合同》，依照《招标投标法》第三十一条第一款和第二款、《建筑法》(2011年修正)第二十七条的规定，两个以上法人或者其他组织可以组成一个联合体，以一个投标人的身份共同投标，联合体中标的，联合体各方应当共同与招标人签订合同，就中标项目向招标人承担连带责任；大型建筑工程或者结构复杂的建筑工程，可以由两个以上的承包单位联合共同承包。共同承包的各方对承包合同的履行承担连带责任。因此，依据各方当事人的约定和上述法律规定，应认定成蜀公司和山河公司作为联合投标人中标后，共同与中房集团签订合同，成蜀公司和山河公司应为共同承包人。

二审法院认为：

一、山河公司与成蜀公司在案涉项目中的法律地位的认定

对于山河公司与成蜀公司在案涉项目中的法律地位是总包与分包关系还是共同承包关系。《承包合同》明确载明，山河公司作为总承包单位(牵头人)，成蜀公司作为成员一与中房集团签订该项合同，且合同中有三方签章。根据《成都市牛龙路保障性住房项目联合体施工补充协议》《联合体施工补充协议》，由山河公司作为牵头人与成蜀公司组成投标联合体共同参与案涉项目。且双方在《联合体施工补充协议》中明确约定，“性质为：联合体总合同界定范围内的联合体成员专业承包。甲、乙双方作为联合体施工的成员单位，是平等的法律主体，同等享有该工程联合体施工合同界定的权利和履行义务的责任”。山河公司和成蜀公司作为联合体参与项目投标，且在联合体内外地位均平等独立，中房集团也在庭审中对双方独立地位予以认可。故，在案涉项目中山河公司和成蜀公司的法律地位应为共同承包关系。

二、联合体成员能否单独提起诉讼

联合体成员各自具备法人资格，均为工程总承包合同的当事人，对工程总承包合同纠纷案件有利害关系，可以作为民事诉讼的当事人。虽然联合体各方在投标时是以一个承包人的身份投标的，但联合体成员均有自己相应的权利和义务，其针对自身权益被侵害的事实，有权寻求法律保护。

案例 2-2-2

联合体成员可以单独以自己名义提起民事诉讼

上海宝冶集团有限公司(以下简称上海宝冶)与重庆市渝北区体育发展有限公司、重庆市渝北区文化委员会等建设工程施工合同纠纷案

审理法院:重庆市第一中级人民法院

案号:(2015)渝一中法民初字第00214号

裁判日期:2018年10月17日

【法院观点】

一、关于上海宝冶能否单独提起本案诉讼的问题

首先,从原渝北体育局与上海宝冶、深圳三鑫三方签订的《设计及施工联合协议》第一条约定的工程内容和第五条约定的合同价款来看,上海宝冶和深圳三鑫各自负责的工程内容及所对应的工程价款完全不同,能够相互区分;其次,根据《设计及施工联合协议》第六条的约定,上海宝冶与深圳三鑫签订的《联合协议》系《设计及施工联合协议》的组成文件,该《联合协议》第三条明确约定"所有涉及赔款等相关事宜均由各自承担,不与另一方发生任何连带责任关系";再次,虽然《设计及施工联合协议》专用条款第九条"竣工验收与结算"约定,工程竣工验收后45日历日内,由施工单位编制工程结算报告送发包人和区审计局审计,但此处的施工单位并未明确约定为联合体施工单位,结合《设计及施工联合协议》专用条款第六条关于"工程进度款的支付"中分"钢结构部分"和"屋面幕墙系统"约定工程竣工验收合格后45日内由施工单位编制工程结算报告送发包人和区审计局审计,以及《联合协议》第四条约定"甲乙各自承担施工范围内的工程验收、交工、资料整理归档、签字盖章等事宜,不与另一方发生任何连带责任关系"来看,三方签订的《设计及施工联合协议》并未明确约定涉案工程需由联合体施工单位统一与发包人进行结算,上海宝冶、深圳三鑫可分别与发包人进行结算。因此,虽然原渝北体育局系与上海宝冶和深圳三鑫共同签订《设计及施工联合协议》,但从合同约定的内容来看,上海宝冶和深圳三鑫各自的施工范围、工程价款、责任承担以及竣工结算均完全独立,能够相互区分,上海宝冶单独提起本案诉讼符合法律规定。

案例 2-2-3

联合体成员可以在行政诉讼案件中单独起诉

四川美富特环境治理有限责任公司(以下简称美富特公司)与仁寿县发展和改革局(以下简称仁寿县发改局)等招标投诉处理决定案

审理法院:四川省眉山市东坡区人民法院

案号:(2018)川 1402 行初 154 号

裁判日期:2018 年 12 月 27 日

【案情简介】

2018 年 5 月 7 日,四川仁寿鑫龙水务建设有限公司(以下简称鑫龙水务)作为招标人,山东天马招标代理有限公司作为招标代理机构,共同发布文林工业园区污水处理厂项目一期一区 EPC 总承包项目招标公告和项目招标文件,该招标文件载明接受联合体投标。美富特公司与上元天骄实业有限公司(以下简称上元天骄)、机械工业第六设计研究院有限公司(以下简称第六设计院)组成联合体共同参加该项目投标;美富特公司为牵头人,代表联合体全体成员负责本招标项目设计文件编制和合同谈判活动,并代表联合体提交和接收相关资料、信息及指示,并处理与之有关的一切事务。后因美富特公司与上元天骄、第六设计院组成的联合体投标未能中标,美富特公司遂向仁寿县发改局、住建局及鑫龙水务递交请求重新评审的申请函,仁寿县发改局和住建局后作出驳回美富特公司投诉的处理决定,美富特公司不服起诉至法院请求撤销前述处理决定。

针对美富特公司以自己名义起诉至法院,被告仁寿县发改局、住建局认为:原告诉讼主体不适格,本案项目属于 EPC 工程总承包项目,原告是与另外企业联合体投标,投标人是联合体,并非仅原告,但整个投诉过程及诉讼提起均为原告一方,而本案结果将会对联合体的另外一家企业产生影响,故本案原告诉讼主体资格不适格。

【法院观点】

《行政诉讼法》第二十五条第一款规定,行政行为的相对人以及其他与行政行为有利害关系的公民、法人或者其他组织,有权提起诉讼。原告与其他两个公司组成联合体共同参加案涉项目的投标,因对中标第一候选人不具备投标资格而向二被告投诉,在二被告作出《投诉处理决定》后不服提起诉讼。虽然另外两家联合体成员单位表示放弃权利,但原告作为联合体成员之一且是牵头人,其认为投诉处理结果对自己的权益产生影响,可以以自己的名义单独提起诉讼。故原告主体适格。

三、联合体其他成员是否必须共同参加诉讼

在多方主体并存的EPC承包合同中,联合体成员能否单独起诉、起诉后应否追加其他联合体成员作为诉讼当事人,不仅是评判当事人是否具备诉讼主体资格的问题,而且关系到诉讼策略、诉讼效率。如果诉讼中存在较多当事人,将不可避免地使诉讼程序变得复杂(普通程序、送达工作、证据数量等)。假设原告联合体成员方实际上仅要求发包人承担欠款责任,则除了主诉对象之外,并无必要将联合体其他成员列为诉讼当事人(追加其他成员目的主要在于提供证据、查明事实的例外)。

鉴于现行法律、司法解释并未对于联合体成员能否单独起诉、起诉后应否追加其他联合体成员作为诉讼当事人作出具体规定。司法实践中各级各地法院裁判观点也不统一,亦有法院认为既然联合体源于《建筑法》中的"联合共同承包",因此联合体成员作为所涉承包合同纠纷的共同诉讼当事人为应有之义。如上诉人深圳市朗飞实验室建设有限公司与被上诉人沈阳市食品药品检验所建设工程施工合同纠纷二审案[(2019)辽01民终8456号]中,法院认为,"在规范的联合体承包模式下,如因承包合同产生纠纷,联合体各方应当共同作为原告或被告"。

四、联合体其他成员如果加入讼中,其诉讼地位是共同原告或共同被告,还是第三人

如前所述,有的原告为了特定的诉讼目的,或担心因遗漏当事人而被二审法院发回重审耽误时间,会主动将出现在EPC合同中的联合体成员全部拉入诉讼中;法院也可能依职权或依申请追加当事人,但联合体成员以什么身份进入诉讼呢?是共同原告还是被告或者第三人?下面这个案例也许能解决部分困惑。

案例 2-2-4

联合体成员可以在民事诉讼中作为共同原告

上海慧度装饰设计有限公司(以下简称慧度公司)、中建富林集团有限公司(以下简称富林公司)等与广西红鑫国际云服务科技有限公司(以下简称红鑫公司)建设工程施工合同纠纷案

审理法院:广西壮族自治区百色市右江区人民法院

案号:(2018)桂 1002 民初 39 号

裁判日期:2019 年 12 月 31 日

【案情简介】

原告慧度公司和原告富林公司作为联合体中标被告红鑫公司招标的某项目,项目竣工验收后,发包人红鑫公司拖欠工程款,联合体一方慧度公司单独起诉。富林公司原来被法院列为第三人,后自己申请将诉讼地位变更为原告,法院准许后,富林公司以另一原告慧度公司未就本案纠纷达成协议即处分了富林公司诉权为由,申请撤回对被告的起诉。

【法院观点】

富林公司作为必要共同诉讼当事人,未表示放弃实体权利,经本院询问原告慧度公司不同意撤回对被告红鑫公司的起诉,对原告富林公司的撤诉申请不予准许。两原告之间的内部关系双方可另行处理。

本案联合体成员单方起诉时,主动列明另一个联合体成员为第三人,但该联合体成员主动申请后法院同意其作为共同原告,说明联合体成员的诉讼地位与其参加诉讼想要解决的问题相关。如果原告需要联合体成员承担责任,则可能被列为被告;如果仅为了查明事实,避免遗漏当事人,则可以列为第三人;如果该联合体成员被动加入诉讼中后,发现自己也需对被告提出诉请,那也可以由第三人转化为原告;如果已经被列为被告,又有自己的诉讼请求,则可以提起反诉,作为反诉原告。[①]

---

① 参见李彩凤:《EPC 联合体必须共同参加诉讼吗?》,载微信公众号"总包之声"2020 年 12 月 8 日,https://mp. weixin. qq. com/s? src = 11&timestamp = 1639635433&ver = 3499&signature = Gnixj7ZxZ21 - agkq * 8BgLBzrybX8e8zBfk * ZF1q4vjmy3JQgQr0DnOw * 1r82e - E5wbI92wRO8Xv7P0nWZNtrLM5I - rQb4iEOwoMZSRZv - P7IWYNlP * tBl0ZHDhTe * NmJ&new = 1。

五、联合体牵头方是否需要对欠款承担责任

假设联合体其他成员提起诉讼时将牵头方列为共同被告,则牵头方是否需要承担责任属于案件实体问题。通常,联合体成员方要求牵头方承担欠款责任的理由主要有:牵头方统一收取工程款后向成员方转付款,名为联合体实际为总分包关系;牵头方怠于主张权利,阻碍成员方债权的实现。

关于联合体法律关系的定性,除非联合体之间另行签署产生其他权利义务的协议,否则通常认为联合体之间并不对发包人的欠款互负责任。即使存在联合体牵头方怠于向发包人主张权利的情况,但不构成成员方单独向发包人主张债权的实质性障碍。

案例 2-2-5

联合体牵头方统一向发包人收款,怠于主张欠款但无须承担责任

成蜀电力集团有限公司、山河建设集团有限公司、中房集团成都房地产开发有限公司建设工程施工合同纠纷二审案

审理法院:四川省成都市中级人民法院

案号:(2018)川01民终12376号

裁判日期:2018年9月20日

【裁判要旨】

联合体EPC合同约定发包人将价款支付给牵头方,当牵头方怠于主张价款,且各方价款可以分开核算时,非牵头方有权起诉发包人。

【法院观点】

关于工程款转付问题。成蜀公司与山河公司作为共同的承包方,虽然在补充协议中约定由中房集团将工程款支付给山河公司,再由山河公司将相应工程款转付给成蜀公司,但是结合本案的实际情况,成蜀公司与山河公司各自的工程款项明确、具体。而中房集团系上述工程的发包人,负有对全部工程款的支付义务。

案例 2-2-6

联合体成员之间成立分包关系而承担欠款责任

中铁十二局集团有限公司(以下简称中铁十二局)与安徽天洋交通工程有限公司(以下简称天洋公司)、南平松建高速公路有限责任公司建设工程施工合同纠纷再审案

审理法院:福建省高级人民法院

案号:(2018)闽民申 2455 号

裁判日期:2018 年 9 月 26 日

【案情简介】

中铁十二局申请再审称,第一,天洋公司与中铁十二局都是松建 B1 标段的中标人,也是为高速公路工程而组成的联合体,双方之间并不是工程分包合同关系,天洋公司是松建 B1 标段的中标人之一,无须从中铁十二局分包松建 B1 标段交通安全施工任务。《联合体协议书》明确约定了中铁十二局作为联合体的牵头人和合法代表。原审对天洋公司的身份未进行认定,属于事实认定错误。……第三,天洋公司作为松建 B1 标段交通安全工程的中标人,将交通安全工程整体转包施工,构成违法转包。违法转包才导致工程质量缺陷,而无法进行竣工验收。二审混淆通车运行与擅自使用的概念,认定事实不清,适用法律错误。综上,依据《民事诉讼法》第二百条第二项、第六项的规定,请求依法再审本案。

福建省高级人民法院审判观点:中铁十二局与天洋公司签订的《松建高速公路 B1 合同段交通安全工程分包合同》,是合法有效的合同,对其联合体内部的权利义务关系进行了约定,天洋公司已依约完成交通安全工程,其依据合同的约定要求中铁十二局支付工程余款,有合同依据,中铁十二局是合同上的主体。该分包合同的工程项目经交工验收和决算,双方已确认,中铁十二局尚欠工程款 597,109.05 元,原审认定并无不当。在保修期内,中铁十二局未通知天洋公司有存在质量问题的工程,因此产生的工程修复费用应由其自行承担,原审适用法律并无不当。

【争议焦点】

笔者团队代理的某 EPC 合同纠纷仲裁案件中,就争议的联合体成员之间的法律关系及牵头方是否应承担工程款支付义务问题,各方观点如下:

申请人B工程公司认为：

B工程公司请求的是经发包人、A设计院支付“已经挂账尚未支付”部分工程款本金及延期付款利息。“先开票挂账，再付款”，是双方认可的财务制度和支付惯例，挂账之后的数额即是“应付款”数，A设计院以前向B工程公司支付工程款也是按照这一程序办理的。因此，B工程公司有权依据该财务制度和支付惯例仅请求发包人支付已经挂账部分工程款。

被申请人A设计院认为：

1. B工程公司作为EPC合同承包人，有权直接向发包人主张债权。

EPC合同约定发包人应向承包人支付合同价款，A设计院与B工程公司均是EPC合同的承包人，各方均有权直接向发包人主张债权。A设计院在合同及法律上均不构成B工程公司向发包人主张债权的障碍。A设计院是否向发包人提起仲裁并不妨碍B工程公司债权的实现，从B工程公司提起的本次仲裁足以印证。

从B工程公司的变更价款由发包人直接支付的仲裁请求来看，B工程公司对于合同基础债权债务关系是明知的。在发包人并未支付相应工程款的情况下，B工程公司应当直接向发包人主张债权。

2. A设计院对B工程公司并不负有合同上及法律的付款责任。

在本EPC项目中，A设计院与B工程公司属于联合体共同承包人的合作关系，并非发承包关系或总分包关系，双方之间并不存在债权债务关系。

在B工程公司主张债权的基础合同EPC合同中，仅发包人是负有付款义务的发包人，A设计院与B工程公司均是承包人。A设计院向发包人收款，向B工程公司分割付款是基于联合体协议约定的牵头方义务。根据EPC合同及联合体协议，A设计院仅在收到发包人工程款的情况下，才负有派生出来的转付款义务。在发包人并未付款的情况下，A设计院并不负有垫款义务。A设计院与B工程公司并未约定，也未实际产生债权债务关系。

EPC合同款项并未区分设计费/采购费，也未约定分别向两位承包人付款。因建安工程费、材料、设计服务费适用的税率不同，若分别付款、分别提供发票，将产生财务、税务管理的混乱。A设计院作为牵头方统一收款既是出于便利EPC合同履行的目的，也是接受B工程公司委托的结果。该等安排并不影响B工程公司作为工程承包人对发包人的基础合同债权。

仲裁庭认为：

关于申请人（B 工程公司）请求由被申请人一（发包人）和被申请人二（A 设计院）共同支付部分工程款的问题。本案合同以发包人作为发包人，以 A 设计院和 B 工程公司作为承包人；根据本案合同协议书相关约定，承包范围包括"项目的施工图设计、设备采购、安装施工、建筑施工、设备及材料供货、运输、试运行服务……"故本案合同项下工程款应包括设计、施工、采购、试运行服务等各种款项。另根据联合体协议相关约定，A 设计院负责本案工程总体协调及综合管理，负责承包范围内施工图设计及相关设计工作，负责其采购范围内设备、材料的采购工作；B 工程公司负责施工全过程管理等工作。根据以上事实，A 设计院与 B 工程公司之间属于以组建联合体方式承揽工程的合作关系，双方共同承包本案工程，共同获得发包人支付的包括设计、施工、采购等在内的工程款，而非由 A 设计院一方作为总承包人，其又将施工部分分包于 B 工程公司。故 EPC 合同虽约定 A 设计院作为承包人指定的工程款接收方，因 A 设计院非本案工程建设单位，B 工程公司亦非 A 设计院的分包单位，A 设计院不负有向 B 工程公司支付工程款的义务。虽然联合体协议约定，A 设计院收到发包人当期工程进度款后，按其财务规定支付 B 工程公司当期承包范围工程进度款，此种约定亦属于联合体收到发包人工程款后、联合体成员之间关于工程款分配的约定，而非 A 设计院应承担本案工程款的支付义务。综上，B 工程公司主张 A 设计院承担共同支付已计量工程款的责任，仲裁庭不予支持。

【实务建议】

1. 多个承包人（一般不超过三个）组成一个联合体进行投标时，建议共同与发包人签署承包合同。联合体成员作为合同当事人的情况下，在外观形式上更有利于单独主张权利。

2. 联合体在投标协议（多为招标人提供的版本）之外，应当签署内部合作协议，约定承包人在联合体内外地位均平等独立，同等享有承包合同界定的权利和履行义务的责任，在与发包人发生纠纷的情况下，均可单独主张权利，并不得向其他成员方主张连带责任或共同责任。

3. 联合体牵头方负责统一收款的，应当在联合体合作协议中明确约定：统一收款仅为财务手段，并不构成总分包关系或产生付款担保义务；成员方各自的工程款项明确、具体，仅发包人负有对全部工程款的支付义务；牵头方负有收悉工程款后向另一方的转付义务,仅在收到发包人工程款的情况下履行,且不负有担保或连带责任。

4. 为保障联合体成员的各自工程款债权可顺利主张,可在联合合作协议中将各自的承包范围、计价方式、价款分配进行分割,使之可相互区分。同时,约定联合体成员方有配合诉讼举证的义务及违约责任。

【参考依据】

1.《建筑法》(2011 修正,该法已于 2019 年修订,但本条内容未发生变化)

第二十七条 大型建筑工程或者结构复杂的建筑工程,可以由两个以上的承包单位联合共同承包。共同承包的各方对承包合同的履行承担连带责任。

两个以上不同资质等级的单位实行联合共同承包的,应当按照资质等级低的单位的业务许可范围承揽工程。

2.《政府采购法》(2014 修正)

第二十四条 两个以上的自然人、法人或者其他组织可以组成一个联合体,以一个供应商的身份共同参加政府采购。

以联合体形式进行政府采购的,参加联合体的供应商均应当具备本法第二十二条规定的条件,并应当向采购人提交联合协议,载明联合体各方承担的工作和义务。联合体各方应当共同与采购人签订采购合同,就采购合同约定的事项对采购人承担连带责任。

3.《招标投标法》(2017 修正)

第三十一条 两个以上法人或者其他组织可以组成一个联合体,以一个投标人的身份共同投标。

联合体各方均应当具备承担招标项目的相应能力;国家有关规定或者招标文件对投标人资格条件有规定的,联合体各方均应当具备规定的相应资格条件。由同一专业的单位组成的联合体,按照资质等级较低的单位确定资质等级。

联合体各方应当签订共同投标协议,明确约定各方拟承担的工作和责任,并将共同投标协议连同投标文件一并提交招标人。联合体中标的,联合体各方应当共同与招标人签订合同,就中标项目向招标人承担连带责任。

招标人不得强制投标人组成联合体共同投标,不得限制投标人之间的竞争。

第3节 EPC项目中标后发现不平衡报价，发包人如何应对

在采用工程量清单计价模式的招标项目中，不平衡报价法是投标人常用的报价策略。投标人运用不平衡报价技巧，既能保证低价优势中标，又能获得结算高价。

EPC项目是在没有施工图纸的情况下发包，与传统施工发包模式相比，不确定的因素更多，招标人更应当注重防范不平衡报价风险。

本节中，笔者分享的案例就是一起典型的不平衡报价引发的法律纠纷。本节将结合此案，针对不平衡报价问题进行深入的法律分析，并提出防范不平衡报价的实务建议。

一、案情简述

A公司开发的商住用房项目，采用设计采购施工总承包模式发包建设，通过公开招标方式选择EPC总承包人，合同计价方式为模拟清单招标，最终按照实际工程量结算。

招标文件关于不平衡报价作出了相关规定，见《投标须知》如下内容：

1."通用说明"第5条……投标报价不能低于企业的成本价和高于招标人编制的招标控制价，也不能脱离施工方案、指导价、市场价进行不合理的报价。

2."计量与计价特别说明"第14条，施工过程的核价（包括设计变更和签证），合同清单有参考清单的执行合同清单，不分地下和地上，若招标人认为合同清单的单价偏离市场价格水平，则有权不予采纳合同清单的单价（包括上述执行线性插值法的核价）。

经评审，B工程公司中标。A公司随后向B工程公司发出中标通知书并要求其提前进场施工。

B工程公司进场后，双方各自开展了内部签约评审流程。

A公司造价主管人员评审发现，B工程公司的投标清单中部分子项（钢筋）的单价超出了合理市场价的30%～100%，存在严重不平衡报价，而经测算，由于前期工作出现失误，该部分子项招标工程量偏少，工程实施过程中实际工程

量必然会有较多增加,而且该部分子项占工程总造价的比例较大。故若按B工程公司投报的该部分子项价格执行合同,势必造成造价失控。随即,A公司内部紧急召开会议,商讨对策。

A公司多次召开内部会议,均无法达成统一意见,有人建议废标后重新进场招标,有人建议与B工程公司协商调整不平衡报价后再进行签约。但无论如何处置,均可能面临严重的法律纠纷,而且可能会对工程进展造成重大影响。

A公司委托笔者团队就如何应对不平衡报价争议提供专项法律服务。

二、对不平衡报价问题的分析与解读

(一)法律并未禁止不平衡报价

通常认为,不平衡报价属于惯常商业行为,并不违反法律法规的强制性规定。《民法典》第一百一十九条规定:"依法成立的合同,对当事人具有法律约束力。"虽然投标人可能对某一个项目投报较低或较高的价格,但一经发包人评标接受并发出中标通知书,合同即宣告成立。合同成立后,已标价清单成为合同构成文件,每一个投标单价对当事人均具有法律约束力,不得擅自变更或解除。依法成立的合同对当事人具有法律约束力,这也就意味着承包人的不平衡报价实际上是一种合法的手段。

此外,我国现行法律法规也没有明确禁止不平衡报价,反而部分地区主管部门对不平衡报价持认可态度,比如,《山西省房屋建筑和市政基础设施工程施工评标办法》第十六条规定:"不平衡报价是投标人根据自身施工管理能力、施工技术以及以往施工经验等,对报价的一种差异调整。不平衡报价评审只进行分析,对可能存在的严重不平衡报价分析结果写入评审报告,但不得作为否决投标的条件。"

在行业规范层面,主管部门对工程量偏差可能引发的价格调整作出一定引导,如《工程量清单计价规范》第9.6.2条规定:"对于任一招标工程量清单项目,当工程量偏差超过15%时,可进行调整。当工程量增加15%以上时,增加部分的工程量的综合单价应予调低。当工程量减少15%以上时,减少后剩余部分的工程量的综合单价应予以调高。"由于不平衡报价需要结算工程量与合同内工程量有差异才能起到影响工程结算总价的作用,故该条规定实际上降低不平衡报价对最终结算的影响。但是由于实操中调整价格较为复杂，而且实际上该条规定对发包人调整承包范围（减少承包范围会导致单价调高）有所限制，故根据笔者经验，发包人很少在承包合同中按照《工程量清单计价规范》该条规定设置综合单价的调整条款。

（二）不平衡报价并不必然作为有效价格

严重的不平衡报价可能被认定为重大误解。最高院《关于贯彻执行〈中华人民共和国民法通则〉若干问题的意见（试行）》［法（办）发〔1988〕6号，已废止］第七十一条规定："行为人因对行为的性质、对方当事人、标的物的品种、质量、规格和数量等的错误认识，使行为的后果与自己的意思相悖，并造成较大损失的，可以认定为重大误解。"

如果招标人在制作招标清单时出现明显错误被投标人利用，或将产生严重后果，可以理解为招标人表示出来的行为和内心真正追求的效果意思相违背，因而构成重大误解。《民法典》第一百四十七条规定："基于重大误解实施的民事法律行为，行为人有权请求人民法院或者仲裁机构予以撤销。"基于重大误解而做出的法律行为，法律允许当事人申请撤销。但需注意的是，《民法典》也规定了当事人行使撤销权的期限。通常认为，招标人应该在评标时知道招标工程量清单错误的事实，并从此刻起算行使撤销权的期限。一旦撤销权消灭合同成立，则经过投标程序形成的合同价格应当予以维持，不得随意变更。①

但若不平衡价格明显超出合理范围，裁判机关可能认为承包人违反诚实信用原则，损害社会公共利益、扰乱社会经济秩序。因此认定该等价格无效，发包人有权重新调整单价，以符合工程施工中该工程项目的通常价格。

（三）清单价格并不必然适用于偏差工程量

不平衡报价策略实施的前提是，承包人根据招标清单所填报的各项单价能

---

① 《民法典》第一百五十二条规定："有下列情形之一的，撤销权消灭：

（一）当事人自知道或者应当知道撤销事由之日起一年内、重大误解的当事人自知道或者应当知道撤销事由之日起九十日内没有行使撤销权；

（二）当事人受胁迫，自胁迫行为终止之日起一年内没有行使撤销权；

（三）当事人知道撤销事由后明确表示或者以自己的行为表明放弃撤销权。

当事人自民事法律行为发生之日起五年内没有行使撤销权的，撤销权消灭。"

够应用于实际实施的全部工程量。从《工程量清单计价规范》中单价项目的定义[①]来看,工程量清单中以单价计价的项目,应与已标价工程量清单相应的综合单价进行价款计算。同时,工程量偏差本质上属于发包人承担的变更类风险,根据工程变更发生后价款调整的基本原则,已标价工程量清单中有适用于变更工程项目的,一般应采用该项目的单价。但《工程量清单计价规范》第9.6.2条同时规定,工程量偏差超过15%时,该项目单价应当进行调整。结合民事合同的性质,发承包双方有权约定工程量偏差情况下的价格调整方式(包括偏差幅度及调价方式),使偏差工程量部分采用新的价格。

(四)对不平衡报价的直接调整可能触及合同实质性内容

曾有发包人在招标项目中标结果发布后发现了中标人的不平衡报价行为,并打算选用分阶段的价格调整方式:一是在合同签订前将不平衡报价根据偏差率全部修正;二是签约时仅修正低于投标下限的措施项目和其他综合合价包干项目(相应清单内的分部分项工程量同时进行整体调低),涉及实质上的不平衡报价在结算阶段进行处理。但两种处理方式均存在一定的法律风险。

签约前对中标人投标价格的调整改变了招投标实质性内容。《招标投标法》及实施条例要求招标程序签订的合同不得背离招投标实质性内容,而中标价以及相应的单价均系投标文件的实质性内容。在招标清单范围内对投标单价进行调整涉及修改中标人的投标价格,即改变了投标的实质性内容。

结算时调整清单内不平衡报价项目的处理涉及对合同实质性内容的变更。工程计价标准无疑属于施工合同的实质性内容,若结算时调整清单内单价,则属于合同变更,需要双方协商一致,但承包人通常不会同意降价。另外,根据《施工合同司法解释(一)》第二条的规定,当事人有权请求按照中标合同确定权利义务。即使承包人签署了价格变更协议,若后续发生结算争议,承包人仍有权请求按照中标合同的计价方式结算。

---

① 《工程量清单计价规范》第2.0.41条【单价项目】规定:工程量清单中以单价计价的项目,即根据合同工程图纸(含设计变更)和相关工程现行国家计量规范规定的工程量计算规则进行计量,与已标价工程量清单相应的综合单价进行价款计算的项目。

三、关联案例

（一）司法实践中对不平衡报价不予支持的理由及案例

案例 2－3－1

浙江佳华时代装饰工程有限公司（以下简称佳华公司）与丽水市莲都区林业局（以下简称丽水林业局）建设工程施工合同纠纷案

审理法院：浙江省丽水市莲都区人民法院、浙江省丽水市中级人民法院

案号：（2015）丽莲民初字第 1066 号、（2016）浙 11 民终 585 号

裁判日期：2016 年 3 月 9 日、2016 年 10 月 20 日

【裁判要旨】

投标人依据己方工程实践经验丰富的优势地位，故意将工程量清单中某一预期将来可能会增加的项目单价调高，其动机明显存在恶意，且行为系不正当手段，不仅有违《民法总则》第七条关于诚实信用原则的规定，而且也符合《合同法》第五十二条关于无效合同情形的规定，即损害社会公共利益、扰乱社会经济秩序。因此应当认定为无效条款，招标人可以要求投标人重新调整单价，以符合工程施工中该工程项目的通常价格。

【基本案情】

佳华公司中标承建丽水林业局办公楼装修工程，双方于 2007 年 10 月 19 日签订《建设工程施工合同》。2008 年 4 月，案涉工程施工完成。2008 年 5 月 9 日，佳华公司向丽水林业局工作人员交付案涉办公楼的钥匙。后因双方当事人对欠付工程款金额争议巨大，且工程审计结果未出，故丽水林业局至今尚未支付剩余工程款。2016 年 1 月 6 日，丽水市中兴工程咨询有限公司出具鉴定结论认为："管、暗槽内放双绞线缆 4 对以内（网线）：投标单价 122.83 元/m，由于该项目存在严重不平衡报价，且工程量比标底增加约 10 倍，双方不能达成一致意见，由法院裁决。"

【法院观点】

一审法院认为：对于管、暗槽内放双绞线缆 4 对以内（网线）工程（以下简称网线工程）的结算价款问题，从案件查明的事实情况来看，该网线工程存在严重不平衡报价，且招投标范围以外增加的工程量比标底增加约 10 倍，显然有损社

会公共利益、扰乱社会经济秩序。投标范围内的网线工程按照中标价计算工程价款,尚还合理;但是在投标范围外的比标底增加约10倍的网线工程,若还是按照畸高的中标价进行结算,显然有悖基本的公平正义。故本院采信鉴定机构重新组价后下浮后造价12,880元,作为标外网线工程的工程款。

二审法院认为:关于网线工程的结算价款问题,案涉工程招投标时虽然未禁止不平衡报价,但仍应在合理范围内进行,本案中,上诉人在承包案涉工程时,在招投标和增加工程量等方面采取了不正当的手段,明显存在恶意;上诉人不仅投标单价畸高,而且实际工程量比标底增加约10倍,其上述行为,不仅有违民事活动应遵循的诚实信用原则,更有损社会公共利益、扰乱社会经济秩序。一审法院对超投标范围15%以内工程量按中标价计算工程价款,对超投标范围15%以外工程量按鉴定机构重新组价下浮后造价12,880元作为工程价款,并无不当。

(二)司法实践中维持不平衡价格的理由及案例

案例2-3-2

上海霞优建筑装饰有限公司与苏州工业园区景观绿化工程有限公司、苏州市吴中区木渎胥江城建设发展有限公司建设工程施工合同纠纷上诉案

审理法院:江苏省苏州市中级人民法院

案号:(2017)苏05民终1691号

裁判日期:2017年5月18日

【裁判理由】

如果投标人对目标工程的变量预期错误,比如,投标人预期工程量减少的工程,其实际工程量增加,则会导致承包人亏损,此时承包人也应当严格遵守合同约定从而承受其不利结果。

【裁判观点】

即使该项投标单价低于市场价,但实践操作中招投标价存在不平衡报价,上海霞优建筑装饰有限公司以部分报价低于市场价主张重新调整价格,有违法律规定。

四、应对措施及法律分析

（一）协商调整不平衡报价项目

A 公司可与 B 工程公司协商一致，在中标价不变的情况下，将清单中的不平衡报价予以调整，以调整后的清单签订合同。但如前文所述，签约前对中标人投标价格的调整涉嫌变更招投标实质性内容，后续仍有可能引发结算争议。

（二）协商不成，不予签订合同的法律风险

1. 招标文件规定的法律责任

《投标人须知》第 7.5.1 条规定：招标人和中标人应当自中标通知书发出之日起 30 天内，根据招标文件和中标人的投标文件订立书面合同。中标人无正当理由拒签合同的，招标人取消其中标资格，其投标保证金不予退还；给招标人造成的损失超过投标保证金数额的，中标人还应当对超过部分予以赔偿。

第 7.5.2 条规定，发出中标通知书后，招标人无正当理由拒签合同的，招标人向中标人退还投标保证金；给中标人造成损失的，还应当赔偿损失。

2. 未及时签约可能引发的其他法律风险

(1)B 工程公司退场、引发诉讼纠纷

因 A 公司已向 B 工程公司发出中标通知书，且 B 工程公司已经进入项目现场施工，根据《投标人须知》的相关规定，发出中标通知书后，招标人无正当理由拒签合同的，招标人向中标人退还投标保证金；给中标人造成损失的，还应当赔偿损失。如双方协商不成，A 公司拒签合同，要求 B 工程公司退场，B 工程公司可能起诉 A 公司要求赔偿损失。关于损失的主张可能包括参加投标及退场的实际损失，还有可能包括信赖利益损失（假设签订了该 EPC 总承包合同，其可能获取的利润）。

(2)B 工程公司拒绝退场，引发撤场纷争

由于 B 工程公司已进入项目现场进行施工，因此，如 A 公司不与 B 工程公司签订合同，则势必要求 B 工程公司进场的施工人员退场。实践中，承包人进场后拒不退场的情况时有发生，因此，在 A 公司要求 B 工程公司退场的过程中，不排除 B 工程公司会就损失赔偿提出不合理的诉求。在 A 公司不答应其不合

理诉求的情况下,存在B工程公司劳务人员占据工地阻挠施工场地移交的风险。

(3)无法再次进场招标,影响项目工期

经咨询当地建设主管部门,在招标单位与中标单位尚未解决该等纠纷之前(以双方达成和解协议或法院的生效判决为准),该项目无法再次进入交易中心公开招标,这将严重影响项目工期。

(三)按B工程公司的投标价签订合同的法律风险及应对措施

1. 双方签署备案录,保留调整不平衡报价的权利。如B工程公司不配合清标,不调整不平衡报价,但为确保项目工期不受影响,同时尽量降低风险,建议在按照B工程公司的投标清单签订总包合同前,优先考虑双方先签署一份备忘录。在备忘录中明确:"在招标人发出中标通知书后,招标人发现中标人投标报价存在多处不符合招标文件要求的不平衡报价(详见附件,附件中明确列出存在不平衡报价的子项)。招标人根据招标文件的规定,要求中标人对不平衡报价进行调整,但是中标人未同意进行不平衡报价的调整。为了尽快推进项目的进展并减少不必要的损失,双方暂按照中标人的报价签订合同。招标人声明:将保留就超出清单工程量的综合单价,自合同签订至工程结算完毕且工程款结清前任何时候根据《工程量清单计价规范》的相关规定予以调整的权利。"当然,中标人也可在备忘录中增加中标人声明。

2. 发函告知B工程公司,保留单方调整不平衡报价。如B工程公司不配合清标,不调整不平衡报价的,但为确保项目工期不受影响,且双方无法签署备忘录,再进一步考虑单方发函的方式。此时,按照B工程公司的投标清单签订总包合同,同时发函明确告知B工程公司:"A公司的投标清单中部分子项的单价超出了合理市场价的30%~100%,存在严重不平衡报价,根据招标文件投标须知的相关规定(函件中明确引用的条款),对于该等不平衡报价,A公司将保留就超出清单工程量的综合单价,自合同签订至工程结算完毕且工程款结清前任何时候根据《工程量清单计价规范》的相关规定予以调整的权利。"当然,由于上述清单计价规范中关于调价部分的规定不属于强制性规范,因此,如果因调价问题进入司法程序,存在不确定性。

3. 在支付工程进度款时,且在清单工程量以内的,按照中标单价支付进度款，超出清单工程量15%以上的量，按照合理市场价或信息价下浮（20%）予以支付工程款。在工程建设过程中，B工程公司对此有可能会提出异议，认为A公司少支付了进度款，进而停工，也会影响项目工期。

4. 确保工程进度款不超付，结算时再予以一并调整。为确保项目工程不受影响，按照投标清单的报价予以支付进度款，结算时，一并对不平衡报价进行调整，但要确保工程进度款不超付、项目竣工备案不受影响。

五、实务建议

以上案例最终通过协商的方式予以妥善解决，项目顺利进入预售阶段。考虑到实践中许多发包人缺乏应对不平衡报价的实务经验，笔者在此提出系统性的应对思路。

（一）招投标阶段

招标文件中应当设置防范投标人不平衡报价的有关内容，禁止投标人采取不平衡报价手段，要求投标人合理报价。

1. 明确不平衡报价的认定标准及废标条件。现行法律并未对“不平衡报价”进行定义，因此对承包人是否存在不平衡报价的判断应以招标文件及合同中对于不平衡报价的认定标准作为依据。对于不平衡报价标准，如约定：不平衡报价指高于以合同约定的合同外新增项目计价规定核算的综合单（合）价（以下简称基准价）的30%报价；废标条件可以约定，超过多少比例的不平衡报价将被否决投标（可以是超过一定比例的金额或超过一定比例的项数）。

2. 细化招标文件，明确投标要求。尽可能使用详细完善的施工图招标，从源头上减少工程变更的出现。提高招标图纸的设计深度和质量，使招标文件中的工程量清单、技术规格等内容尽量准确。为防止投标人在投标时将招标文件中的工程量清单或技术规范擅自进行调整从而不平衡报价，应当要求投标人完全按照招标文件的要求投标报价，对工程量清单或技术规范等有异议的，应当通过澄清或在投标文件中列偏差表的方式提出。

3. 注意识别不平衡报价，并列入废标条件。商务评分中加入综合单价的偏离度评分。评标时，既要审查投标人的投标总价，又要逐一审核投标单价，并重点关注工程量大的单价，对于存在的明显不合理的投标单价，应当要求投标人进行澄清说明(但不得变更报价),无法说明价格合理性的,评标委员会在评标打分时应当考虑相关因素并考虑废标。

4. 授标前对不平衡价格进行修正。招标文件规定清标程序,在授标前开展清标工作。发包人认为存在不平衡报价的清单项的,向投标人指出并要求澄清或纠正,并作为授予中标通知书的前置条件。中标结果公布前,招标人有权接受投标人对不平衡报价的修正,并根据重新计算的价格进行统一评标。但中标后,双方均不应对投标报价范围内的分部分项价格进行调整。

(二)合同管理阶段

1. 明确约定发包人对不平衡价格的调整权。将不平衡报价列入价格调整情形。约定不平衡项的工程量对招标工程量发生增减并超出一定比例时,发包人有权进行不平衡报价的审核,对于超出部分按一定原则重新组价进行计算。

2. 采用"里程碑"的付款方式。为了防范承包人过分加大前期收款力度,到项目后期缺乏施工积极性,可规定项目实施中的不同"里程碑"及相关时限,列明承包人在各个阶段里必须完成工程内容的具体清单。每达到一个"里程碑"时,承包人才能得到一笔阶段性的付款。若当期"里程碑"未完,则到按约完成下一个"里程碑"时才可以收到上一次的付款,以此激励承包人全面加快施工进度。

3. 设置偏差工程量对应价格的重新认价程序。如对施工过程中双方存在争议的过大幅度不平衡报价变更项目或者涉及增加金额较大的变更项目,可由发包人、施工、监理、审计等相关单位共同进行市场调研、政策咨询,力争达成共识。

4. 增列单方解约权情形。针对承包人极端不平衡报价高价内容可能大量增加的情况,约定发包人有权根据项目实际情况删减承包人施工范围内的原定工作或工程,删减工作或工程部分对应的价款直接在应支付给承包人的价款中扣除并不予其他补偿。甚至可以约定如果承包人不同意调整,则发包人有权部分或全部解除合同。

5. 工程变更同时考量技术问题及经济问题。工程变更、签证审批制度中设置商务与技术部分的联审流程,对于"不平衡报价"的潜在项目,应严格控制设计变更。同时在合同中严格划分变更责任分配,属于施工方案和施工工序等原因造成的设计变更或工程量(造价)发生变化,由承包人承担责任。

6. 事先约定造价争议的鉴定方法。为防范争议发生时,承包人主动运用不平衡价格的规则要求调整清单范围内的某些低价项目，可以约定：本合同约定的单价，是承包人根据实际情况综合平衡后的单价，若发生项目中断/合同解除情形，则已完工程按照相应比例计算。

不平衡报价，不仅是造价技术的较量，也涉及对法律及合同理解的博弈。发包人应当善于借用行业律师的争议解决思维，构建全方位的不平衡报价应对策略。一旦发现投标人已采取极端不平衡报价手段时，征求法律和造价专业人士的意见，及时制订处置方案，以科学合理的方式控制工程建设成本。

例如，发包人应整体策划合同体系，杜绝合同约定前后矛盾。笔者在审查发包人制作的招标文件及施工合同时，经常会发现前后逻辑矛盾，约定不一致的地方。合同体系安排不当，可能导致防范不平衡报价的整体策略功亏一篑。

第4节　EPC项目中设计失误，发包人是否要一起承担责任

EPC模式将传统项目中发包人负责的设计工作纳入承包商的工作范围。通常情况下，承包商不能因为设计工作的失误向发包人提出索赔。但在某设计施工联合体承建的厂房建设EPC项目中，笔者代理施工承包人针对前期设计方案的失误向发包人提出了高达2000万元的费用索赔，并取得了预期效果。

一、案情简述

2017年11月20日，住建部发布了《建筑防烟排烟系统技术标准》（GB51251－2017，下称消防新规），规定消防新规将于2018年8月1日生效。

2017年11月28日，发包人就某厂房建设EPC项目发布招标公告，招标文件中包含了设计任务书。

2017年12月28日，A工程公司作为牵头方与发包人推荐的B勘察院、C设计院组成联合体进行投标。

2018年1月8日，发包人向联合体发出《中标通知书》。2018年4月25日，发包人与联合体签署EPC合同。

合同签订后，各方再次确认执行发包人出具的《设计任务书》（2018年3月更新版），其中明确：厂房仓库设置气楼排烟。在配套楼中，没有超过50平方米

黑房间,不设置机械排烟系统,内走道无大于20米内走道,均采用自然排烟,楼梯间和前室均对外开启外窗,不设置机械防烟系统。

2018年5月,C设计院根据《设计任务书》的要求出具了案涉项目的施工图例及说明,其中“设计依据”下的“国家标准规范”第1项为《建筑设计防火规范》(GB 50016－2014)(下称消防旧规)。发包人在该施工图上盖章确认。此后,A工程公司执行该版施工图纸施工了土建及机电安装工程。

2018年8月,A工程公司协助发包人办理工程规划许可及消防备案时,被窗口工作人员告知消防新规已实施,本项目执行消防旧规设计的图纸不符合消防管理的强制性要求,必须修改设计。

此后,双方召开多次工程例会,就消防新规增加机械排烟问题,发包人要求C设计院尽快根据新规范完成变更方案,并要求A工程公司根据新方案及时完成相应的预算并上报。

消防规范更新主要内容为增加机械排烟系统,A工程公司仅此项变更增加费用达2000万元。变更预算提交后,发包人发现已超过项目概算,认为违反限额设计原则,并表示按最新规范进行设计属于联合体责任范围,按照EPC合同精神无须给予A公司费用补偿。

就上述变更费用的承担问题,A工程公司与发包人多次协商无法达成一致意见,后委托笔者提起仲裁。

本案法律关系见图2－4－1。

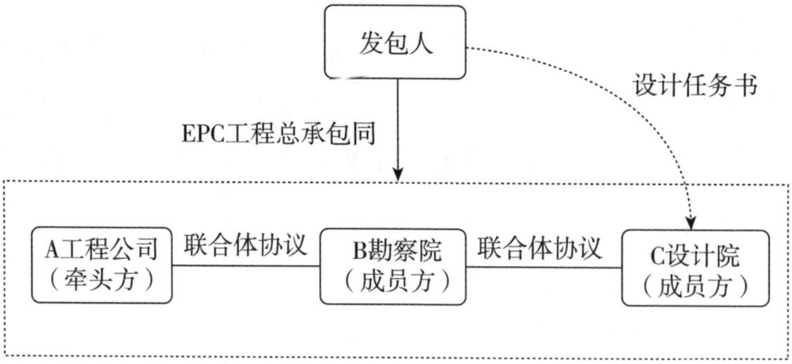

图2－4－1 本案法律关系

二、案件难点

(一)缺乏原始证据

笔者接受委托之初,委托人工作人员多次表示,就争议消防新规的费用补偿问题,我方证据充足,发包人已经同意补偿,仲裁程序仅是走个过场。但笔者核实资料发现,不仅没有见到发包人同意补偿的书面意见,相反发包人多次表示,合同签订前消防新规就已经颁布,施工单位在签订合同时应当预见执行按该标准产生的工程量,因此无须予以补偿。

委托人此前提交的索赔资料,只有零散提及消防规范变更增加费用的联系单及施工图预算,缺乏对索赔事件的完整阐述。对于为何在消防新规公告之后仍然采用消防旧规设计,规范变更之后与发包人的协商情况,以及工程规划许可及消防备案办理延误的原因均无介绍。笔者意识到,本案索赔的原始依据和证据严重缺失,可能面临索赔无依据的尴尬局面,必须认真梳理事实,完善证据链条,不能急于推进仲裁。

(二)索赔依据不足

委托人向发包人提出索赔前,也开展了多次内部论证,并将"基准日后规范更新"作为主要的索赔理由,依据是《合同协议书》第四条"工程质量标准"及设计任务书均要求按照国家现行的标准、规范和规程进行勘察、设计。委托人认为,在设计方案确定时及合同签订时有效并在施行中的规范和标准就是《建筑设计防火规范》(GB 50016－2014)。另外,合同通用条款第1.5.4条约定:"在基准日之后,因国家颁布新的强制性规范、标准导致承包人的费用增加的,发包人应合理增加合同价格。"

但笔者分析发现,该项理由存在逻辑缺陷,难以自洽。合同约定基准日期是递交投标文件截止日期之前30日,发包人发布的招标公告显示投标文件递交的截止时间为2017年12月28日,则基准日期为2017年11月28日。住建部发布公告的日期为2017年11月20日,虽然公告声明消防新规于2018年8月1日起实施,但裁判机构有可能对"现行规范"作扩大解释,即基准日前已经颁布、尚未正式实施的新标准,如果合同标的工程因申请规划许可、申请施工许可、竣工验收备案等其中一项或者多项将在该标准正式施行后进行,则该标准视为现行标准。如果裁判机构按上述理解对“现行规范”作扩大解释,则对我方不利。

(三)联合体对设计失误存在过错

本案中,虽然发包人在设计任务书中提出了相关消防设计要求,该设计要求对应的规范为消防旧规,但联合体中的C设计院是提供专业服务的一方当事人,其专业知识、专业能力与发包人相比无疑要更强,对其专业领域内新颁布施行标准的注意义务应当高于发包人,C设计院和发包人如果都没有注意到上述标准,则应认定为C设计院存在过错。C设计院如果注意到上述标准,在投标阶段应向发包人提出问题并要求澄清,在合同签订时及签订后如果发包人仍在使用原标准,则应将相关情况通知发包人,告知风险并提出建议,履行合同法规定的随附义务。合同通用条款第5.2.3(2)项也是将新的标准或规范颁布后通知发包人和向发包人提出建议的义务赋予了承包人。因此,从现有资料来看,本案中C设计院没有全部履行上述义务,有一定过错。因为C设计院属于联合体成员,其工作失误的后果应当由联合体共同承担,A工程公司亦不能主张免责。

在后续的仲裁程序中,发包人方果然提出了与上述分析类似的抗辩理由。

三、代理方案

鉴于委托人原有索赔思路的风险,笔者认真分析后决定重新选择索赔理由并完善相关证据链条。

关于索赔思路:由于发包人在设计任务书中明确了设计标准,而承包人必须响应发包人需求并据此进行投标报价,投标价格仅能覆盖招投标阶段所能预见的合理工作量。因此,承包人按消防旧规设计符合合同约定,且经过发包人的事先指令和事后确认,发包人难以免责。在规划报审遇阻之后,承包人及时向发包人汇报了情况,发包人也要求进行设计变更。因此,笔者认为该索赔事项可以定性为因发包人需求变化引起的设计变更,属于合同价款调整情形。

另外,笔者经过详细调查发现本项目存在发包人原因导致延误办理工程规划许可办理延误的事实,并对采用新旧消防规范有重要影响,即公安部消防局于2015年4月27日发布《关于执行新版消防技术规范有关问题的通知》，明确规定新版规范实施之前，建设工程的消防设计已经公安机关消防机构审核合格或者备案的，可按原审核或者备案时适用的规范执行。因此，本项目若能及时取得工程规划许可并审图通过，则可以适用旧规范验收通过。

本项目设计图纸早在2018年5月就已完备，若发包人及时取得工程规划许可证则可顺利完成消防备案，消防新规在项目实施过程中生效完全不影响项目验收。但发包人后续多次提出设计变更，导致图纸反复修改，而工程规划许可必须图纸定稿之后才能申请，待图纸定稿、工程规划许可取得之后，消防新规已然生效，不得不反过头来根据消防新规修改图纸。

梳理完上述事实后，可以这样归责：如果发包人固定设计要求，联合体可以及时完成设计，并在消防新规实施前申报规划许可及消防备案，按消防旧规进行的设计就可以取得规划许可及消防备案，避免消防工程预算和造价增加。

此后，笔者依据上述思路组织了索赔证据并形成代理意见。

四、仲裁庭意见

经过庭审调查，仲裁庭就有关设计变更是否属于因执行消防新规引起的变更作出了评价：

《总承包合同》约定承包人应当根据发包人和《设计任务书》及设计指引要求，负责设计、施工、采购等工作。发包人于2018年3月28日出具的《设计任务书》中明确全部仓库和厂房均不设置机械排烟系统，承包人按照《设计任务书》出具的施工图例及说明中也明确设计依据的国家标准仍为消防旧规，发包人予以盖章确认。而在消防新规施行后，双方召开的工程例会纪要及往来函件显示，双方均认可消防新规施行后会导致机械排烟的增加，由此需要变更原来的设计方案。因此，涉案消防设计变更属于因执行基准日期之后新颁布的消防新规引起的变更，由此导致申请人费用增加，被申请人应合理增加合同价格。

五、EPC项目索赔实务建议

EPC模式下，多采用固定总价合同。合同履行过程中，除非发生约定调整事项，否则一般不对合同价款进行调整。由于总承包合同示范文本迟迟未能发布，市面上的较多合同对固定价格风险范围约定不明,加之各方对EPC项目风险范围的理解不同,导致发包人认可的索赔和调整合同价款的合理事由大大减少。

例如,本项目的发包人在履约过程中就多次表示,案涉项目系"交钥匙"总承包工程,申请人、设计单位、勘察单位组成联合体承包案涉项目的勘察、设计、施工直至验收交付的全部工作,建设案涉项目所支出的勘察、设计和施工费用均已包含在合同总价款中,发包人无须另行支付其他任何费用。

因此,工程总承包单位的索赔工作必须要升级,笔者根据本案的代理经验,提出以下建议:

(一)务必注重原始证据的固定工作

承包人开展索赔工作经常面临工程进度和索赔谈判时间错位的问题。对发包人提出的变更项目,按正常程序应该先谈好费用然后再组织施工。但实际上为了赶进度,或者说为了搞好服务,大都先行施工,后谈费用,干完活后,主动权就完全掌握在发包人手中,导致承包人很难获得合理的费用。如果坚持先谈费用后施工,势必影响甲乙双方的关系。发包人变更指令固定难的问题,在传统施工总承包项目索赔中,并非无法逾越的障碍。因为传统施工总承包项目多为发包人负责设计、建安工程费按实结算的模式,《施工合同司法解释(一)》第二十条[①]的规定,只要承包人能够证明实际发生的工程量,索赔合同外增加的费用大多能够得到支持。但在EPC模式之下,由于设计工作本身属于承包人的工作范围,承包人对设计变更也有主导权,除非有确切证据证明变更是发包人造成的,否则索赔难以成立。因此,EPC项目中,承包人务必要保留发包人主动变更的证据。即便双方在变更工程实施之前无法就价格达成一致,但通过往来函件及会议纪要固定发包人主动提出变更的事实并非难事。

笔者代理的案涉项目中,也存在一个厂房增加办公夹层的小额索赔,就是因为无法提供发包人主动提出变更的证据,而被认定为承包人因擅自施工而无法得到支持。

---

① 《施工合同司法解释(一)》第二十条规定:当事人对工程量有争议的,按照施工过程中形成的签证等书面文件确认。承包人能够证明发包人同意其施工,但未能提供签证文件证明工程量发生的,可以按照当事人提供的其他证据确认实际发生的工程量。

（二）索赔理由的选择至关重要

从本案代理的经验来看，事先反复地做沙盘推演，深刻理解索赔事件的性质，寻找索赔突破点是EPC项目索赔成功的关键。

按索赔事件的性质分类，可以将工程索赔分为工程延期索赔、工程变更索赔、合同终止索赔、发包人要求赶工索赔、无法预见不利地质和特殊自然条件索赔等。[①] 实务中，索赔事件的性质可能存在竞合，而索赔事件的定性可能决定了索赔的成败。笔者认为，相比索赔事件的分类，实务中更应当重视索赔的请求权基础。

本案中，承包人最初进行索赔的理由是规范更新导致的变更，但基准日期前存在新规发布公告的事实使该索赔理由经不起推敲，笔者提出的代理方案就将索赔事件重新定性为发包人需求变更，结合相关证据还原发包人需求变化的过程，给裁判者一个无法拒绝的理由，最终索赔成功。在笔者看来，EPC项目索赔的依据分为三类：一是合同直接约定的索赔事件，二是发包人违约行为产生的违约责任，三是不可归责于双方的风险分配。具体应当根据项目的实际情况认真分析，不可因为合同存在类似语句、定义而生搬硬套。

第5节 EPC项目发生设计缺陷，设计人如何承担责任

在本章第4节中，笔者讲述一个代理施工承包人针对前期设计方案的失误向发包人提出了费用索赔的案例。该案虽然取得了预期效果，并仍有未完待续的索赔故事。若施工承包人无法取得赔偿，或发包人因设计缺陷造成损失，作为联合体成员的设计人可能面临索赔风险。本节将继续分析这一问题。

一、案情简述

某公开招标的厂房EPC项目中，某工程公司（下称施工承包人）作为牵头方，与发包人推荐的某设计院（下称设计人）组成联合体进行投标。中标后，联合体共同与发包人签署EPC承包合同。

---

① 参见陈津生编著：《EPC工程总承包合同管理与索赔实务》，中国电力出版社2018年版，第158页。

设计人根据发包人提供的《设计任务书》要求出具了案涉项目的施工图纸，发包人予以盖章确认。

施工承包人协助发包人办理工程规划许可及消防备案时，被窗口工作人员告知国家已经实施了消防新规，但施工图纸仍采用消防旧规设计，存在重大缺陷，已经不符合消防管理的强制性要求，必须修改后重新送审，否则无法通过竣工验收。

施工承包人将这一情况告知发包人后，发包人随后召开工程例会，最终要求设计人根据消防新规进行设计变更。该项设计变更导致施工承包人增加成本达2000万元，并引发施工承包人和发包人之间的索赔争议。

事后调查发现，设计人出具初版图纸是依据发包人提供的《设计任务书》中列明的消防系统设计要求编制的，而该设计要求的依据就是消防旧规。

目前，施工承包人和发包人之间的索赔争议处理结果已经出来，施工承包人按照一定比例分担了设计缺陷引发的费用损失。

本案法律关系见图2-5-1。

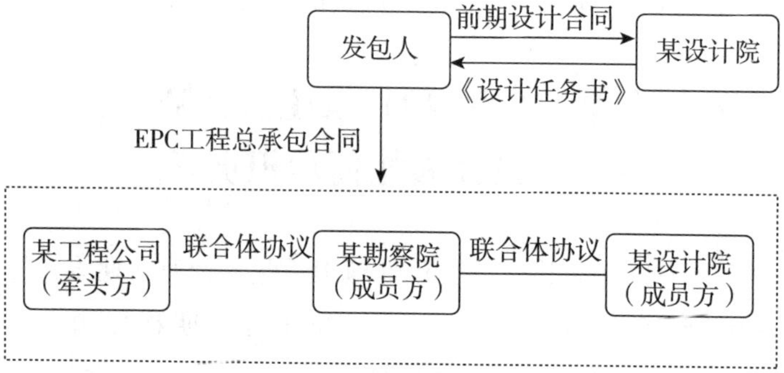

图2-5-1 本案法律关系

二、分析与解读

（一）发包人能否向设计人追偿损失

1. 追偿损失的前提是对设计人的身份进行识别

发包人能否向设计人追偿损失，需要识别出现设计缺陷的工作成果是否联合体中的设计人提供的。这个问题粗看之下似乎有些多余，既然我们讨论的就是 EPC 项目联合体履约过程中出现的问题，难道还有不属于联合体成员的设计人吗？但根据实践情况，确有必要这么刨根问底。

根据《工程总承包管理办法》的相关规定，项目招标人公开已经完成的项目建议书、可行性研究报告、初步设计文件的，提供相关前期服务的单位是可以参与该工程总承包项目的投标，并有可能成为工程总承包单位的。[①] 实务中，某些设计人可能在 EPC 项目发包前就向发包人提供了初步设计文件编制的服务，并在先签署了前期设计服务合同。若已经提供过前期服务成果（初步设计文件）的设计人与施工承包人组成的联合体中标并签署 EPC 承包合同，则联合体负责的设计任务主要是深化设计工作，如施工图设计及施工过程中设计修改补充、设计变更。此类项目中，同一设计人就存在两重身份：一是前期服务合同中的设计人，二是 EPC 承包合同中的设计人。

2. 不同合同关系下的设计缺陷责任承担的方式有所不同

若同一个 EPC 项目中，既存在前期设计服务合同，又存在 EPC 承包合同（含设计），则基于合同的独立性，关于设计缺陷责任承担的问题需要分别论述。

若 EPC 承包合同履行过程中，作为联合体成员的设计人出具的深化设计文件出现了设计缺陷，属于“承包人文件错误”，是联合体对发包人的违约行为。此时，设计人和施工承包人需要向发包人承担连带责任。

若 EPC 项目实施过程中发现了前期设计成果中的缺陷并造成施工成本增加，由于前期设计成果已经在 EPC 项目发包前交付给发包人并在招标阶段公布，就 EPC 联合体而言属于发包人提供的基础资料错误。《建设项目工程总承包合同（示范文本）》（GF－2020－0216）通用条款 1.12“《发包人要求》和基础资料中的错误”规定：“承包人应尽早认真阅读、复核《发包人要求》以及其提供的基础资料，发现错误的，应及时书面通知发包人补正。发包人作相应修改的，按照第 13 条［变更与调整］的约定处理。《发包人要求》或其提供的基础资料中的错误导致承包人增加费用和（或）工期延误的，发包人应承担由此增加的费用和（或）工期延误，并向承包人支付合理利润。”根据上述规定，EPC 项目的承包

---

① 《工程总承包管理办法》第十一条第二款规定：“政府投资项目的项目建议书、可行性研究报告、初步设计文件编制单位及其评估单位，一般不得成为该项目的工程总承包单位。政府投资项目招标人公开已经完成的项目建议书、可行性研究报告、初步设计文件的，上述单位可以参与该工程总承包项目的投标，经依法评标、定标，成为工程总承包单位。”

人对发包人提供的基础资料有复核义务,并需要将发现的错误及时书面通知发包人补正。但上述条款第二款并未进一步规定承包人未履行复核义务是否减少或免除发包人的赔偿责任,实务中可能引发争议。

笔者认为,就同时提供前期服务的设计人而言,在 EPC 承包合同中应当负有更加严格的复核义务。若前期服务成果中的缺陷延续至项目施工过程中并造成各方损失,联合体无法主张免责。但基于公平原则,联合体中的施工承包人有权向发包人主张一定比例的增加费用和(或)延误的工期。此时,发包人不应当再向联合体(或 EPC 承包合同中的设计人)索赔设计缺陷造成的损失。但是,发包人仍有权基于前期服务合同约定,单独向联合体之外的设计人主张违约责任。

需要提示的是,前期设计服务合同约定的违约责任和 EPC 承包合同约定的违约责任可能并不匹配。设计合同一般约定设计人对设计瑕疵责任的承担以设计费为限,而 EPC 承包合同中约定发包人提供基础资料错误承担承包人所有实际损失(或包括合理利润)。在这种情况下,发包人从设计人处得到的赔偿小于对施工承包人的赔偿,这部分差额就有可能由发包人承担。

(二)施工承包人能否向设计人提出索赔

如上文所述,若设计人提供了前期服务且前期成果中出现了缺陷,施工承包人因此造成的费用和(或)工期损失可能无法在发包人处充分受偿。而在 EPC 承包合同履行过程中发生的缺陷,属于联合体对发包人的违约。此时,施工承包人不仅无法向发包人主张因为设计缺陷造成的费用、工期损失,反而需要与设计人一起向发包人承担违约责任。因此,只要设计缺陷发生,施工承包人均可能遭受损失。若损失不可承受,施工承包人可能会向设计人索赔。关于施工承包人向设计人索赔的问题,需要考虑以下方面:

1. 联合体成员之间能否相互索赔

此处分析联合体成员间相互索赔问题的前提是联合体的真实性不存在争议,即不存在名为联合体,实为转包、违法分包等相关主体之间通谋虚伪意思表示的行为。

关于联合体成员之间的关系,我国现行法律法规并未作出明确的规定。但是,《招标投标法》第三十一条第三款规定:“联合体各方应当签订共同投标协议，明确约定各方拟承担的工作和责任，并将共同投标协议连同投标文件一并提交招标人。”这是关于联合体内部投标协议的法律要求，联合体在投标过程中应该同时提交联合体内部协议。根据“法无禁止即自由”的原则，联合体成员间可以就项目实施过程中产生的问题及处理方式作出约定。联合体协议对内具有约束力，是约束内部成员之间的“法律”依据。若联合体协议约定成员方放弃追偿权条款，则各方亦当遵守相关约定，自行承受损失。

在联合体协议并未限制内部追偿的情况下，尽管联合体对设计缺陷需要向发包人承担连带责任，但设计缺陷责任在联合体内部亦应有最终承担者，应允许实际承担设计工作的联合体方根据联合体协议或法律规定在联合体内部进行追偿。

2. 设计人向施工承包人承担责任的方式

联合体协议是划分联合体各方之间工作职责的具有法律约束力的文件，是解决联合体各方之间纠纷的重要依据。虽然设计人因设计缺陷所引发的联合体连带赔偿责任是基于 EPC 承包合同的，但施工承包人向设计人索赔的依据仍应当是联合体协议，而非 EPC 承包合同，即双方之间的法律关系是联合体协议纠纷，而不是建设工程施工合同纠纷。

若联合体协议事先对一方过错造成合作方损失的情形约定了违约责任，则可按照约定处理。若联合体协议未作约定或约定不明，则需要回到法律层面寻找索赔请求权的范围。

笔者认为，依据传统民法理论，违约损害赔偿因联合体成员方的履约过错行为引发的索赔本质上属于违约损害赔偿。《民法典》第五百八十四条规定：“当事人一方不履行合同义务或者履行合同义务不符合约定，造成对方损失的，损失赔偿额应当相当于因违约所造成的损失，包括合同履行后可以获得的利益；但是，不得超过违约一方订立合同时预见到或者应当预见到的因违约可能造成的损失。”根据上述规定，在联合体协议未约定或约定不明的情况下，可以根据设计人的过错程度确定其应承担的对施工承包人的赔偿责任，责任限额是在订立联合体协议时预见到或者应当预见到的因违约可能造成的损失，也就是说，设计人可能面临的赔偿责任并不以在 EPC 承包合同中分割的设计费为限。

三、关联案例

案例 2－5－1

山东省倪氏房地产开发有限公司(以下简称倪氏公司)、威海建设集团股份有限公司、文登利丰建设管理有限公司(以下简称利丰公司)等建设工程施工合同纠纷案

审理法院:山东省高级人民法院

案号:(2020)鲁民终 2572 号

裁判日期:2020 年 12 月 7 日

【基本案情】

勘察单位提供的抗浮水位低,设计院依据勘察报告未进行抗浮设计,结果地库上浮,设计判赔 600 万元,勘察判赔 1700 万元。

【法院观点】

二审争议焦点:一审法院对案涉建设工程质量责任的认定和处理是否正确。

……

二、工程质量责任及损害赔偿

《建设工程质量管理条例》第三条规定:“建设单位、勘察单位、设计单位、施工单位、工程监理单位依法对建设工程质量负责。”本案中,建设工程出现质量问题,给发包人造成了损害,责任方应就该损害向发包人赔偿。

(一)利丰公司(勘察单位)的责任

《建设工程质量管理条例》第五条规定:“从事建设工程活动,必须严格执行基本建设程序,坚持先勘察、后设计、再施工的原则。”第二十条规定:“勘察单位提供的地质、测量、水文等勘察成果必须真实、准确。”

检测意见认为,利丰公司出具的地勘报告中未提供地下水位变化幅度,补充说明提供的地下水位建议值不准确,不符合《岩土工程勘察规范》(GB 50021－2001,2009 年版)要求。利丰公司抗辩,建设工程场地地质条件简单,其按照勘察规范布孔,未发现地下水,故未提供地下水变化幅度及地下水位建议值,不违反勘察规范。另,地下室积水系因肥槽回填、压实未达到设计要求,且排水措施未到位,雨水(地表水)进入基坑造成地下室底板开裂,倪氏公司应当承担主要

过错。

山东建筑工程司法鉴定中心答复:第一,勘察单位应当对地表水和地下水之间的补给和排泄对地下水位的影响,进行统筹考虑。第二,案涉工程地质条件为上下五层,地质情况比较复杂。第三,暴雨是造成水位上升的一个因素,但是不是全部因素无法判断。第四,勘察现场时已完成肥槽回填,但暴雨时肥槽回填情况不清楚。第五,2018 年勘察现场时没有降雨,但地下室仍有水,无法判断是地表水还是地下水,抽干后仍有反水。第六,工程不属于重大工程,但应当收集水文资料,给设计单位提供防水水位。

法院认为,山东建筑工程司法鉴定中心针对利丰公司的异议进行了答复,利丰公司未提供充分的反驳理由或证据,上述检测意见应予采纳。结合《岩土工程勘察规范》(GB 50021 －2001,2009 年版)第 7.1.1 条的规定:"勘察单位应当掌握下列水文地质条件:1. 地下水类型和赋存状态;2. 主要含水层的分布规律;3. 区域性气候资料,如降水量、蒸发量及其变化对地下水位的影响;4. 地下水的补给排泄条件、地表水与地、地表水与地下水的补排关系及其对地下水位的影响的地下水位、历史最高地下水位、近 3 ~5 年最高地下水位、水位变化趋势和主要影响因素。"利丰公司作为勘察单位未按照上述勘察规范要求掌握水文信息,在勘察报告中未提供地下水位变化幅度,补充说明提供的地下水位建议值不准确,后设计单位依据该勘察报告对地下室未作出相应的抗浮设计,最终导致地下室底板破裂,是造成本案建设工程质量问题的主要原因,应当承担相应的责任。一审法院确认利丰公司承担25%的责任比例,并无不当。利丰公司应当赔偿倪氏公司地下室防水加固维修费 16,398,313.89 元(65,593,255.56 元 ×25%)、租金损失 911,569.81 元[(2013 年度租金 16,903.94 元 +2014 年度租金 3,629,375.31 元) ×25%]。

(二)深圳建筑设计公司(设计单位)的责任

《建设工程质量管理条例》第二十一条规定:"设计单位应当根据勘察成果文件进行建设工程设计。设计文件应当符合国家规定的设计深度要求,注明工程合理使用年限。"

法院认为,深圳建筑设计公司以勘察单位出具的勘察报告为据,抗辩因案涉场地未见地下水,故无须对案涉工程地下室进行抗浮设计的理由并不充分。

第一,根据检验报告,发生工程质量问题的主要原因是勘察单位未提供地下水变化幅度及建议值。虽然在此情况下,尚无强制性规范要求必须进行抗浮设计,但深圳建筑设计公司作为专业的设计机构,其履行合同不仅应当符合国家法律、法规,符合工程行业的标准和规范,还应当秉持专业的精神,最大限度地尽到专业机构的注意义务,提供合理可使用的设计方案,保证工程按照设计方案施工后能够正常投入使用。

第二,勘察报告指出案涉工程地处丘陵地区,《建筑地基基础设计规范》第6.1.1条规定:"山区(包括丘陵地带)地基的设计)地基的设计计条件分析认定:……8.地面水、地下水对建、地下水对建筑地基和建设厂区的影响。"深圳建筑设计公司在设计案涉工程时未考虑地表水大量渗入及进行相应的抗浮设计,其以谷歌地图照片显示附近丘陵已经平整为由不予考虑地面水因素,未尽到专业机构的合理注意义务。

第三,勘察报告记载的勘察范围长214米,宽36.5米,但设计方案长210米,宽78米,设计面积远超勘察面积。在此情况下,深圳建筑设计公司没有建议勘察单位进行补充勘察或作出明确说明,未尽到合理的注意义务。深圳建筑设计公司援引《岩土工程勘察规范》(GB 50021－2001,2009年版)第4.1.15条的规定,主张中等复杂工程勘察勘探点间隔为15~30米,其设计图纸未超过30米范围。对此,法院认为,该条文是确定勘察勘探点间距的相关规范要求,并未规定设计单位可在此范围内进行设计,也未免除设计单位超过勘察范围进行设计的注意义务,故深圳建筑设计公司的该抗辩理由并不充分。

综上,本案工程抗浮设计上存在疏漏,且该疏漏与工程受损之间存在因果关系,故深圳建筑设计公司应当承担相应的责任。考虑到抗浮设计上存在遗漏主要是由于勘察报告缺失相关记载,故深圳建筑设计公司承担10%的赔偿责任为宜。深圳建筑设计公司应当赔偿倪氏公司地下室防水加固维修费6,559,325.56元(65,593,255.56元×10%)、租金损失364,627.93元[(2013年度租金16,903.94元+2014年度租金3,629,375.31元)×10%]。

本案中,勘察、设计、施工单位由发包人分别委托,属于传统的施工总承包模式。就设计单位而言,发包人委托勘察单位出具的勘察报告属于发包人提供的基础资料。虽然勘察报告错误是造成本案建设工程质量问题的主要原因,但设计单位因为没有尽到合理注意义务,没有避免损害后果发生,最终也因受到牵连而承担部分责任。可见,实务中对专业机构合理注意义务的标准是非常严苛的。设计单位在发包人提供的资料基础上开展设计工作,需要最大限度地尽到注意义务,该义务并不以国家法律法规、工程行业的标准和规范的要求为限。在 EPC 项目中,发包人可能要求承包人(包含设计单位)对其提供的现场数据资料进行无条件充分性承诺,此时发包人不会因为提供了错误的数据而负责,相反,承包人还需要去复核和验证这些数据,以免影响设计环节的可靠性。[①] 为适应 EPC 模式的风险管理要求,设计单位作为工程承包人,需要进一步提升工作标准,以目标导向对工程质量负责,积极参与工程质量的过程管控,而并非仅向合作方提供合格的设计文件。

四、实务建议

时下,不具备双资质的设计院或施工单位仍有很多,在联合承揽 EPC 项目中,为应对因设计缺陷可能发生的内部争议,笔者为设计院提出如下建议。

(一)约定违约责任限额,防止缺陷责任无限扩大

在 EPC 项目中,除非设计院争取了材料设备的采购任务,否则设计院收取的与设计工作相应的费用占 EPC 工程造价的份额是极其有限的。因此,设计院务必要避免以有限收益承担工程建设无限风险情形的发生。无论是在与发包人单独签署的设计合同,还是作为联合体成员方与发包人签署的 EPC 承包合同,抑或是与合作施工单位签署的联合体协议中,均需要约定对设计瑕疵承担责任以设计费(或设计费的一定比例)为限。

(二)认真对待联合体协议,设置风险隔离条款

出于防范合作方施工单位转移风险的考虑,设计院应争取在联合体协议中划定权利义务和风险范围,明确约定"对项目发包人承担完连带责任后,联合体成员之间不得就非己方责任向联合体成员责任进行追偿,以减少项目实施风险"。当然,此条款也属于"双刃剑",需要与 EPC 承包合同违约责任限额条款联合使用才能发挥有效作用。假设施工单位违约行为造成了发包人对联合体

---

① 参见张然、丁留涛、张仁东:《新版 FIDIC 银皮书合同条件下的工程总承包风险研究》,载《建筑经济》2020 年第 8 期。

主张无限连带责任,而设计院与施工单位享受无责任上限的同等待遇,则设计院也将面临损失自行承受的风险。

(三)购买设计责任险,进行风险转移

设计院一直以轻资产著称,承担风险的能力有限,而一个 EPC 项目投资金额动辄以亿计,一旦发生责任范围内的索赔事项,设计院将无法独立承受。有针对性地购买保险,可以作为一种有效转移风险的手段。FIDIC 银皮书即强调通过保险,进一步确保承包商能够转移并落实其设计责任风险。其中,在第 19.2.3 项【职业责任险】中规定,承包商需投保设计职业责任险(PI),以覆盖承包商设计责任导致的工程实体损害;并且,FIDIC 银皮书进一步规定,如果合同双方在合同数据中约定了 PI 要覆盖其设计缺陷导致工程无法满足其预期目的 FFP 的责任时,则该 PI 将进一步覆盖这部分风险。①

关于设计责任险的投保,2020 年 6 月 18 日,山东省住建厅联合中国银行保险监督管理委员会山东监管局、中国银行保险监督管理委员会青岛监管局发布了《关于推行房屋建筑和市政工程勘察设计责任保险制度的指导意见》(鲁建设字〔2020〕5 号),可以作为参考。

【参考依据】

1.《建设项目工程总承包合同(示范文本)》(GF-2020-0216)通用条款

5.6 承包人文件错误

承包人文件存在错误、遗漏、含混、矛盾、不充分之处或其他缺陷,无论承包人是否根据本款获得了同意,承包人均应自费对前述问题带来的缺陷和工程问题进行改正,并按照第 5.2 款[承包人文件审查]的要求,重新送工程师审查,审查日期从工程师收到文件开始重新计算。因此款原因重新提交审查文件导致的工程延误和必要费用增加由承包人承担。《发包人要求》的错误导致承包人文件错误、遗漏、含混、矛盾、不充分或其他缺陷的除外。

---

① 参见阿加克布:《FIDIC 银皮书 2017 第二版中承包商设计责任管理》,载微信公众号“国际工程与劳务杂志”2019 年 4 月 12 日,https://mp.weixin.qq.com/s?src=11&timestamp=1640008930&ver=3508&signature=btYf4GLQWZUeKKW4seXtxfNSeSHSpJd-ubV-czzyYdOqbfnv25FJjbsT11SksHsAxBAqbO0hT4k74zs*6IbWez*0onnN7uZfUQTjojfwfaUk2wa271eS4791EbzkvBj5&new=1。

18.1　设计和工程保险

18.1.1　双方应按照专用合同条件的约定向双方同意的保险人投保建设工程设计责任险、建筑安装工程一切险等保险。具体的投保险种、保险范围、保险金额、保险费率、保险期限等有关内容应当在专用合同条件中明确约定。

2.《关于推行房屋建筑和市政工程勘察设计责任保险制度的指导意见》(鲁建设字〔2020〕5号)

各市住房城乡建设局、城管局，济南、青岛、淄博、枣庄、东营、济宁、威海、菏泽市水务(水利)局，济南、青岛市园林和林业(绿化)局，济南市城乡交通运输局，相关保险机构：

为贯彻落实省委、省政府《关于深化制度创新加快流程再造的指导意见》(鲁发〔2020〕8号)和省委办公厅、省政府办公厅《关于印发〈打造精简高效政务生态实施方案〉等12个方案的通知》(鲁办发〔2020〕5号)，增强勘察设计单位风险承担能力，提高勘察设计质量，现就推行房屋建筑和市政工程勘察设计责任保险制度提出以下指导意见。

一、房屋建筑和市政工程勘察设计责任保险(以下简称"勘察设计责任保险")是指因勘察、设计疏忽或过失引发工程质量事故造成损失承担的赔偿责任为保险标的的商业保险。本保险的被保险人为勘察设计单位。

二、勘察设计责任保险承保范围：

(一)由于勘察、设计的疏忽或过失而引发的工程质量事故造成的建设工程本身的物质损失；

(二)由于勘察、设计的疏忽或过失而引发的工程质量事故造成的第三者人身伤亡或财产损失；

(三)事先经保险机构书面同意的诉讼费用；

(四)发生保险责任事故后，勘察设计单位为缩小或减少对建设单位的经济赔偿责任所支付的必要的合理费用。

具体承保范围由投保人和保险机构在保险合同中约定。

三、勘察设计责任保险可以按年度购买，也可以按项目购买。

年度型保险期限为1年，期满可续保，追溯期由被保险人和保险机构在保险合同中约定。项目型保险期限为自保险单约定的起保日开始至投保工程竣工的验收合格期满3年之日终止。投保人和保险机构对保险期限另有约定的，从其约定。

四、保险机构收到勘察设计单位或直接向保险机构提出赔偿请求的索赔人的赔偿保险金的请求后,应当及时对是否属于保险责任作出核定;情形复杂的,应当在30日内作出核定;情形特别复杂的,由于非保险机构可以控制的原因导致核定困难的,保险机构应与勘察设计单位商议合理核定期限,并在商定的期限内作出核定。

对属于保险责任的,在与勘察设计单位达成赔偿保险金的协议后10日内,履行赔偿保险金义务;对不属于保险责任的,应当自作出核定之日起3日内向勘察设计单位发出拒绝赔偿保险金通知书,并说明理由。

保险机构自收到赔偿保险金的请求和有关证明、资料之日起60日内,对其赔偿保险金的数额不能确定的,应当根据已有证明和资料可以确定的数额先予支付;保险机构最终确定赔偿的数额后,应当支付相应的差额。

五、保险机构开展勘察设计责任保险的保险条款应当依法依规经中国银行保险监督管理委员会批准或备案。开展勘察设计责任保险业务的保险公司偿付能力充足率应当不低于150%、且上一年度风险综合评级B类及以上。

六、充分发挥保险对完善勘察设计质量保障体系的市场化激励约束机制作用,保险机构应当根据勘察设计单位的信用状况、内部质量管理制度和责任追究制度建立情况、勘察设计质量情况等,实施差别化费率。

七、保险机构应当通过"山东省住房和城乡建设厅门户网站(http://zjt.shandong.gov.cn)",将保险机构单位信息、保险合同条款(范本)、保单(范本)等向社会主动公开。

八、开展勘察设计责任保险的保险机构,应当于每年6月底、12月底前将相关业务开展情况报送同级省、市住房城乡建设部门。各市住房城乡建设部门汇总推进情况,分别于每年7月底、次年1月底前报省住房城乡建设厅。

九、推行勘察设计责任保险制度坚持"市场主导、自愿投保"的原则。在我省开展业务的勘察设计单位自愿选择综合实力强、服务评价好的保险机构购买勘察设计责任保险。各级住房城乡建设、银行保险监管部门不得指定从事勘察设计责任保险的保险机构,不得制定排除限制竞争的政策措施。

十、银行保险监管部门要加强对保险机构经营行为的监管,积极引导保险机构提升服务质量,及时查处保险市场违法违规行为。

十一、本指导意见自2020年8月1日起施行。

第6节　EPC项目中发包人提供场地不合格，承包人是否可以索赔

本章第4节笔者分享了在某厂房建设EPC项目中代理施工承包人向发包人提出设计失误导致的变更费用索赔的案例，本节将继续介绍该项目的另一个索赔争议：施工方因超常规处理场地向发包人提出的索赔费用。

一、案情简述

2017年10月28日，发包人委托B勘察院出具《初勘报告》，在“地坪基础处理”部分载明：对填土较厚厂房区域的地坪应进行地基处理，可采用强夯法，也可采钢花管或袖阀管注浆法加固人工填土。在“结论及建议”部分载明：本次勘察作为初步设计依据，建议在后续设计、施工阶段应进行详勘，以满足设计及施工要求。

2017年11月28日，发包人就某厂房建设EPC项目发布招标公告，招标范围包括勘察、设计、施工。招标文件中没有关于场地状况的描述，也没有将《初勘报告》作为附件公示。

2017年12月28日，A工程公司作为牵头方与发包人推荐的B勘察院、C设计院组成联合体进行投标。

2018年1月8日，发包人向联合体发出《中标通知书》。

A工程公司进场之后，发现项目施工场地（低洼地）仍在进行回填，后续实际在施工过程中分批移交场地。经A工程公司核查发现回填土方未按规范分层压实，无法满足厂房设计荷载要求。

2018年2月5日，A工程公司向发包人报送了地基强夯专项施工方案并审批通过。

2018年4月25日，发包人与联合体签署EPC合同。

2018年5月31日，省工程勘察院出具《广州轻工智能家电产业集群项目岩土工程详细勘察报告》，该报告关于人工填土的分析、地基岩土的均匀性分析，以及地坪基础处理建议与《初勘报告》基本一致。

A工程公司因实施该超常规地基处理（强夯）方案，增加措施费2000多万

元,以地质条件发生重大变化为由向发包人提出索赔。发包人认为,根据承包人出具的岩土工程初勘报告及详勘报告,两报告对项目地块地质条件的描述基本一致,并未发生重大变化,且均在“地坪基础处理”与“结论及建议”部分明确:对于低层建筑基础处理的建议包括强夯法,钢花管或袖阀管注浆法加固人工填土。因此,项目地质条件并未发生变化,且承包人已经事先考虑了强夯方案,不应增加费用。

就措施费的承担问题,A 工程公司与发包人多次协商无法达成一致意见,后委托笔者提起仲裁。

本案法律关系见图 2 - 6 - 1。

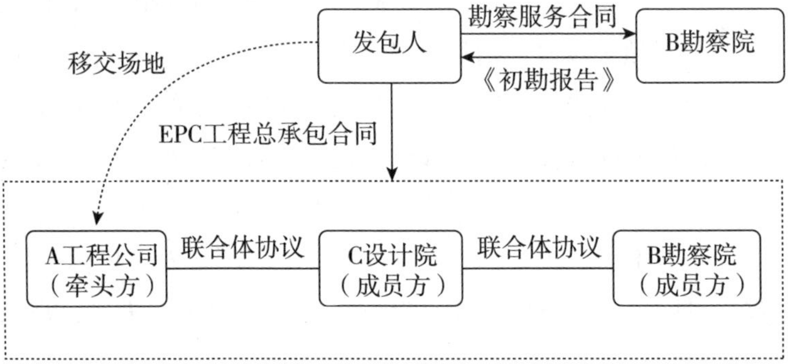

图 2 - 6 - 1　本案法律关系

二、案件难点

(一)地质条件变化的索赔理由难以成立

承包人向发包人提出索赔前,也开展了多次内部论证,并将“场地地质条件发生重大变化”作为主要的索赔理由。依据是承包人在投标方案中载明,地基基础处理暂无相关资料可供参考,需待岩土工程勘察报告出来后确定。另合同约定,如本项目因地质条件发生重大偏差、建筑规模及功能发生重大改变、材料价格发生重大变化,导致工程费用调整,双方另行协商。同时关于强夯方案的报批获得发包人的书面同意。笔者认为,前期索赔工作存在一定误区。

地质情况与招标文件存在较大偏差属于常见现象,一般 EPC 项目招标阶段,发包人会提供尽可能详细的现场资料,且经常会明示:发包人“不对数据准确性、完整性负责”。但实际上，承包人在投标阶段对现场的踏勘，非经详细勘察很难知悉隐蔽于地下的地质条件。遇到地质情况异常，不仅地基处理费用大幅增加，项目工期也会受到影响，承包人往往难以承受相关风险。因此，国内制定的《房屋建筑和市政基础设施项目工程总承包管理办法》（建市规〔2019〕12号）将“不可预见的地质条件造成的工程费用和工期的变化”风险分配给建设单位承担。

本项目的特殊之处在于，承包人对场地的地质条件并非不知情。从投标阶段到签约进场，场地一直处于肉眼可见的回填过程。勘察单位先后出具的两份勘察报告，均体现了场地回填后涉及后期处理的结论。承包人若主张地质条件发生重大变化或者对地质条件不知情的理由，是难以服人的。

（二）缺乏原始资料

在该项索赔中依然存在索赔原始资料严重缺失的情况。笔者接受委托之后，核实委托人此前提交的索赔资料，只有零散提及强夯增加费用的联系单、强夯方案审批的记录及措施费增加的预算，缺乏对索赔事件的完整阐述。对于进场时的场地状况、场地验收及移交资料、地质条件如何发生了重大变化、发现场地回填不合格后与发包人的协商情况，以及选用强夯方案的原因及责任分配情况均无介绍。而梳理案件事实、重构索赔逻辑，必须依赖这些基础资料。

三、代理方案

笔者分析案情后，认为引用“地质条件变化”作为索赔理由，我方须承担对“地质条件变化”的举证责任，而在两份勘察报告关于地质描述的一致性，构成对我方不利的相反证据。因此该项索赔理由难以成立，必须另选突破口。

笔者注意到，案涉合同通用条款对承包人的进场条件约定为：“发包人按现状交场地予申请人，申请人视作完全符合进场要求，包括但不限于道路、场地平整、地面、给排水、供电、通讯、围蔽设施等。”对于“现状场地”，笔者认为应当是具备施工条件的合格场地，而承包人的施工方案是建立在合格场地之上的惯常施工标准。

实际上，本案中发包人向承包人延迟交付了场地，且最终交付的场地回填质量问题严重，回填土材质不合格（含有大量未经处理的岩石），未按规范要求分层压实,填土密实度无法满足场地荷载及施工要求。为了确保基础安全,满足园区大型车辆通行的道路荷载要求,承包人只得设计强夯方案对场地进行夯实处理。因发包人提供不合格场地的违约行为导致承包人增加场地二次处理费用,应当补偿给承包人。

另外,项目招标之时,发包人并未提供场地状况的资料(如将初勘报告作为招标文件附件),因此场地方面的风险属于承包人(施工单位)投标时无法预见的风险。

梳理完上述事实后,可以这样归责:合同约定了发包人要履行向承包人交付具备基本施工条件的场地。如果发包人在承包人进场之初,就交付了土质优良、夯实合格的回填场地,则承包人只需要按常规进行场地平整就可以进行后续施工作业,根本无须实施超常规的强夯处理方案,也不会导致巨额措施费的产生。

针对发包人可能提出的勘察单位在招标之前已经出具勘察报告,施工承包人作为联合体成员也能够掌握地质动态情况的抗辩。笔者主张根据招标文件及合同约定,承包人自合同签订之后才负有勘察地质的义务。勘察单位在与施工承包人组成联合体之前并不属于承包人一方,其对发包人委托事项负有保密义务,未经发包人许可不得向任何单位泄露信息。

另外,初步勘察报告是发包人单独委托勘察单位进行的针对招标前场地情况的地质勘察,而申请人索赔的强夯费用是针对进场之后第三方回填土的二次处理费用。换言之,承包人索赔的是发包人交付回填场地不合格引起的二次场地处理费用,与勘察报告记载的回填完成前的地质情况无关。

此后,笔者依据上述思路组织了索赔证据并形成代理意见。

四、仲裁庭意见

经过庭审调查,仲裁庭就“强夯”措施费是否属于合同外增加费用作出评价:

按照《总承包合同》的约定,发包人应负责提供施工场地以保证承包人能够按时进入现场开始准备工作。一方面,虽然合同约定发包人按现状交场地予承包人,承包人视作完全符合进场要求,但结合双方多次《工地例会纪要》记载的内容可知,前期由发包人委托管委会负责场地回填事宜,承包人进场后场地尚未回填到位,直至2018年年底管委会仍在进行土方回填工作,现场确实处于边回填移交、边施工的状态。监理单位在《工作联系单》中确认了回填土方土质不一、场地存在较大坡度、回填后场地标高与原定标高不符、回填土方未经分层压实等情况，因此，不能视为发包人已经按约提供了施工场地，由此造成承包人施工成本的增加属于合同外的价款，发包人应合理增加合同价格。

五、EPC项目索赔实务建议

（一）充分重视索赔事件的请求权基础，避免错误套用索赔条款

在本章第4节中，笔者提出EPC项目索赔的三类依据：一是合同直接约定的索赔事件，二是发包人违约行为产生的违约责任，三是不可归责于双方的风险分配。

本项索赔中，承包人在索赔工作的第一阶段就出现了错误选择索赔请求权的问题。承包人认为，只要合同约定了场地地质变化应当增加费用，则实施索赔只能依据这一路径。但在面对地质条件变化的风险是否可以预知，以及能否在投标报价中予以考虑等主观归责的问题时，基本束手无策。

实际上，认真查看"合同价格调整"条款就可以发现如下类似约定：合同履行期间，出现费用索赔、违约事件的，合同双方当事人应调整合同价款。在合同体系中，索赔与违约事件属于并列的合同价款调整情形。既然合同约定的索赔情形存在适用障碍，承包人就可以考虑切换"违约事件"这一视角。每个索赔事件都应当根据项目的实际情况认真选择请求权基础，切不可因为合同存在类似语句、定义而进行生搬硬套。

另外，索赔请求权的应用也考验了代理律师对建设工程合同体系、工程管理惯例的熟悉程度。本案中，虽然发包人在庭审中提出了，依据专用条款承包人负有创造施工条件、实施三通一平的义务，但笔者当即指出合同通用条款"承包人进场条件"中专门规定了发包人交付合格场地的义务，另外定额中土方工程对"平整场地"的定义仅是"标高在正负30cm以内的就地挖、填、运土方及找平"，不包括对场地的强夯处理。

（二）锁定争议范围，解决定性问题，争取款项的提前支付

工程款纠纷的处理程序较为漫长，对垫资施工的承包人形成不堪承受之

重。减少争议范围、争取提前收款,是实施工程索赔应当重点考虑的问题。

根据诉讼标的之性质和内容,工程款纠纷一般为给付之诉。因此,承包人诉求一般是给付工程款及相应的利息。但费用索赔争议解决的路径分为两步:第一步为作出法律定性,确认承包人所主张的索赔是否属于原合同范围外增加费用,即增加费用是否包含在承包人投标价格风险范围内;第二步为造价审核,明确争议项目的实际工程造价,即发包人应当补充支付工程款的具体金额。因此,就索赔争议作出法律定性,也属于承包人提出给付工程款确认之诉中的部分请求事项。

《仲裁法》第五十五条规定:"仲裁庭仲裁纠纷时,其中一部分事实已经清楚,可以就该部分先行裁决。"若工程索赔争议是通过仲裁程序解决的,承包人作为申请人就可以向仲裁庭请求对索赔能否成立作出先行裁决。取得先行裁决,对承包人至少有两大便利:一是索赔能否成立一旦明确,将为双方创造更多的谈判空间;二是无须对不能成立的项目费用申请造价鉴定,节省成本。承包人在谈判时,可以提出部分索赔费用的提前支付,依据是"合同价格调整"条款中的一般约定:"经发包人确认的合理金额,作为合同价格的调整金额,并在支付当期工程进度款中支付或扣减调整的金额。"

第7节　未经核准的EPC项目长期停工,施工分包人如何进行索赔

——广东某火电场扩建EPC项目停工索赔案

通常情况下,EPC承包商由发包人选定,项目实施过程中如需另选专业承包商,则由EPC承包商自主决定或由发包人推荐。笔者团队经办的一则案例中,发包人反其道行之,为提前开工事先选择了施工单位,并签署施工合同,之后对EPC项目进行发包并选定EPC承包商,后续将施工合同的甲方主体变更为EPC承包商。项目实施过程中,因未及时办理项目核准手续、发承包方式、施工合同计价方式等产生了一系列争议,施工单位在工程接近完成的情况下找到笔者团队寻求索赔支持。

经过认真研究案情,笔者团队建议施工单位继续施工并伺机提出索赔方案,现将索赔法律分析过程分享如下:

一、案情简述

某火电厂机组扩建工程(以下简称本工程或本项目)拟建2台燃煤发电机组。项目已经列为《××省2014—2020年电源发展规划》申请开展前期工作项目,但在2019年案件争议发生时尚未办理项目核准手续。

发包人在2014年委托第三方完成初步设计后,通过邀请招标方式选定了施工单位,双方签订了《××电厂二期机组工程建安工程施工承包合同》,合同约定待发包人选定本项目EPC总承包商后,本合同将转移至EPC总承包商,由EPC总承包商负责本合同的履行。之后,发包人确定某电气公司作为EPC总承包商,按照发包人要求,施工单位与某电气公司再次签订施工合同并实际履行。施工合同约定合同价为固定总价,工作范围是项目全部土建、安装工程及一般的设备采购。

施工合同履行中,发生了很多招标清单中未列明但实际施工中需要实施的项目(增加的费用达6000多万元)。同时因本项目未经发改委部门核准,发包人发过多次书面暂停施工的通知,到目前为止已延期18个月。

本工程目前实施进展情况:一台机组完成进度99.26%,另一台机组完成进度92.26%,公用系统完成进度92.92%。

本案法律关系见图2-7-1。

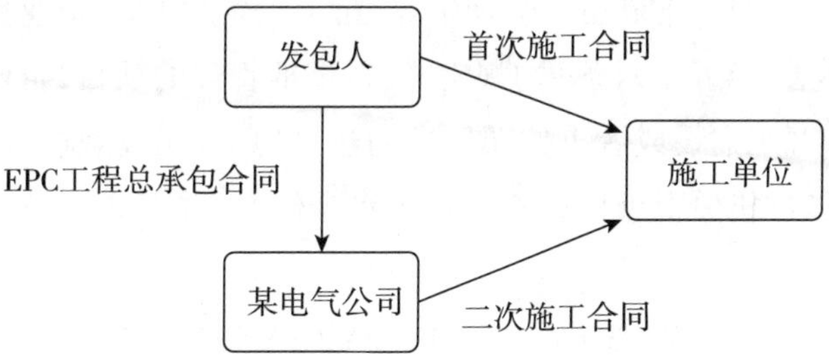

图2-7-1　本案法律关系

二、索赔综述

由于施工合同中约定可调整合同价的情况非常有限,而发包人或EPC承包商又不同意突破合同条款的约定给予费用补偿,施工单位面临进退两难的局

面。因此,施工单位重点应关注以下问题:

1. 本项目未经核准是否导致施工单位与 EPC 总承包商签订的施工合同无效,并应承担合同无效后的法律后果。针对本合同条款,分析合同无效、合同有效对施工单位存在的法律风险及防范措施。

2. 施工单位在整套启动完成后如不再实施后续的工作将会面临的法律风险及防范措施。

3. 如果本合同无效,在哪个时点提出确认合同无效对施工单位更加有利。

合同效力问题对工程索赔的策略选择至关重要,鉴于本项目中发包人对施工单位"拉郎配"的特殊操作,律师首先从施工合同效力分析着手,针对具体合同条款,分析合同无效、合同有效对施工单位的不同影响及应对措施。之后,结合工程实施的现状,律师需要对索赔时机作出准确判断:如在工程整套启动完成后不再实施后续的工作并作为谈判窗口是否可行。

三、未办理核准手续对合同效力的影响

(一)未办理核准手续对 EPC 总承包合同效力的影响

《政府核准的投资项目目录(2016 年本)》规定,火电站(含自备电站)由省级政府核准,其中燃煤燃气火电项目应在国家依据总量控制制定的建设规划内核准。本项目尚未通过国家电力规划,故省政府未核准。

《企业投资项目核准和备案管理条例》第十八条[①]以及《企业投资项目核准和备案管理办法》第五十六条[②]均规定,实行核准管理的项目,企业未按照规定办理核准手续开工建设或者未按照核准的建设地点、建设规模、建设内容等进行建设的,由核准机关责令停止建设或者责令停产,并对企业及直接负责人处

---

① 《企业投资项目核准和备案管理条例》(国务院令第 673 号)第十八条第一款规定:实行核准管理的项目,企业未依照本条例规定办理核准手续开工建设或者未按照核准的建设地点、建设规模、建设内容等进行建设的,由核准机关责令停止建设或者责令停产,对企业处项目总投资额 1‰以上 5‰以下的罚款;对直接负责的主管人员和其他直接责任人员处 2 万元以上 5 万元以下的罚款,属于国家工作人员的,依法给予处分。

② 《企业投资项目核准和备案管理办法》(国家发展和改革委员会令第 2 号)第五十六条第一款规定:实行核准管理的项目,企业未依法办理核准手续开工建设或者未按照核准的建设地点、建设规模、建设内容等进行建设的,由核准机关责令停止建设或者责令停产,对企业处项目总投资额 1‰以上 5‰以下的罚款;对直接负责的主管人员和其他直接责任人员处 2 万元以上 5 万元以下的罚款,属于国家工作人员的,依法给予处分。项目应视情况予以拆除或者补办相关手续。

以相应罚款。

《企业投资项目事中事后监管办法》第十条规定，项目未按规定办理核准批复文件、项目变更批复文件或者批复文件失效后开工建设的，核准机关应当依法责令停止建设或者责令停产，并依法处以罚款。

以上各规定中，《企业投资项目核准和备案管理条例》在层级上属于行政法规，未经核准开工建设的明显违反行政法规的规定。《合同法解释（二）》[①]第十四条、《合同法》第五十二条第五项规定的“强制性规定”，是指效力性强制性规定，即仅在违反效力性强制性规定的情况下，合同才无效。至于何为效力性强制性规定，最高院发布的《全国法院民商事审判工作会议纪要》（法〔2019〕254号）第三十条规定：“……下列强制性规定，应当认定为‘效力性强制性规定’：强制性规定涉及金融安全、市场秩序、国家宏观政策等公序良俗的；交易标的禁止买卖的，如禁止人体器官、毒品、枪支等买卖；违反特许经营规定的，如场外配资合同；交易方式严重违法的，如违反招投标等竞争性缔约方式订立的合同；交易场所违法的，如在批准的交易场所之外进行期货交易……”

项目核准管理是国家主管部门对固定资产投资的一种管理措施，虽然根据《企业投资项目核准和备案管理办法》第三十五条的规定，项目核准机关在核准审查时会审查项目对国家安全、社会公共利益的影响，但是未通过核准手续并不一定就说明项目可能会危害国家安全和社会公共利益。通过法律检索，笔者团队没有查询到采用工程总承包模式项目因项目核准原因对总承包合同效力产生争议的相关判例。能查询到的判例仅仅涉及因项目核准对施工总承包合同效力争议的处理。但是由于工程总承包和施工总承包都是工程建设模式，而且工程总承包中包括施工的全部内容，故司法实践中项目核准对施工总承包合同效力影响的观点，可以作为工程总承包合同（或其中施工部分约定）是否有效的参考依据。在中铁二十一局集团有限公司、鄂尔多斯市华兴能源有限责任公司建设工程施工合同纠纷一案[②]中，项目开工建设 1 年半左右建设单位方才取得发改委的项目核准批复，一、二审法院均认为本工程不存在《合同法》第五十

① 该司法解释根据最高院发布的《关于废止部分司法解释及相关规范性文件的决定》（法释〔2020〕16 号），已失效，但最高院尚未针对《民法典》的相关条文出台出新的司法解释。

② 内蒙古自治区高级人民法院民事判决书，（2018）内民终 153 号。

二条规定的合同无效事由,故合同有效。

同时,笔者团队也查询到个别判例认为未经“核准”会影响施工合同效力。在山西省阳泉市石店煤业有限公司与山西省污水处理有限公司建设工程施工合同纠纷一案[①]中,一审、二审、再审法院均认定,原告(反诉被告)与被告(反诉原告)签订的《工程承包合同》因未取得立项批准文件和安全设立批准,违反国家强制性规定,应当认定无效。但需要说明的是,该案最终案涉项目被责令停产并彻底关闭,笔者理解案涉项目被责令停产对法院认定合同效力应有一定影响。

因项目核准手续而对施工合同效力的影响发生争议的案例很少,目前仅检索到以上两个案例,因而不能得到法院对此类问题倾向性结论的意见。故就本案而言,笔者仅能结合相关理论和两个案例的事实差别进行分析。

据了解,本工程主要是因项目尚未被纳入国家电力规划而导致项目未取得核准。鉴于本工程已取得省发改委复函,明确将该项目列为申请开展前期工作项目。笔者理解,如项目能纳入国家电力规划,取得省政府核准的可能性非常大。而且本项目是扩建项目,1、2、3、4 号机组早已建设完成并投产,本项目的环境影响评价已获得省环境保护厅的批复。从这个角度看,把项目核准程序视作为行政管理措施可能更为合理。故仅因未取得项目核准而被认定总承包合同无效的可能性较小。而且,本项目建设已经完成绝大部分,未被政府主管部门责令停产关闭,与上文第二个案例不同。此外,如本项目最终能够被纳入电力规划,后续能够补正核准手续,则按照目前法院的裁判理念,工程总承包合同更难以被认定为无效。

(二)工程总承包合同无效是否导致施工单位与EPC承包商之间的施工分包合同无效

在采用工程总承包模式时,法律法规及司法解释均未明确工程总承包(以下简称总承包合同)无效是否会导致施工分包合同(以下简称分包合同)无效,由于工程总承包模式的相关裁判案例很少,故笔者认为,施工总承包合同与分包合同的效力关系,可以作为工程总承包合同与分包合同效力关系的参考。审

---

① 山西省盂县人民法院民事判决书,(2015)盂商初字第 376 号;山西省阳泉市中级人民法院民事判决书,(2016)晋 03 民终 297 号;山西省高级人民法院民事裁定书,(2016)晋民申 1546 号。

判实践中，全国各地法院对总承包合同与分包合同效力关系的认定标准并不统一，有法院以总承包合同无效作为判定分包合同无效的唯一理由，即因总包合同无效，分包合同自然无效；[①]也有法院持完全相反的观点，认为两份合同相对独立，总包合同无效不影响分包合同的效力。[②]

但就本工程而言，《企业投资项目核准和备案管理条例》所规制的是未办理核准手续"开工建设"的情形，笔者认为，开工建设通常应当理解为施工。EPC承包商与发包人之间的工程总承包合同包括本工程施工内容。如果裁判者将《企业投资项目核准和备案管理条例》第十八条认定为效力性强制性规定，将工程总承包合同认定为无效，其实质是认为其中所包括的施工内容违反了强制性规定。此种情况下，EPC 承包商与施工单位之间的施工合同正是对工程总承包合同中施工内容具体实施的约定，也同样可能会因违反了该规定而被认定为无效。

结合前述第 1 点的分析，笔者认为，项目核准管理更多的是国家主管部门对固定资产投资的一种管理措施，发包人与 EPC 承包商签订的工程总承包合同因本工程未办理核准手续而被认定无效的可能性较小，同理，EPC 承包商与施工单位签订的施工合同因此被认定无效的可能性也较小。

四、本项目施工合同可能会存在被认定无效的其他情形

（一）EPC 承包商可能存在的转包或违法分包行为

根据施工单位提供的信息，本项目发包人先通过招标的程序选择了施工单位，然后发包人与 EPC 承包商签订包括施工任务的 EPC 合同，之后发包人再安排施工单位与 EPC 承包商签订施工合同。故施工单位与 EPC 承包商所签署的施工合同实质上为 EPC 合同项下的分包合同。本项目的 EPC 承包商具有电力工程施工总承包一级资质及电力行业设计资质。在施工工作之外，EPC 承包商也将设计工作全部分包给另外一家设计单位，即 EPC 承包商将其所承接的本工程设计、施工工作都予以分包，其未实施主体工程的施工或设计。住建部发布的《关于进一步推进工程总承包发展的若干意见》（建市〔2016〕93 号，以下简称

① 云南省高级人民法院民事判决书，(2010)云高民一终字第 139 号；四川省高级人民法院民事判决书，(2013)川民终字第 596 号。

② 河北省沧州市中级人民法院民事判决书，(2016)冀 09 民终 1068 号；贵州省高级人民法院民事判决书，(2017)黔民终 327 号。

《工程总承包若干意见》)第十条规定:“工程总承包项目严禁转包和违法分包。工程总承包企业应当加强对分包的管理,不得将工程总承包项目转包,也不得将工程总承包项目中的设计和施工业务一并或分别分包给其他单位。工程总承包企业自行实施设计的,不得将工程总承包项目工程主体部分的设计业务分包给其他单位。工程总承包企业自行实施施工的,不得将工程总承包项目工程主体结构的施工业务分包给其他单位。”EPC承包商在本工程中将设计和施工业务分别分包给其他单位,违反了《工程总承包若干意见》的规定。但由于《工程总承包若干意见》在效力层级上不属于法律或行政法规,不能作为认定合同无效的直接依据。而《建筑法》第二十八条规定:“禁止承包单位将其承包的全部建筑工程转包给他人,禁止承包单位将其承包的全部建筑工程肢解以后以分包的名义分别转包给他人。”第二十九条第一款规定:“建筑工程总承包单位可以将承包工程中的部分工程发包给具有相应资质条件的分包单位;但是,除总承包合同中约定的分包外,必须经建设单位认可。施工总承包的,建筑工程主体结构的施工必须由总承包单位自行完成。”前述规定没有对转包(包括支解发包)、违法分包的具体情形予以明确,裁判者在对施工合同效力进行认定时,存在根据住建部的《工程总承包若干意见》对转包或违法分包的情形进行认定,进而援引《建筑法》的前述规定,并根据《施工合同司法解释(一)》第一条的规定认定施工合同无效的可能。

(二)本项目可能存在违反《招标投标法》强制性规定的情形

据施工单位反映,在施工工作的招标阶段,发包人曾要求二次报价。由于本工程属于基础设施项目,根据《工程建设项目招标范围和规模标准规定》和《必须招标的基础设施和公用事业项目范围规定》的相关规定,属于必须招标的工程项目,本项目也实际采用了招标方式。发包人对施工单位的二次报价要求,违反了《招标投标法》第四十三条、①第四十六条②和《招标投标法实施条例》

---

① 《招标投标法》第四十三条规定:在确定中标人前,招标人不得与投标人就投标价格、投标方案等实质性内容进行谈判。

② 《招标投标法》第四十六条第一款规定:招标人和中标人应当自中标通知书发出之日起三十日内,按照招标文件和中标人的投标文件订立书面合同。招标人和中标人不得再行订立背离合同实质性内容的其他协议。

第五十七条[①]的规定。

但是本项目的特殊之处在于,施工工作被纳入 EPC 总承包合同中,作为 EPC 总承包人的分包项目。此种情况下,施工单位与发包人之间的招标合同并未实际履行,实际履行的施工合同并非经招标而订立,此种情况与法律规定并不对应。但是由于本项目实质上是发包人指定施工单位作为 EPC 承包商的分包单位,也可以认为是 EPC 承包商受让了发包人在施工合同中的全部权利义务。因此,若招标施工合同无效,实际履行的施工合同也存在效力争议。

(三)是否纳入用电规划对合同效力的影响

电力项目不同于一般工程建设项目,《电力法》第十四条第一款规定:“电力建设项目应当符合电力发展规划,符合国家电力产业政策。”第六十二条第一款规定:“违反本法第十四条规定,电力建设项目不符合电力发展规划、产业政策的,由电力管理部门责令停止建设。”国家能源局发布的《电力规划管理办法》第二十九条规定:“已经纳入电力规划或符合规划布局的项目,发包人单位可依据审定的规划向国土、城建、环保、水利等部门申请支持性文件;需要核准的,由相应主管部门按程序核准……”第三十条进一步规定:“未纳入电力规划的重大项目、不符合规划布局的电力项目不予核准……”截至争议发生时,本工程尚未列入国家电力规划,故未办理项目核准。

但是,《电力法》和《电力规划管理办法》的规定是否属于效力性规定并无法律法规予以明确,笔者也未查询到因违反电力规划而被认定施工合同无效的案例。因此,笔者认为,即使未被纳入电力规划,违反《电力法》和《电力规划管理办法》的规定,存在被要求停建的可能,但据此主张施工单位与 EPC 承包商之间的施工合同无效存在一定的难度。

(四)规划审批手续对合同效力的影响

根据《城乡规划法》第三十七条、第三十八条的规定,在城市、镇规划区内以

① 《招标投标法实施条例》第五十七条第一款规定:招标人和中标人应当依照招标投标法和本条例的规定签订书面合同,合同的标的、价款、质量、履行期限等主要条款应当与招标文件和中标人的投标文件的内容一致。招标人和中标人不得再行订立背离合同实质性内容的其他协议。

划拨方式或出让等方式提供国有土地使用权的建设项目,均需办理建设用地规划许可证。《城乡规则法》第四十条、第四十一条规定,在城市、镇规划区内进行建筑物、构筑物、道路、管线和其他工程建设的,建设单位或者个人应当申请办理建设工程规划许可证。

本项目环境影响评价报告说明,本期工程为扩建工程,建设场地位于电厂现有工程已征地范围内,不新征土地,不属于当地城市规划范围内。土地功能为城市建设用地,符合土地规划功能。因前期资料有限,尚不清楚本项目是否需要办理工程规划许可证。如果本项目需要办理工程规划许可证而未办理工程规划许可证的,则根据《施工合同司法解释(一)》第三条①的规定,可能会导致 EPC 承包商与发包人之间的工程总承包合同中施工部分约定无效,进而可能会导致施工单位与 EPC 承包商之间的施工合同无效。

五、关于施工合同是否无效对工程结算的影响

(一)如施工合同无效,按照目前的法律规定和司法实践,合同双方均可主张参照合同约定支付工程价款

《民法典》第一百五十七条规定:"民事法律行为无效、被撤销或者确定不发生效力后,行为人因该行为取得的财产,应当予以返还;不能返还或者没有必要返还的,应当折价补偿。有过错的一方应当赔偿对方由此所受到的损失;各方都有过错的,应当各自承担相应的责任。法律另有规定的,依照其规定。"据此,合同无效后的法律后果包括两种:第一,返还财产或者折价补偿(在不能返还或没必要返还财产时);第二,根据过错赔偿损失。

建设工程施工合同的特殊之处在于,建设工程的施工过程就是承包人将劳务及建筑材料物化到建设工程的过程。基于这一特殊性,合同无效后,因该取得的财产已经无法返还,因此,建设工程施工合同无效的,通常只能进行折价补偿。故无效之后的结算主要是为了确定折价补偿的金额。

《民法典》第七百九十三条第一款规定:"建设工程施工合同无效,但是建设

---

① 《施工合同司法解释(一)》第三条第一款规定:当事人以发包人未取得建设工程规划许可证等规划审批手续为由,请求确认建设工程施工合同无效的,人民法院应予支持,但发包人在起诉前取得建设工程规划许可证等规划审批手续的除外。

工程经验收合格的,可以参照合同关于工程价款的约定折价补偿承包人。"《施工合同司法解释(一)》第二十四条第一款规定:"当事人就同一建设工程订立的数份建设工程施工合同均无效,但建设工程质量合格,一方当事人请求参照实际履行的合同关于工程价款的约定折价补偿承包人的,人民法院应予支持。"司法实践中,承包人按上述规定请求按照合同约定结算的情形较为常见。此外,司法实践中也存在在合同无效的情况下,承包人主张按照定额结算,发包人主张按照合同约定结算时,个别案例同意按照定额计价,并将定额价与合同价的差额部分作为损失,由双方按照过错承担的情形。① 但是此种情况并不常见,笔者也未查询到除该案例之外的其他案例。

综上,施工合同无效时,发包人、承包人均可以主张按照合同约定结算。即使合同约定争议解决方式为仲裁,但是法院的裁判观点也可能作为裁判参考,如施工合同被认定为无效,且发包人主张按照合同约定结算的,则仲裁庭有可能支持按照合同约定结算。此种情况下,施工合同是否有效可能对合同结算并无实质性影响。

(二)未完工程及清单漏项、设计变更等导致增加的工程量结算问题分析

如前文分析,施工合同是否有效可能对合同结算并无实质性影响。故此处暂不考虑合同约定是否有效,仅分析结算问题。鉴于本工程目前尚未完成,而且本工程实施过程中存在清单漏项、设计变更等问题,关于这些因素对工程结算的影响,分析如下:

1. 如施工单位要求在完工前确认合同无效,对未完工程的结算分析

本工程尚未完工,如果施工单位要求在完工前确认合同无效,并与发包人就已完工程造价产生争议的,根据《民法典》第七百九十三条及《施工合同司法解释(一)》第二十四条之规定,需要满足已完工程质量合格的要求,即需要以发包人对工程质量予以认可或者通过质量鉴定的方式确认工程质量合格作为办理结算的前提条件。

---

① 参见朱树英:《施工合同无效,该如何裁处当事人不同的结算请求?——常州仲裁委员会(2007)第×××号案件仲裁裁决引发的惊涛骇浪》,载《北京仲裁》2014年第2期。

针对质量合格的已完工程部分,广东省高院发布的《关于审理建设工程施工合同纠纷案件若干问题的指导意见》(粤高法发〔2011〕37 号,已废止)第五条规定:"建设工程施工合同约定工程款实行固定价,如建设工程尚未完工,当事人对已完工工程造价产生争议的,可将争议部分的工程造价委托鉴定,但应以建设工程施工合同约定的固定价为基础,根据已完工工程占合同约定施工范围的比例计算工程款。当事人一方主张以定额标准作为造价鉴定依据的,不予支持。"

虽然本工程采用总价包干的计价模式,但合同总价是根据发包人编制招标控制价进行下浮确定的中标价,即使工程尚未完工,也可以根据完成的工程量确定结算价。

2. 关于本项目招标文件清单漏项的处理

根据施工合同的约定,本工程招标时是以初步设计图纸为依据招标,招标人并未要求投标人完全按照参考清单报价,实际上也是施工单位自行编制工程量清单进行报价。此种情况下,由于投标人拥有对清单进行完善的权利,难以主张招标人对清单漏项承担责任,并且合同已经约定因招标工程量清单漏项导致的价款风险全部由承包人承担。故基于本项目的招标模式和目前合同条款的约定,难以要求在结算时计入清单漏项部分的造价。

虽然司法实践中存在部分判例,①认为,施工合同关于清单错漏责任由承包人承担的约定免除了发包人应对工程量准确性负责的义务,有悖公平原则,合同的该项约定不应约束承包人。工程量清单与招标图纸上所产生的差额,发包人应当补差。还有判例,②认为承包人作为专业的建筑单位,对招标人编制的工程量清单应有审慎核实的义务,承包人如为达到承接工程的目的,明知合同约定的价格条款具有较大风险,仍然与发包人签订合同,在完工后再请求据实进行结算的,主观上亦有过错,故应根据过错程度按比例承担相应责任。但从前

---

① 江苏文正工程有限公司与苏州中信投资有限公司建设工程施工合同纠纷案,苏州市吴中区人民法院(2014)吴度民初字第 0179 号民事判决书、江苏省苏州市中级人民法院(2015)苏中民终字第 03223 号民事判决书。

② 深圳市中建大康建筑工程有限公司与湖北省电力建设第一工程公司建设工程施工合同纠纷案,湖北省武汉市中级人民法院(2014)鄂武汉中民商初字第 00961 号民事判决书;广州市第二建筑工程有限公司与黄冈中学广州学校建设工程施工合同纠纷案,广东省广州市中级人民法院(2012)穗中法民五初字第 6 号民事判决书、广东省高级人民法院(2015)粤高法民终字第 12 号民事判决书。

述司法裁判观点来看，突破合同约定的固定总价结算方法主要基于过错责任以及风险公平分担原则，一般是针对发包人编制招标工程量清单的情况，与本工程的情况并不相符。

本项目中，如施工单位最终与发包人或 EPC 承包商发生造价争议的，从对施工单位有利的角度，可以考虑主张清单漏项责任由发包人承担，争取将漏项部分工程纳入结算造价中。但是笔者认为，最终能获得裁判者支持的可能性不大。

3. 关于设计变更对结算造价的影响

本项目为初步设计招标，最终由 EPC 总承包单位完成设计，并由施工单位进行施工，故本项目的设计变更应当是指发包人或 EPC 承包商对招标初步设计图纸的变更。《施工合同》条款对设计变更也进行了约定。笔者认为，如本工程存在以下情形的，可主张以存在设计变更为由增补费用：

(1)施工图设计图纸存在错误导致设计变更的，施工单位可向 EPC 承包商索赔。

本项目采用 EPC 建设模式，发包人仅完成了初步设计，EPC 总承包单位须对施工图设计、施工质量负责，如因总承包人提供的施工图设计图纸发生错误，属于总承包人所需要承担的责任。虽然发包人可能不会将此种情况认定为总承包单位的设计变更，但对施工单位来讲，设计错误的风险不应由其承担。笔者认为，该情形属于分包合同关系中的设计变更，施工单位可以向 EPC 总承包商索赔。

(2)发包人、总承包人提出设计变更或虽然未明确提出设计变更，但是总承包人出具的施工图设计超出初步设计原则的，可以按照合同有关设计变更的约定进行结算。

但是施工合同还设置了单项设计变更调整结算的金额限制，也就是因单项设计变更导致增加或减少的直接费超出 50 万元左右以外的部分才予以调整。该条款实质上是对设计变更的一种风险范围约定。根据笔者所能检索到的案例，法院并未否认该约定的有效性，故笔者认为可能难以有突破的空间，但施工单位可考虑在实践中尽量争取将增加造价的多个设计变更合并为一项设计变更进行索赔。

六、合同效力对违约责任以及损失赔偿的影响

根据《民法典》的规定,合同无效是自始无效,违约条款自然也是无效,故合同双方并不能依据合同约定的违约责任条款追究对方的违约责任。但是,守约方因违约方违约造成的损失不因合同无效而得不到赔偿,通常可以主张损失赔偿责任。

《施工合同司法解释(一)》第六条规定:“建设工程施工合同无效,一方当事人请求对方赔偿损失的,应当就对方过错、损失大小、过错与损失之间的因果关系承担举证责任。损失大小无法确定,一方当事人请求参照合同约定的质量标准、建设工期、工程价款支付时间等内容确定损失大小的,人民法院可以结合双方过错程度、过错与损失之间的因果关系等因素作出裁判。”但是对“参照合同约定”这一说法,笔者认为应作限制性理解,其仅是一种计算标准,并非按照有效合同处理。裁判者一般还需要根据双方过错以及过错与损失之间的因果关系予以平衡。

对于施工合同无效的情况下损失赔偿范围,并无相关法律法规予以规定。最高人民法院民事审判第一庭认为,①承包人因合同无效可向发包人主张的损失赔偿主要包括:(1)实际支出损失:因发包人的过错导致建设工程施工合同被确认无效,发包人应赔偿承包人因办理招标投标手续支出的费用、合同备案支出的费用、订立合同支出的费用、除工程价款外的因履行合同支出的费用等实际损失和费用。(2)停工、窝工损失。而发包人因合同无效可向承包人主张的损失赔偿主要包括:(1)实际支出的费用:因承包人的过错导致建设工程施工合同无效,应赔偿发包人因办理招标投标手续支出的费用、合同备案支出的费用、订立合同支出的费用、准备或者实际履行合同支出的费用等实际支出损失。(2)工期索赔。(3)工程质量导致的损失。(4)其他人身财产损失。

(一)施工单位可主张的损失赔偿

就本项目而言,如施工合同被认定无效,施工单位可向总承包人主张的损

---

① 参见最高人民法院民事审判第一庭编著:《最高人民法院新建设工程施工合同司法解释(一)理解与适用》,人民法院出版社2021年版,第74～77页。

失赔偿主要有实际支出损失和停工窝工损失，具体需要根据施工单位损失情况确定。

施工合同第6.7条约定，“如果上述发包人/发包人代表发出的暂停指令非由因乙方引起，乙方应协助甲方向发包人提出相应的工期延长和费用补偿的索赔，甲方在收到索赔款项后，及时向乙方支付应付给乙方的部分”。故施工单位如向总承包单位主张停工、窝工损失，施工合同中并无明确的损失计算标准，还须施工单位举证证明。从这个角度来看，合同是否有效并不影响损失大小的计算，施工单位均需要注意完善在工程施工过程中的证据收集工作。

（二）总承包人可主张的损失赔偿

由于合同无效本不是施工单位造成的，故对总承包人可能向施工单位主张的索赔范围，比较可能的是工期索赔，也不排除存在工程质量等其他索赔。如施工合同有效，按照施工合同第6.5条的约定，若由于乙方的原因，工程未能按照主合同及本合同的规定按时完工，发包人及甲方还有权提取银行投产保函项下的款项作为乙方向发包人支付的逾期投产赔偿金。但是合同无效时，鉴于逾期投产赔偿金是对本工程未能按时投产时可能损失的收益的赔偿，应属于可得利益范畴，不属于实际损失，不在合同无效的损失赔偿范围内。

在总承包人向施工单位主张工期延误的损失赔偿时，如施工合同有效，其可以依据施工合同及主合同的约定要求施工单位承担违约责任。但是，若施工合同无效，则总承包人须对其损失的大小、施工单位的过错以及过错与损失大小之间的因果关系承担举证责任。合同无效的情况下，总承包人的举证责任相对更大一些。

七、提前停止工作的法律风险分析

能否在“整套启动后不再实施后续工作”作为谈判窗口，是施工单位重点考虑的索赔机会，对此笔者分析如下：

（一）合同能否被确认为无效或提前解除

由于合同并未履行完毕，如施工单位要提前停止实施后续工作，则需要考虑施工合同是否存在被确认无效或提前解除的事由。

根据上文分析,施工合同能被确认为无效存在不确定性。关于合同提前解除,《民法典》规定的"合同解除"有三种:协议解除、约定解除及法定解除。施工合同对乙方单方解除权有以下约定:

(1)第16.2条,如果甲方发生上述(a)放弃或不愿履行合同;(c)破产或无力偿还债务、财务状况严重恶化,停业清理,或已由法院委派破产案件的财产接管人或遗产管理人,或为其债权人的利益与债权人达成有关协议,或在财产接管人或财产受托人的监督下营业,或乙方所采取的任何行动或发生的任何事件根据有关适用的法律具有与上述行动或事件相似的效果情形,则乙方保留终止本合同的权利。

(2)第20.5条,如果因已根据第20.2条不可抗力①的规定发出的不可抗力通知,使基本上全部进展中的工程实施受到阻碍已连续84天,或由于同一通知的不可抗力断续阻碍几个期间累计超过140天,三方协商一致后合同终止。

法定解除的情形详见《民法典》第五百六十三条的规定,有下列情形之一的,当事人可以解除合同:(1)因不可抗力致使不能实现合同目的;(2)在履行期限届满之前,当事人一方明确表示或者以自己的行为表明不履行主要债务;(3)当事人一方迟延履行主要债务,经催告后在合理期限内仍未履行;(4)当事人一方迟延履行债务或者有其他违约行为致使不能实现合同目的;(5)法律规定的其他情形。

施工单位如需行使合同解除权,需要对以上解除合同的法定和约定情形进

---

① 施工合同第20.1条规定,在本条中,"不可抗力"系指某种异常的事件或情况:

a. 一方无法控制的;

b. 该方在签订合同前,不能对之进行合理准备的;

c. 发生后,该方不能合理避免或克服的;

d. 不能主要归因于他方的。

只要满足上述a至d项条件,不可抗力可以包括但不限于下列各种异常事件或情况:

(1)战争、敌对行动(无论宣战与否)、入侵、外敌行为;

(2)叛乱、恐怖主义、革命、暴动、军事政变或篡夺政权或内战;

(3)乙方人员和乙方及其分包商其他雇员以外人员的骚动、喧闹、混乱、罢工或停工;

(4)战争军火、爆炸物资、电离辐射或放射性污染,但可能因乙方使用此类军火、炸药、辐射或放射性引起的除外;

(5)自然灾害,如地震、飓风、台风或火山活动,人力无法控制,且其影响造成重大损失,人力无法挽回。

上述事件只有在主合同下被认定为不可抗力,才能作为本合同的不可抗力事件。

行举证。在本项目中，明显并不具备以上条件。

（二）施工单位单方提前停止工作的法律风险

如施工单位整套启动后不再实施后续工作，且施工合同最终被认定为无效，则施工单位的风险相对较小，所面临的风险主要是如何结算以及损失赔偿的问题；但如果最终合同被认定是有效的，且施工单位没有合法的单方提前解除事由的，则可能会被总承包人追究违约责任。

施工合同第16.2条约定："乙方放弃或不愿履行合同的，甲方有权在向乙方发出通知14天后，终止本合同。此终止并不免除乙方在本合同项下的任何责任，也不影响甲方根据本合同或其他规定所应享有的任何其他权利。在此类终止后，乙方应向甲方移交所有工程文件或设计文件，并在甲方要求时间内无条件退场。甲方可自行或雇用其他承包商完成本工程，并可使用上述工程文件或设计文件、乙方设备、临时工程、设备及材料。"该条虽然并未明确施工单位提前解除合同应当承担的违约责任及其计算标准，但是显然总承包人是可以追究施工单位违约责任的，其自行或雇用其他承包商完成后续工作的费用属于实际损失，可能会主张由施工单位承担。此外，施工合同第14.3.1条、第14.3.2条分别约定了施工单位需提交银行履约保函和银行投产保函，如施工单位单方提前停止工作的，可能会被提取相关保函。

八、关于提起仲裁要求确认合同无效的时间节点的分析

如果工程未完工的情况下发生争议，双方可能会面临确认完成工作量以及已完成的工程质量是否合格的问题，并可能影响工程结算。若发包人或EPC承包商不予认可工程质量，最终还需通过司法程序来确认已完成的工程量与工程质量是否合格。由于施工单位目前已完成绝大部分工程，若此时停工等待争议解决，则从尽快回收工程款的角度，对施工单位不利。而且如前文分析，施工合同能否被认定为无效存在一定的不确定性，如不能被认定无效，导致工程延期完工，则施工单位可能还会被追究争议解决期间额外的工期违约责任。从避免更大损失的角度，笔者建议施工单位在工程全部完成，即主要合同义务完成之后提出确认合同无效的主张。

第8节　EPC项目中承包人未按约限额设计如何处理

许多EPC项目招标时仅有设计方案图,发包人无法对项目的背景概况、范围内容、预期目标、功能需求、主要技术经济指标、设计标准以及材料设备的品牌、规格、档次作出准确完整的定义和描述,承包人不能充分理解发包人的要求,并在投标中进行合理报价,可能会在工程建设过程中引起不必要的合同变更,从而导致投资额的失控。

在EPC项目发包阶段设计深度有限的客观条件下,进行项目的过程造价管控至关重要。对于没有采用总价合同的EPC项目(例如,普遍采用的定额下浮方式),发包人往往会在招标文件及合同条款中约定限额设计,即要求承包人按照批准的投资估算控制初步设计,按批准的设计概算控制施工图设计,同时各专业在保证达到使用功能的前提下,按分配的投资限额控制设计,严格控制设计变更。在完成初步设计概算、施工图预算评审后,对于非包干性质的勘察费、设计费按实结算,并以施工图预算价作为建安工程费进度款支付的依据。

从EPC模式的制度设计层面考虑,承包人对设计、施工和采购全权负责,只能优化设计来节约成本,谋取利润。但在以施工图预算作为费用控制上限的计价方式下,承包人可能会通过保守设计、高标准设计的方式抬高工程造价,即利用发包人审核确认后的施工图编制施工图预算以突破中标价及签约合同价。

本节阐述的案例中,发包人在采购阶段未设置招标控制价,仅规定了限额设计原则,但项目实施过程中发包人发现承包人未按约进行限额设计,送审的施工图设计成果可能突破签约合同价并引发争议。本节详细为大家解读争议产生的背景、发包人费用控制的缺憾之处以及争议发生后的应对措施。

一、案情简述

2018年3月10日,发包人发布某工业园区两栋厂房勘察、设计、施工总承包工程的招标文件。此前,发包人已另行委托方案设计单位出具了项目的设计方案。

2018年3月20日,承包人(设计施工联合体)向发包人提交了本项目的投标文件,通过多轮谈判确定该承包人为中标人,最终报价为 300,000,000.00 元,预算下浮率为 10%。

2018 年 3 月 22 日,发包人向承包人发送中标通知书;随后发包人与承包人签订《某工业园区勘察、设计、施工总承包合同》。由于工期紧张,在承包人完成初步图纸后,发包人即按照该图纸进行报建;随后,承包人按照发包人要求开始进场施工。施工过程中,承包人与发包人均提出了多项工程变更。

2018 年 6 月 15 日,承包人提交经审图机构批复的施工图。

2018 年 8 月 8 日,承包人提交非完整版初步预算。

发包人发现施工承包人提供的施工图预算费用已超出 EPC 合同价(3 亿元),双方一致决定由承包人对第一栋和第二栋厂房设计图纸继续优化,发包人要求优化后施工图预算造价控制在 EPC 合同价以内。

此时,发包人预计双方争议较大,故聘请律师团队协助处理。笔者团队收集资料后了解到,在承包人按照发包人要求优化后,施工图预算仍超过 3.5 亿元,离发包人控制目标 3 亿元还差距较大。

二、招标文件和合同计价体系存在的问题

笔者团队首先对本工程招标文件、合同等进行了审阅,对招标文件和合同计价体系存在的主要问题进行了分析。笔者团队认为主要存在以下问题:

发包人在本工程招标文件中未设置招标控制价,《投标人须知前附表》中投标最高限价金额均未明确。

承包人一共进行了四轮投标报价,初始投标总报价为 376,827,400.00 元,并附有详细的《投标人概算投标报价表》,最终报价为 300,000,000.00 元,下浮率(据发包人说明“下浮率”为预算编制的综合单价下浮率)为 10%。但后续三轮报价调整均只调整投标总报价及下浮率,而并未对《投标人概算投标报价表》中的费用明细进行相应调整,导致最终报价 300,000,000.00 元的价格组成无法确定。

笔者团队认为目前的招标文件与合同计价方面存在以下风险:

1. 在施工图预算未审定前,无直接控制工程造价的标准和变更计价的依据

最终投标总价与单价下浮率并未依据同一规则确定,中标总价下浮率未知,单价的下浮率为 10%,依据此单价下浮率并不一定能计算得出该总价。中标总价以及合同约定的工程施工暂定总金额在合同中并无包干或控制投资的

作用,并无合同条款约定按照中标总价来控制总投资。而且,由于合同约定暂定总价未拆分为分部分项的单价,故也没有分部分项造价控制的标准和变更计价的依据。

同时,根据合同条款,审核后的施工图预算(考虑中标下浮率)作为进度款和结算的依据,也是本合同施工阶段造价控制的依据。但是本工程发包时仅完成了方案设计,施工图预算需待施工图设计完成后由承包人编制,但是在该施工图预算未完成编制和审定前,发包人并无控制工程造价的直接标准和依据。如此时施工已经实质开展,施工的造价控制和变更定价也会失去依据。这也是目前发包人正面临的问题。

2. 招标文件中限额设计要求存在的问题

发包人可以以招标文件第五章"发包人要求"第三节"投标控制要求"中关于限额设计的条款来要求承包人控制投资,即要求"初步设计阶段,中标人在满足发包人各项要求的前提下,必须严格控制概算费用不得超过估算价,否则初步设计概算将不被批准(特殊情况除外),初步设计需重新优化……中标人在施工图审查完成后开展预算编制工作,施工图预算需按合同约定及有关规范计算。当施工图预算造价超过经招标人审定的概算中建安工程费造价时,中标人应优化施工图设计,优化内容须经招标人批准,并调整预算造价,直到满足不超概算中建安工程造价为止"。

但是,一方面,合同条款中价款是据施工图和实际完成的工程量结算,因而期望承包人主动进行设计优化、控制造价可能较难实现,只能依赖于发包人对图纸的审批以及对概算、预算的复核实现造价的过程控制。如承包人未达到限额设计的要求,合同中也无直接追究其违约责任的条款,只能要求承包人继续优化。另一方面,合同中仅明确约定了"合同暂定总金额"以及"工程施工暂定总金额",但是未明确约定与施工图预算之间的关系。故招标文件中该限额设计条款在实践中如何操作也并不明确。

3. 合同约定工程量变动的风险由发包人承担

由于合同约定以审定后的施工图预算作为进度款和结算的依据,而施工图预算需要依据最终审核确定的施工图编制,故即使发包人认为部分分歧项目应属于合同内或承包人应承担的合同风险,该部分工程最终也需要纳入预算编制中,即实际上只是承包人控制工程造价范围扩大,而并不会导致发包人无须承担该部分工程造价。同时根据合同约定,工程量最终为“按实结算”,工程施工中工程量增加的风险可能也会由发包人承担。

三、双方合同签订方式以及履行行为分析

笔者团队在查阅发包人提供的文件资料、听取发包人工作人员的介绍后,发现除招标文件和合同约定本身存在问题外,在合同的具体履行过程中,也存在一些具体的行为可能对合同约定有较大的影响,在对具体造价分歧分析之前,笔者团队将对一些重要的行为进行如下分析:

1. 承包人实际未进行初步设计工作

合同约定,承包人必须根据发包人要求、发包人主管部门规定的设计深度完成初步设计工作。初步设计文件经审查批复后,则作为编制施工图设计文件、控制建设项目投资的依据……承包人应按批准的初步设计完成施工图设计文件,并进行交叉作业,接受发包人及发包人上级主管部门对施工图设计文件的审查。但是据发包人工作人员介绍,本项目建设过程中,承包人没有进行初步设计工作,而是直接在方案设计的基础上进行施工图设计。发包人表示双方并未有明确文件表明,同意承包人可以无须进行初步设计,目前发包人提供的资料中也未见到有关于此的证据资料。笔者团队认为,一方面,承包人未履行合同义务进行初步设计可能构成违约;另一方面,如发包人通过明示或默示的方式同意了此种操作模式(如直接要求承包人提供施工图设计文件),则可能视为双方合意改变了原合同的约定。如因此导致不能控制造价或其他后果的发生,则发包人难以追究承包人的违约责任。

2. 发包人未提供本工程估算价,承包人也未编制初步设计概算价

如上文分析,招标文件的“发包人要求”一章中约定承包人有投资控制的义务,需确保设计概算不超过估算价,施工图预算不超过概算。但是发包人并未提供估算价,根据前述分析,中标总价以及合同约定的工程施工暂定总金额在合同中又并无包干或控制投资的作用,承包人在后续编制概算和预算时实际上并无参照。此外,本项目建设过程中,承包人也没有编制工程概算,而是直接编制施工图预算,发包人目前提供的文件资料也无概算编制文件的提交记录。因此,会导致限额设计条款难以实际执行,发包人没有直接控制施工图预算的标准和依据。

3. 承包人承诺控制工程造价行为的分析

据发包人提供的资料及发包人工作人员的介绍,在本工程实施过程中,存在部分变更项目是承包人提出的,同时承包人在函件中承诺控制该设计变更实施后的总造价。笔者团队认为,虽然合同中限额设计存在上文分析的问题,但承包人自愿作出该项承诺,同时该承诺又未违反法律的禁止性规定,应当是合法有效的,即承包人有此项造价控制义务,发包人可以要求承包人按照其承诺要求控制工程总造价。但是该种义务只能以承包人明确承诺为前提。

四、关于本项目主要的造价分歧点分析

发包人提供的双方造价争议对比表中罗列了存在分歧的18项预算,笔者团队基于分歧原因判断,分为发包人提出的变更、承包人建议的变更、承包人承担的风险、发包人承担的风险、合同承包范围五类分歧,对不同的分歧类型,承包人的造价控制义务有不同的要求。

(一)发包人提出的变更

本工程为EPC发包,工程发包时,发包人通过招标时提供的招标文件、附件(设计方案)以及合同等文件定义工程的实施要求,如在工程实施过程中,发包人的要求超过招标时相关文件(如设计方案)约定时,可能会构成发包人要求的变更。据发包人陈述,发包人在施工图设计过程中要求承包人变更或者新增部分建设内容,这部分内容属于设计过程中的变更,并不属于原合同承包范围。笔者团队根据发包人提供的预算对比表,归纳了属于发包人要求变更的项目有以下几种:外墙面尺寸变化、建筑面积变化、道路承载增加等。对发包人要求的变更,不属于合同约定的承包范围。如承包人没有明确承诺,招标文件承包人限额设计的义务通常认为难以及于承包范围外的工程。

(二)承包人建议的变更

发包人在招标文件中已明确提出进度管理要求和投资控制要求,据此,承包人在进行设计时应充分考虑工期和造价控制要求,如在施工过程中,承包人提出因工期需要或为控制预算需进行设计变更,承包人应承担该风险。如承包人自己提出了设计变更并同时提出了投资控制的承诺,则承包人有控制投资的义务。

对于变更中的“道路桩型变更”，承包人通过搅拌桩和管桩的方案对比，建议路基基础选用管桩，其理由为“为确保厂区道路在 9 月 30 号能顺利投入使用并满足供55 吨以上的货车行走，我司建议道路路基处理方式采用管桩基础的方式”，承包人还保证“经过详细的测算，道路采用管桩基础，施工造价比搅拌桩高，但整个工程施工造价仍能控制在总预算的 3 亿元以内，满足工程预算要求”，故发包人可据此主张承包人应就该项变更履行控制造价的义务。

（三）应由承包人承担的风险

对双方争议中的“门卫室地基基础的变更”，发包人可以主张属于承包人的风险范围。

按照合同约定，由于承包人提供的地质勘察报告的原因造成的设计和施工费用增加和其他责任风险由承包人承担，由于现场地质条件和水文条件难以预测而造成的工程费用增加或工期延长的风险才由发包人承担。而本工程招标时，为使投标人对本工程项目建设场地地质条件形成预判，发包人向投标人提供了周边地块的详勘资料作为参考。如承包人未充分考虑到已知的地质条件，则该等设计变更的风险应当由承包人自行承担。

（四）应由发包人承担的风险

对双方争议中的“土方换填”事项，由于实际施工现场地质原因无法满足静压桩设备，须将土方换成砖渣和道路三合土进行回填，由此造成工程量增加，进而导致造价增加。

由于发包人在招标文件中明确说明：本项目的场地土方、土地平整、桩基工程因地质资料及场地标高暂时不明确，关于此部分报价各投标单位统一按场地需回填土方 1 米考虑，不考虑土方外运。故最终是在施工图预算中计算还是结算中计算并不影响发包人最终需要支付的价款。

五、承包人的造价控制义务以及违约责任分析

1. 承包人对合同范围内（含风险范围内）以及明确承诺的项目有造价控制义务，对造价超标应承担相应责任

如上文分析，招标文件中约定承包人有投资控制的义务，需确保设计概算

不超过估算价,施工图预算不超过概算。对发包人认为属于合同范围内(含风险范围内)的工程,承包人有义务将施工图预算控制在概算以内,承包人如未完成该项控制义务,则发包人可以认定其违约。对承包人提出的变更项目(如道路桩型变更),且在函件中承诺控制工程造价的,应认为承包人自愿承担造价控制的义务,如承包人未完成该项控制义务,则发包人可以认定其存在违约。

2. 承包人未按时提交相关文件需承担违约责任

同时,关于本项目的实施进度,招标文件明确"设计图纸的稳定是工程顺利推进最重要的保障,要求中标单位进场后两个星期内提交设计工作计划,并确保在两个月内完成设计图纸报批报建等各项前期工作",同时,为实现投资控制目的,招标文件还要求"中标人在初步设计技术文件批复后 10 天内调整并完善概算编制,送招标人审核""中标人在施工图审查完成后 10 天内完成预算编制并送招标人审核"。而经与发包人工作人员的会议沟通,发包人表示 6 月 15 日承包人才提交经审图机构批复的施工图,而直到 8 月 8 日,承包人才提交初步预算,而且该版预算并非完整版本,只涵盖施工图纸范围内的部分工程。根据发包人提供的资料,承包人已对进度计划作出多次调整,发包人也多次发函对承包人进行罚款。

故承包人在完成工程进度上存在违约行为,特别是延迟提交设计文件,延迟提交预算编制,导致发包人无法审核预算是否超标。合同约定了延迟提交设计文件的违约责任,发包人可以依据该条款追究承包人的违约责任;但是合同中无约定延迟提交预算编制违约责任的条款。

对第一栋厂房已经施工无法调整设计方案导致发包人可能存在的实际损失,因承包人违约在先,对其中发包人认为合同范围内(含风险范围内)以及承包人明确承诺的部分工程造成的损失,发包人可以要求承包人承担,但是具体承担的比例暂时还难以确定。

3. 承包人对发包人要求的变更、合同范围之外的工程以及发包人承担的风险部分工程

虽然招标文件的"发包人要求"一章明确要求"发包人的实际需求或标准超出可研和合同要求,即使减少原有的需求或降低标准也导致费用大幅增加,承包人应先对设计方案进行优化,合理降低工程造价"。可以依据该条款要求承包人对发包人要求的变更进行优化,并降低工程造价,但是此义务要求不够明

确,而且相关造价增加并非承包人原因,并不一定会获得法院支持。

虽然发包人也可以结合承包人以提交资料延迟的违约行为主张承包人未按时提交预算对比文件,导致发包人不能准确决策,要求承包人承担已经实施部分工程的损失,但是最终能否获得法院的支持也存在不确定性。

六、关于该项目的结论和建议

通过以上分析,笔者团队认为,双方对造价的主要争议中包括发包人要求的变更、发包人应承担的风险项目、承包人建议的变更并承担造价控制责任的项目、承包人承当的风险项目。发包人可以要求承包人对合同范围内(含风险范围内)以及明确承诺的项目有造价控制义务,对造价超标应承担相应责任;但是对发包人要求的变更、合同范围之外的工程以及发包人承担的风险部分工程,承包人可能承担的造价控制责任有限。

基于该项目所面临的实际情况,笔者团队提出以下建议:

(一)尽量控制剩余厂房的造价

基于以上分析,由于第一栋厂房已经施工了大部分,故可能的调整范围较小,现阶段控制第一栋厂房的投资难度较大,而且大部分变更为发包人提出,要求承包人承担责任可能也比较难。但由于第二栋厂房尚未施工,厂房设计图纸尚有优化的空间。此种情况下,建议发包人要求承包人优化第二栋厂房的设计,并尽量控制变更,以便控制第二栋厂房的工程造价,一方面可以尽量将两个厂房的总价降低;另一方面也可以反证第一栋厂房是否存在造价超标的现象。

(二)聘请专业造价咨询机构对预算进行核对

根据发包人介绍,目前列明的造价争议只是初步的,而且是否存在其他造价增加或减少的项目也存在不确定性,建议发包人考虑依据招标文件中发包人要求条款以及合同中约定聘请专业造价咨询机构,对承包人提交的预算进行核对;也可以在承包人不配合的情况下,自行完成设计概算编制。

(三)聘请专业的设计咨询机构对承包人的设计文件进行审查

由于发包人认为目前承包人并未做好设计优化工作,建议发包人考虑聘请专业的设计咨询单位对承包人的设计文件进行审查,以判断设计文件是否已经做充足的优化设计,以及在符合方案设计要求的前提下,是否还有可优化的空间。

(四)减少变更,要求承包人明确各项变更造价明细

本项目招标时只有方案设计,最终签约的合同价格只有暂定总价和单价下浮率,故如果发生工程变更,变更前后的各项单价将难以确定,承包人向发包人申报的价款变化也不准确,容易造成工程造价超标的风险。

此种情况下,建议发包人除非在必要的情况下,应尽量限制变更的发生,特别是设计阶段的变更。如发包人认为确有必要变更的,应要求承包人尽量提供相关变更前后的材料、单价等明细信息,便于发包人准确判断变更导致的造价变化。

(五)准备证据收集工作

根据上述分析,发包人与承包人的分歧较大,为了应对可能产生的相关诉讼风险,建议发包人做好相关证据固定和收集工作。对施工履行中形成的各种文件资料以及相关信息通过书面形式予以记载并固定;对双方往来的文件均应形成书面文件;对承包人提交给发包人的文件应要求其签字或盖章。会议纪要应由各参会人员签字确认;对双方往来的文件,均应做好签收记录,如通过邮件往来的文件,应在邮件正文中明确说明文件的主要内容。

七、律师关于造价控制的总结与实务建议

本案中项目造价失控的关键问题在于发包人在招标阶段没有明确统一造价控制的思路,发包人想实现总价控制在3亿元以内,但是在前期工作尚不完善的前提下,合同条款没有明确落实其控制总价的设想,又约定了定额下浮和按实结算的计价方式;项目实施过程中也没有控制好设计变更以及要求承包人按照合同约定编制设计概算和施工图预算,已经施工完成的工程也难以回溯更改,最终导致工程造价失控。

律师建议,发包人可以从以下方面控制工程造价失控的风险:

1. 如发包人有明确的总价控制需求,建议在前期工作完善以及发包人要求明确的前提下,尽量选择总价合同。

2. 招标文件、合同条款中对工程造价的控制思路、操作应具有统一性，工程总承包合同中对造价的控制比传统的施工总承包合同更复杂，更需要经办人员具有丰富经验和全过程管理思维。发包人可以委托具有丰富经验的第三方机构弥补该项短板。

3. 如果合同约定的计价方式为定额下浮、工程量按实结算，则对设计文件的审查是发包人控制造价的重要依据。建议承包人严格按照合同约定程序实施各项审查工作，尽量避免在完成审查工作之前即要求承包人先行施工，避免造成既成事实难以更改的风险。

4. 发包人应尽量在发包人要求以及前期设计方案中明确工程的具体要求，尽量控制施工过程中的变更。

第9节　材料涨价遭遇固定价格，如何破解调差僵局

目前国内工程承包合同采用固定价格（包括固定总价、固定单价）方式的情形较为常见。部分发包人利用招投标、缔约阶段的优势地位，极尽所能地“优化”合同计价条款，将建设期间材料价格上涨的风险尽量转移至承包人单方承担。如某些 EPC 合同约定合同总价为包死价，除非发包人提出变更影响合同价格，否则任何情形下绝对不予调整。

2018 年以来，环保政策的升级引起砂石等建筑原材料价格大幅上涨；当下，国内钢材价格飙涨，螺纹钢期货一度突破 6000 关口，成为近 10 年来新高。众多承包人直呼亏损惨重，纷纷向发包人寻求价格调整。但在固定价格的合同条件下，除非双方事先对材料价格异常波动的情形作出特殊约定，否则很难就巨额价差调整达成一致意见。那么，面对如此僵局，是否必然无解，笔者尝试从以下方面进行论证。

一、常见操作及法律分析

（一）地方主管部门发布指导意见，倡导协商调差并变更合同

早在 2007 年至 2008 年，因人工、材料、台班价格出现持续大幅度的涨落，

全国多个省份的住建部门就出台文件,就“合同中未明确或强行约定承包人承担全部风险”的问题作出明确规定,要求发承包双方需签订补充协议,进行价差调整。

从法律性质来看,地方住建部门发布的调价意见属于行政部门发布的指导性意见,不具有强制性。在发承包双方未协商一致的情况下,不能变更双方现有合同约定。在双方产生争议时,通常也不能作为人民法院适用的依据。

如济南市住建委在2018年1月30日发布的《关于加强工程建设材料价格风险控制有关事项的通知》中规定,合同中已经采用无限风险、所有风险等表述对材料价格风险进行明确约定的,发承包双方“可在协商基础上”调整工程造价,并签订补充协议。

又如,广东省住建厅在《关于加强建筑工程材料价格风险管控的指导意见》(粤建市函〔2018〕2058号)中也规定,涉及建设工程人工、材料、施工机具台班价格波动异常,超出发承包双方按以往经验所能预见与避免的范围和承担的风险的,可参照《工程量清单计价规范》第9.8.2条“重新协商”合同价款调整方法。

从两个文件即可看出,政府调价文件是为发承包调价提供指导意见,最终是否调价仍应由合同双方协商确定。虽然承包人可以将指导文件作为与发包人协商变更合同的重要依据,但若协商不成,发包人也没有执行指导文件的义务。

(二)承包人主张“情势变更”请求变更合同

若发包人与承包人未在合同文本中就市场价格变动约定价格调整条款,或签订的是固定价格合同且约定不得再调整价格,则根据案例检索情况,承包人面对主材上涨,通常会援引“情势变更原则”要求调价。但在司法审判实践中,法院通常认为主材价格上涨属于商业风险,因此极少数会支持以情势变更为由进行调价的请求。关于情势变更规则理解,简要分析如下:

《合同法解释(二)》第二十六条第一次对情势变更原则的适用作出具体规定,“合同成立以后客观情况发生了当事人在订立合同时无法预见的、非不可抗力造成的不属于商业风险的重大变化,继续履行合同对于一方当事人明显不公平或者不能实现合同目的,当事人请求人民法院变更或者解除合同的,人民法院应当根据公平原则,并结合案件的实际情况确定是否变更或者解除”。上述司法解释确立了司法实务中情势变更原则的适用标准。情势变更原则,实质上赋予了人民法院直接干预合同关系的裁判权,系用国家公权介入契约私权,人民法院应当严格审查,审慎适用。依照上述司法解释的规定,情势变更原则的适用需符合如下条件:(1)须客观情况发生了使合同基础改变或者丧失的重大变化;(2)须该客观情况的重大变化是当事人在订立合同时无法预见、非不可抗力造成且不属于商业风险;(3)须客观情况发生重大变化,导致合同履行显失公平或者合同目的不能实现;(4)须客观情况发生于合同成立之后,终止之前。①

最高院发布的《关于当前形势下审理民商事合同纠纷案件若干问题的指导意见》(法发〔2009〕40 号)第一条第三款规定:“情势变更是当事人在缔约时无法预见的非市场系统固有的风险。人民法院在判断某种重大客观变化是否属于情势变更时,应当注意衡量风险类型是否属于社会一般观念上的事先无法预见、风险程度是否远远超出正常人的合理预期、风险是否可以防范和控制、交易性质是否属于通常的‘高风险高收益’范围等因素,并结合市场的具体情况,在个案中识别情势变更和商业风险。”由此可见,情势变更应区别于商业风险,情势变更涉及的重大变化应超出一般商业风险的范畴。

《民法典》实施之后,情势变更规则发生了若干变化,条文表述见第五百三十三条:“合同成立后,合同的基础条件发生了当事人在订立合同时无法预见的、不属于商业风险的重大变化,继续履行合同对于当事人一方明显不公平的,受不利影响的当事人可以与对方重新协商;在合理期限内协商不成的,当事人可以请求人民法院或者仲裁机构变更或者解除合同。人民法院或者仲裁机构应当结合案件的实际情况,根据公平原则变更或者解除合同。”但截至目前,笔者尚未见到裁判文书中关于《民法典》下情势变更规则的最新权威解读。

实践中,争议较大的是对“可预见性”以及“商业风险”的判断。以下选取典型案例中的法院裁判观点进行阐述:

---

① 深圳市宝安区人民法院民事判决书,(2019)粤 0306 民初 5241 号。

1. 关于主要材料价格上涨是否属于订立合同时不可预见

案例 2 -9 -1

主要材料价格上涨不属于订立合同时不可预见

山东天成水利建设有限公司(以下简称天成公司)(改制前名称为潍坊市峡山水库水利水电建筑安装公司)与深圳市宝安区福海街道办事处(以下简称福海办事处)建设工程施工合同纠纷案

审理法院:深圳市宝安区人民法院

案号:(2019)粤0306民初5241号

裁判日期:2019年10月14日

【法院观点】

近年来,建设工程主要材料的市场价格一直处于波动较大的状态,整体呈现出自2015年价格下跌盘整又回升复位并上涨的抛物线趋势。案涉工程涉及的主要材料较多,以双方认可的圆钢、螺纹钢、角钢、钢板为例,从深圳市住建局官方网站公布的《深圳建设工程价格信息》看,2016年1月至2019年1月上述材料的市场价格表现为逐步增长的态势,2016年材料价格大幅攀升,2017年起涨势有所放缓;其中圆钢(盘元)(HPB300、Φ6.5 - 10mm)、螺纹钢Ⅲ级(HRB400、Φ10mm)、角钢(综合)、钢板(Q235B、8mm)在2016年1月至12月的涨幅分别达50%、49.8%、37.04%、39.29%,在2016年12月至2019年1月的涨幅为24.31%、24.01%、31.59%、24.59%。天成公司于2016年10月公开投标,于2016年12月与福海办事处订立《深圳市建设工程施工(单价)合同》,当年主要材料价格已经复位攀升,且涨幅异常明显,而后在合同履行期间材料价格持续上涨。可见,案涉工程主要材料市场价格的上涨表现为一个逐步演变的过程,并非短期内令市场主体猝不及防的突变,材料价格上涨是大概率事件,并非难以预料。在材料市场价格的演变过程中,参与市场竞争的市场主体应当对市场风险存在一定程度的预见和判断。天成公司作为一家成立于1994年6月且具备水利水电工程施工总承包一级建筑企业资质的专业建筑公司,长期从事建筑行业,而钢材等主要建材的市场属性一直表现活跃,价格长期大幅波动,天成公司对主要材料价格的上涨应有能力预见并作出合理应对。

2. 主要材料价格上涨是否属于商业风险

案例 2 – 9 – 2

主要建筑材料价格的上涨属于商业风险

山东天成水利建设有限公司（改制前名称为潍坊市峡山水库水利水电建筑安装公司）与深圳市宝安区福海街道办事处建设工程施工合同纠纷案

审理法院：深圳市宝安区人民法院

案号：(2019)粤 0306 民初 5241 号

裁判日期：2019 年 10 月 14 日

【法院观点】

按照通常观点，商业风险系市场主体从事商业活动的固有风险，系由市场活动的各种不确定因素所引起，而给市场主体带来获利机会或损失可能的客观经济现象。就建设工程施工合同法律关系而言，发包人、承包人作为从事商事活动的主体，同样面临市场经营风险。在包工包料的承包模式下，主要建筑材料价格的涨跌直接影响承包人获利或亏损的程度，承包人存在价格风险。建材价格受原材料价格、市场供求关系、通货膨胀幅度、政策调整等多方面因素的影响和制约，案涉钢材等主要材料的价格在市场流通环节长期处于大幅波动状态，并整体呈现上涨趋势，其价格上涨的风险程度并非不可预见，亦未远远超出普通建筑企业的合理预期。另外，材料价格的涨跌对各商发包人体的影响状况还取决于各商发包人体各自的应变能力和经营水平，价格上涨的风险并非完全不可防范，不可控制，天成公司系一家大型建筑企业理应具备一定的风险防范意识和能力，在合同履行过程中可以通过采取签约后签订大宗材料采购合同分批供货等方式锁定材料价格，进行风险防控。故，法院认为，主要建筑材料价格的上涨，并非远超正常预期，并非不可防范和控制，应属商业风险范围，不宜认定为情势变更。

（三）法院基于公平原则对合理调价的引导

虽然我们看到诸多承包人试图适用“情势变更”规则的失败案例，但我们也可以看到相关法院追求裁判的社会指引效果，倡导当事人双方合理分担涨价风险的努力。以下列举相关法院的指导意见及典型案例。

北京市高院发布的《关于审理建设工程施工合同纠纷案件若干疑难问题的解答》(京高法〔2012〕245 号)第十二条规定:“建设工程施工合同约定工程价款实行固定价结算,在实际履行过程中,钢材、木材、水泥、混凝土等对工程造价影响较大的主要建筑材料价格发生重大变化,超出了正常市场风险的范围,合同对建材价格变动风险负担有约定的,原则上依照其约定处理;没有约定或约定不明,该当事人要求调整工程价款的,可在市场风险范围和幅度之外酌情予以支持;具体数额可以委托鉴定机构参照施工地建设行政主管部门关于处理建材差价问题的意见予以确定。因一方当事人原因导致工期延误或建筑材料供应时间延误的,在此期间的建材差价部分工程款,由过错方予以承担。”

安徽省高院发布的《关于审理建设工程施工合同纠纷案件适用法律问题的指导意见(二)》第十五条规定:“建设工程施工合同履行过程中,人工、材料、机械费用出现波动,合同有约定的,按照约定处理;合同无约定,当事人又不能协商一致的,参照建设行政主管部门的规定或者行业规范处理。因工期延误导致上述费用增加造成损失的,由导致工期延误的一方承担;双方对工期延误均有过错的,应当各自承担相应的责任。”

案例 2-9-3

主要建筑材料价格的上涨属于商业风险

广东省源天工程公司、河南海星高速公路发展有限公司、河南高速公路发展有限责任公司与河南省大河筑路有限公司建设工程施工合同纠纷二审案

审理法院:河南省高级人民法院

案号:(2013)豫法民二终字第 73 号

裁判日期:2013 年 8 月 24 日

【法院观点】

河南高院认为,虽然施工合同中约定,合同期内不调价,但市场材料价格变动为实际情况。河南省交通工程定额站作为河南省高速公路定额造价管理部门,多次发布文件要求在高速工程项目建设中,建设单位应在招标文件及合同中对材料价格涨降差价调整方法作出明确约定,并对原施工合同条款中规定的

由于材料价格涨落因素影响对合同价格不予调整或没有明确调整方法的，提出了具体的调整价差费用计算公式及发包人和施工单位的承担比例。本案查明，柴油、重油和石粉的投标单价较施工时单价均有大幅上涨，且涨幅超过10%，符合河南省交通工程定额站在《关于调整在建高速公路建设项目材料价格的指导性意见》中规定的应予调整材料品种及价格调整情形，故结合本案实际情况，依据公平原则，应予调整材料价差。

案例2-9-4

若施工合同约定的工程造价远远低于按市场定额计算的工程造价，法院可基于公平原则，酌定按某固定单价进行结算

九江庆腾五金工业有限公司与德安县第三建筑公司建设工程施工合同纠纷再审案

审理法院：江西省高级人民法院

案号：(2014)赣民提字第6号

裁判日期：2014年10月11日

【法院观点】

江西高院认为，《施工补充合同》约定的763元/平方米的固定单价乘以建筑面积计算的工程造价远远低于按市场定额计算的工程造价，一审基于公平原则，酌定按943元/平方米固定单价进行结算并无不当，应予维持。

二、实务建议

（一）从发包人角度

尽管争议频发，有些发包人仍可能会基于控制投资的考虑，倾向于将材料价格波动的风险转移给承包人。但是律师认为，从发包人的角度，这可能导致总成本更高，如若所有承包人均为理性人，承包人将设立价格风险金（或风险对应的利润）来应对整个合同期限内的材料价格上涨。随着时间的推移，这将导致相同工程的平均价格水平变得更高。

基于工程行业竞争激烈、规范程度不高的现状，如果发包人期望承包人在投标或合同签订时不理性，不考虑材料价格波动情况，那么发包人也要意识到，在材料价格大幅上涨导致承包人利益受到较大影响时,承包人也有可能不理性,并可能因争议导致对工程工期、质量、安全等因素造成负面影响。故从项目整体上来看,发包人未必能因将材料价格波动风险转移给承包人而受益;特别对经营性的项目,如因材料调价问题导致争议而影响工期,发包人的损失可能会更大。

故律师建议,对工期比较长的项目,发包人在设置工程承包合同条款时应设定材料价格调整条款,合理确定风险承担方式和主体,如在合同履行过程中遇到波动情形,可直接适用该条款。目前主管部门发布的规范性文件以及合同范本中,均都要求在合同中设定一定的价格调整机制。

例如,《建筑工程施工发包与承包计价管理办法》第十三条规定,发承包双方在确定合同价款时,应当考虑市场环境和生产要素价格变化对合同价款的影响。对 EPC 工程总承包项目,《工程总承包管理办法》第十五条第二款规定,建设单位承担的风险主要包括"主要工程材料、设备、人工价格与招标时基期价相比,波动幅度超过合同约定幅度的部分"。

住建部发布的《建设工程施工合同(示范文本)》(GF-2017-0201)通用条款、《工程量清单计价规范》[①]明确规定合同价款因价格波动的调整方式。

此外,材料价格波动调整条款在国际工程项目中也是常见的,在 FIDIC 红皮书通用条款中均有类似条款;亚洲开发银行对于其贷款项目,在《价格调整采购指南说明》(2018 年 6 月)第 2.3 条中指出:"交货期限或完成期限越长,合同组成部分市场价格发生变化的可能性就越大。例如,由于工程成本直接取决于成本因素,因此这也会影响工程合同的总成本。因此,亚行执行一项基本指南,即交付期限或完成期限超过 18 个月的任何合同应包含适当的价格调整条款。"

---

① 《工程量清单计价规范》第 9.8.1 项规定:合同履行期间,因人工、材料、工程设备、机械台班价格波动影响合同价款时,应根据合同约定按本规范附录 A 的方法之一调整合同价款。

第 9.8.2 项规定:承包人采购材料和工程设备的,应在合同中约定主要材料、工程设备价格变化的范围或幅度;当没有约定,且材料、工程设备单价变化超过 5% 时,超过部分的价格应按照本规范附录 A 的方法计算调整材料、工程设备费。

(二)从承包人角度

作为承包人,如果已经陷入调差僵局,可以从以下几个方面考虑工作策略:

1. 把协商作为向发包人主张调价的主要方式

虽然政府的调价文件并不能作为强制性文件,但可作为双方协商的政策依据,属于调价的合理性支撑。毕竟,主管部门基于行业的特殊性、相关专业知识和行业惯例,对是否属于情势变更以及是否属于应当对材料价格进行调整的客观情况所作出的专业认定,各方主体还是可能予以充分考虑的。

2. 锁定合同价格风险范围,对风险范围外的费用大胆索赔

固定价格之下,必有价格风险范围。以招投标为例,承包人根据发包人招标文件规定的招标范围,评估完成发包人当时需求所付出的合理工作进行投标报价,最终根据中标价形成合同签约价。承包人的投标价格仅能覆盖招投标阶段所能预见的合理风险。因此,合同约定结算程序,结算价需要根据实际履行情况确定,并增加设计变更及现场签证等调价情形。因此,一旦发生符合合同精神及法律规定的价格调整情形,双方均有权协商调整合同价格,签约合同价(包括总价及单价)并非一成不变。

若发包人以"固定价格风险包干"为由,认为一切价格变动的因素均应当由承包人事先考虑并固定在签约合同价格中,则属于对工程计价规则中价格风险范围的认识偏差。如《工程量清单计价规范》第 3.4.1 项规定:"建设工程发承包,必须在招标文件、合同中明确计价中的风险内容及其范围,不得采用无限风险、所有风险或类似语句规定计价中的风险内容及范围。"

3. 发包人出现违约情形的,可以主张违约责任以实现调价目的

需要注意的是,如果由于发包人原因导致工期延迟(例如,由于项目征地影响导致开工时间推迟),对于在延迟工期内的材料价格上涨,承包人有权直接要求发包人赔偿工期延迟期限内费用上涨的价格差额损失,不需要主张"情势变更"。但需提示的是,承包人选择违约责任作为调差索赔的突破口时,需要对因发包人原因导致工期延误或建筑材料供应时间延误,以及延误导致上述费用增加造成的损失进行充分举证。

【关联案例】

案例2-9-5

福建章诚隆建设工程有限公司与厦门经济特区房地产开发集团有限公司建设工程施工合同纠纷案

审理法院:最高人民法院

案号:(2014)民抗字第80号

裁判日期:2015年12月25日

【裁判要旨】

非承包人原因导致工程延期开工,建设厅发布人工费调整文件对人工费调整的,承包人有权就延期开工期限内造成的人工费损失要求发包人予以赔偿,但承包人需举证证明该损失所对应的工程量。若承包人未能举证证明因推迟开工而导致其人工费损失所对应的工程量,应承担举证不能的法律后果。

案例2-9-6

中建五局工业设备安装有限公司与亨特陶业(中国)有限公司(以下简称亨特公司)建设工程施工合同纠纷二审案

审理法院:江苏省高级人民法院

案号:(2014)苏民终字第0219号

裁判日期:2015年12月25日

【裁判要旨】

根据原审鉴定机构的鉴定意见,由于施工许可证拖延开工时间造成的材料补差为2,485,516元,该部分的费用经鉴定系由于施工许可证拖延开工时间形成,故在此期间而产生的材料价差理应由责任方亨特公司承担,亨特公司上诉认为案涉工程不存在因施工许可证原因而导致工程产生材差,但未举出足以推翻该鉴定意见的反驳证据,故法院不予支持。

4.协商将争议提交仲裁解决

如合同对风险分担有明确具体约定,法院一般会认为价格上涨处于当事人合理预见范围内,属于特定情况下广义上的正常商业风险。虽然“情势变更”原则可以作为总包方向发包人主张调价的法律依据,但实践中,能否被法院接受仍存在较大的不确定性。尤其是当发承包双方在合同中已对价格风险进行约定的情况下，承包方要求调价将更加困难。

如果条件允许，承包人尽可能与发包人协商将争议解决方式调整为仲裁。一方面，仲裁机构对纠纷的处理不需要执行诉讼案件中情势变更规则的层报制度；另一方面，仲裁庭对当事人之间利益衡平的裁量自由度相对更大。承包人在争议解决程序中，亦可考虑将公平原则与情势变更规则并行主张。

【其他参考案例】

1. 重庆建工集团股份有限公司、重庆市荣昌区荣新环保产业发展有限公司建设工程施工合同纠纷再审案——最高人民法院（2019）最高法民申 5829 号

2. 中兴通讯股份有限公司、中国建筑第五工程局有限公司建设工程施工合同纠纷案——最高人民法院（2016）粤民再 331 号

第 10 节　设计人采购的材料设备未单独计价，结算时如何主张

【案情简介】

某烂尾 EPC 项目结算纠纷案中，笔者的委托人某设计院作为牵头方与某建工公司组成了联合体共同承建该项目。投标前，双方签署《联合体协议》，约定工作内容及分工如下：牵头单位（设计人）负责施工图设计，采购工程中所有设备、材料采购等工作。成员单位（施工人）负责工程施工、采购工程所需的非设计人采购范围的材料，投运保驾及工程保修等其他相关工作等。

联合体中标并与发包人签署 EPC 承包合同后，双方签署《联合体补充协议》，约定了设计人与施工人关于项目的具体分工、工程款分割等事宜，并形成《合同价格清单》如下：设计人负责采购的设备、主要材料费为 1400 万元，施工人负责采购负责材料设备的总值有 380 万元。

后项目烂尾，各方多次沟通就已完工程办理结算，无果。设计人与施工承包人分别就各自的债权提起了仲裁申请。

设计人与发包人属于关联公司，申请仲裁需要经过复杂的内部审批程序，无法与施工人共同提起仲裁。施工承包人首先提起另一仲裁案件。该案中，施工人主要依据一份《工程进度确认单》确认了合同范围内工程款债权。该确认

单记载了当期已完成工程形象进度,并列明了已办理过程结算的设计费、工程款(包含全部材料设备款及安装费)。

设计人后来提起仲裁,主张设计、材料设备采购部分的欠款。第一次庭审中,设计人同样依据《工程进度确认单》主张债权,但因该确认单中并未区分设计人、施工人采购的材料设备价款,而施工人也认为已结算的工程款均为施工人承包范围(各方确认工程的全部材料设备费都计为施工人应得款项)。设计人一度陷入被动局面。后来,设计人通过补充材料设备的采购、验收、交付凭证,以及发包人向设计人出具的财务询证函等证据,争取了重新开庭,迫使发包人、施工人承认设计人的材料设备费用被统一计入工程款,最终扭转乾坤取得胜诉。

本案法律关系见图2-10-1。

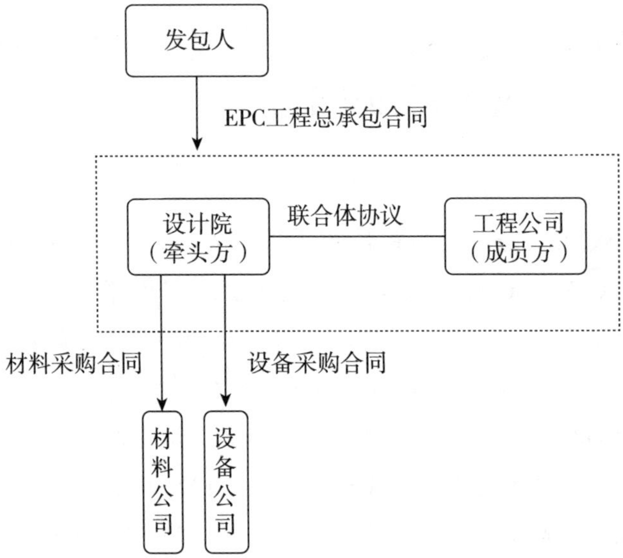

图2-10-1 本案法律关系

【分析与解读】

由于采购材料设备并不需要特殊资质,而材料设备采购成本与安装完成后形成的工程造价存在一定差价,因此设计人作为项目牵头方时,可能争取较大的材料设备采购范围作为利润空间。但设计人一般并不具有安装能力,而是将采购的材料设备交付给施工承包人统一安装。另外,因为设计人普遍对施工过程管理不熟悉，施工过程资料一般由施工人负责制作并与发包人对接。施工人通常根据现场完工的形象进度情况申报进度款，这时就很可能把安装的材料设备全部计入建安工程费部分。就 EPC 项目中材料设备款项的计价相关问题，笔者团队在制定办案策略时进行了认真研判：

一、材料、设备采购费用在 EPC 合同中如何计价

案涉项目的 EPC 承包合同约定设计人与施工人共同实施项目的设计、设备与材料采购、工程施工，计价方式采用固定总价，并未对设计费、设备购置费、建安工程费进行分割并分别约定计价方式。在本案中，就发包人而言，设计人、施工人主张的费用均为项目工程款。但在诉讼/仲裁程序中，设计人未单独列明的材料设备采购费用如何定性及计价成为重大争议。

基于 EPC 项目的特征，笔者首先寻找现行法律中关于 EPC 项目总承包费用的计价规则。住建部于 2018 年 12 月 12 日发布的《工程总承包计价计量规范》第 2.0.30 项“签约合同价（合同价款）”规定：“发承包双方在工程合同中约定的工程造价，包括勘察费、设计费、建筑安装工程费、设备购置费、总承包其他费和暂列金额。”第 3.1.3 项规定：“建设项目工程总承包费用项目由勘察费、设计费、建筑安装工程费、设备购置费、总承包其他费组成。”第 6.2.6 项规定：“投标总价应当与勘察费、设计费、建筑安装工程费、设备购置费、总承包其他费、暂列金额的合计金额一致。”由此可见，在官方认可的工程总承包项目计价规则中，设计费、建筑安装工程费、设备购置费属于不同性质的费用，虽然在投标中承包人可以笼统报价，但各项费用构成仍然应当遵循分别计价的底层逻辑，分别计价的各项费用之和构成合同总价。

另外，《工程总承包计价计量规范》第 2.0.4 项“建筑安装工程费”规定：“发包人按照合同约定支付给承包人用于完成建设项目发生的建筑工程和安装工程所需的费用，不包括应列入设备购置费的设备价值。”第 2.0.5 项“设备购置费”规定：“发包人按照合同约定支付给承包人用于完成建设项目，需要采购设备和为生产准备的没有达到固定资产标准的工具、器具的费用，不包括应列入安装工程费的工程设备（建筑设备）的价值。”《建设工程计价设备材料划分标准》（GB/T 50531－2009）之“条文说明”第 1.0.3 项也规定：“根据工程建设项目管理各阶段工程计价的需要，应按工程造价的构成分别将属于设备（含工

艺性主要材料)的应计入设备购置费,属于建筑工程材料的计入建筑工程费,属于安装工程材料的计入安装工程费。”从上述规定可知,设备购置费在工程造价中一般是与建安工程费并列的,但是材料费一般计入建安工程费。

二、设备购置费是否属于优先受偿权的范围

在设计人提起的仲裁中,仲裁请求的一项重要内容就是确认设计人对欠付的材料设备费用享有工程价款优先受偿权。判断设备购置费是否属于建设工程价款,是理解是否享有优先受偿权的前提。

《施工合同司法解释(一)》第四十条第一款规定:“承包人建设工程价款优先受偿的范围依照国务院有关行政主管部门关于建设工程价款范围的规定确定。”司法解释认为建设工程价款是一个较为复杂的概念,需由国务院有关行政主管部门制定相应的行政法规予以确认。但目前为止,国务院尚未制定行政法规对建设工程价款的范围予以确认。

笔者团队检索现有文件发现,住建部、财政部发布的《关于印发〈建筑安装工程费用项目组成〉的通知》(建标〔2013〕44 号)中第一条第一项规定:“建筑安装工程费用项目按费用构成要素组成划分为人工费、材料费、施工机具使用费、企业管理费、利润、规费和税金。”第四项规定:“依据国家发展改革委、财政部等 9 部委发布的《标准施工招标文件》的有关规定,将工程设备费列入材料费;原材料费中的检验试验费列入企业管理费。”此外,2017 年 9 月 4 日,住建部同时发布了《建设项目总投资费用项目组成(征求意见稿)》和《建设项目工程总承包费用项目组成(征求意见稿)》(建办标函〔2017〕621 号),其中《建设项目总投资费用项目组成(征求意见稿)》第六条规定:“工程费用是指建设期内直接用于工程建造、设备购置及其安装的费用,包括建筑工程费、设备购置费和安装工程费。”《建设项目工程总承包费用项目组成(征求意见稿)》第三条规定:“建设项目工程总承包费用项目由建筑安装工程费、设备购置费、总承包其他费、暂列费用构成。”从上述相关文件可以看出,虽然目前国务院有关行政主管部门并没有对建设工程价款范围进行专门、明确、统一规定,但已将建安工程费(含材料费)、设备购置费纳入建设工程价款构成要素。因此,设计人采购材料设备产生的成本应当认定为建设工程价款并属于优先受偿权范围。

案例 2-10-1

确认材料费(含设备费)属于优先受偿权范围

哈尔滨市聚享包装材料厂、黑龙江省金宁建筑工程有限公司(以下简称金宁公司)建设工程合同纠纷二审案

审理法院:黑龙江省哈尔滨市中级人民法院

案号:(2019)黑01民终6587号

裁判日期:2019年9月27日

【裁判观点】

一审法院认为,关于金宁公司主张的工程款优先受偿权的范围问题;《施工合同司法解释(二)》第二十一条第一款规定:"承包人建设工程价款优先受偿的范围依照国务院有关行政主管部门关于建设工程价款范围的规定确定。"国务院关于建设工程价款组成部分的规定有两个:一个是住建部、财政部印发的《建筑安装工程费用项目组成》,其中第一条一款规定:"建筑安装工程费用项目按费用构成要素组成划分为人工费、材料费、施工机具使用费、企业管理费、利润、规费和税金。"另一个是原建设部发布的《建设工程施工发包与承包价格管理暂行办法》,其中第五条第一款规定:"工程价格由成本(直接成本、间接成本)、利润(酬金)和税金构成。"根据上述法律规定,金宁公司主张的工程款债权1,930,383元应当属于优先受偿的范围,而12万元工资则不应属于优先受偿的范围。

二审法院予以维持。

三、未单独计价的设备购置费如何结算

本案属于烂尾EPC项目的结算纠纷。各方在争议发生前办理过程结算时,设计人名下本应单独计价的材料设备费被混入施工人名下的工程款,相应债权未得到单独确认。在设计仲裁请求时,设计人必须明确其主张的债权如何计算。

接案之初,笔者团队的思路有二:一是据实结算,二是"按完工比例折算合同总价+联合体分割债权"。首先,按照《工程进度确认单》中确认的完工比例

折算联合体的整体应收工程款;其次,根据联合体内部协议关于合同价款的分割方式主张设计人应得的全部工程款;最后,以设计人应收的整体工程款计算减去已收款计算未付款项。关于据实结算,设计人就材料设备的成本有完善的证据佐证,如采购合同、供货单据、付款流水、验收交接记录等。

设计人证明为采购工程所需的材料设备而支出相应成本并不存在客观障碍,但其主张的债权金额包含了合同的利润部分,若严格依据采购实际支出的成本,则与案件预期存在较大差额(若查明实际支出的成本作为设计人应得的材料设备费债权总额,则扣除发包人已经支付的款项后所剩无几)。

就"按完工比例折算合同总价+联合体分割债权"的方式,联合体与发包人签署EPC承包合同之后,双方又签署了联合体补充协议对合同总价进行了分割,对各自承包范围内对应的合同价款进行了确认。若按照该分割款项主张债权总金额(未完部分按比例扣除),则符合设计人对应工程利润的预期。该计算方式有赖于施工人对内部分割款项的确认,并承认已确认在其名下的工程款中包含了设计人的相应债权,在举证方面受制于人。后来,设计人以该种计价方式主张欠款的时候,施工人认为可能会影响其已经确认的债权,或裁定其承担共同付款责任,而拒绝承认联合体分割合同内款项的事实,以及施工人名下的工程款中包含设计人采购的材料设备费用,反而陈述设计人的款项从未结算过。设计人一度因为施工人的拒绝配合而陷入事实查明的困境。

四、财务询证函能否作为债权凭证

在施工人拒绝承认双方按承包内容实际分割了合同价款,且设计人采购了主要材料设备并计入施工人名下的工程款事实后,设计人不得不寻找其向发包人、施工人移交材料设备的证据以及发包人单独与其确认债权的证据。而后,设计人在财务部门找到一份发包人在仲裁立案后向设计人发出的《往来询证函》。该函载明欠付设计人债权金额约是仲裁请求金额的两倍,与仲裁请求存在一定的逻辑矛盾。笔者团队经过反复探讨,决定将该函作为证明发包人单独向设计人确认债权的新证据。事先,就往来询证函能否作为欠付工程款的证据问题进行了分析。

根据《中国注册会计师审计准则第1312号——函证》(财会〔2010〕21号)、

《中国注册会计师审计准则第1612号——银行间函证程序》(财会〔2006〕4号)、《财政部、中国银行保险监督管理委员会关于进一步规范银行函证及回函工作的通知》(财会〔2020〕12号)等文件可知,询证函是由审计师(或其他鉴证业务执行人)以被审计者的名义向被询证人发出的,用以获取被询证人对于被审计者相关信息或现存状况的声明。从法律渊源来看,询证函只是注册会计师为核实财务报表的真实性而获取搜集的审计证据,相关的数据来源只是企业内部财务报表,并不直接对应商事交易产生的债权债务。因此,一般情况下,询证函如欲作为民事诉讼中的证据使用,其对于双方之间是否存在债权债务关系而言,只能作为间接证据存在。如欲证明询证函的收发双方是否存在债权债务关系及具体金额,则需要具有其他法律效力的证据来进一步证明,如合同、结算书等直接证据。但在司法实践中,关于询证函的证明效力尚存在不同意见。①

1. 认定询证函可以作为结算依据/确认债权的主要依据的案例

案例2-10-2

湖北合加环境设备有限公司(以下简称合加公司)、长沙诺高环保设备有限公司(以下简称诺高公司)买卖合同纠纷二审案

审理法院:湖北省咸宁市中级人民法院

案号:(2017)鄂12民终1069号

裁判日期:2018年2月8日

【法院观点】

本院认为,本案当事人争议的焦点问题是2017年1月18日合加公司向诺高公司发出的询证函能否作为合加公司欠付货款的依据。询证函一般是指,审计机构直接发给被审计单位的债务人或债权人,要求核实应付账款或应收账款的记录是否正确的一种审计文书,其发函的目的主要是通过确认被审计单位的债务人及其债务或债权人及其债权的存在从而达到被审计单位应收账款或应

① 参见崔琦:《询证函在诉讼中如何使用?》,载微信公众号"高杉Legal"2019年10月10日,https://mp.weixin.qq.com/s?src=11&timestamp=1640105600&ver=3510&signature=ojOqPvpFd1yLuF1OoC6riIIKN3GL6Uto2wf87m41sd8drdCwceP8NDp7tbtZvBR1WlytohGF97soz8Q1OLepG7TcdHJHxIWgymA5Qz2zLK2PQ85hjGPkUJK—KFjFFUe&new=1。

付账款记录真实性、正确性的目的。发函人发函意在对账,被询证人对询证函内容予以确认,该询证函即成为一份有约束力的文件,起到证明交易关系以及债权债务关系存在的作用。本案中,合加公司发询证函不仅为清产核资所需,而且有确认债务金额的意思,其询证的是截至2016年12月31日欠诺高公司货款的数额,该数额应是双方多年往来滚动结算后的欠款数额,现诺高公司明确表示认可该数额,即表明双方对债权债务已核对一致,在合加公司未提供其他证据推翻双方之间已确认的债务金额的情况下,一审法院依据双方共同确认的询证函认定欠款事实正确。合加公司认为该询证函不能作为诺高公司行使债权的证据的理由不能成立,本院不予支持。

案例2-10-3

成都福马食品有限公司与遂宁市仁吉制粉有限公司买卖合同纠纷案

审理法院:湖北省咸宁市中级人民法院

案号:(2017)川01民终9530号

裁判日期:2017年8月28日

【法院观点】

仁吉制粉有限公司(以下简称仁吉公司)在企业询证函上注明"本函仅为复核账目之用,并非催款结算"的内容符合仁吉公司通过对账确认欠款数额的目的,并未因此改变企业询证函的用途。如前所述,企业询证函的目的就是通过复核账目确认欠款数额,福马食品有限公司(以下简称福马公司)在复核账目无误的情况下确认数据无误,应当对其确认行为承担后果。企业询证函明确无误地记载了欠款数额和欠款截止时间,记载内容完整,意思表示真实,依据所记载内容足以认定截至2016年12月31日福马公司尚欠仁吉公司413,400元货款的事实成立。律师函记载仁吉公司欠付货款的数额与企业询证函记载内容一致,福马公司收到律师函后至今未提出异议,进一步佐证了法院对企业询证函证明内容的判断。综上,企业询证函能够证明福马公司未付货款及具体数额的事实,法院予以确认。福马公司关于企业询证函不能作为未付货款凭证的上诉意见与查明事实不符,法院不予采纳。综上所述,福马公司的上诉请求不能成立,应予驳回;一审判决认定事实清楚,适用法律正确,应予维持。

2. 否定询证函可以作为结算依据/确认债权的主要依据的案例

案例 2-10-4

徐州大彭建设建设工程有限公司与中煤邯郸设计工程有限公司建设工程施工合同纠纷二审案

审理法院：徐州市中级人民法院

案号：(2019)苏03民终961号

裁判日期：2019年6月27日

【法院观点】

"……涉案企业询证函仅是审计证据，并不能反映双方就工程价款的结算达成合意，因此大彭公司据此主张工程款，缺乏事实和法律依据，不予采纳。"

案例 2-10-5

佛山市祈丰玻璃钢有限公司与广东红墙新材料股份有限公司买卖合同纠纷案

审理法院：广东省惠州市中级人民法院

案号：(2015)惠中法民二终字第220号

裁判日期：2015年8月26日

【法院观点】

关于企业询证函能否作为确定债权的依据的问题。企业询证函是企业在财产清查中为了核实往来款项的真实性而寄送往来单位的一种核对函件。根据本案中企业询证函的内容，被上诉人广东红墙新材料股份有限公司（以下简称红墙公司）发出该份函件的目的在于核实己方与上诉人佛山市祈丰玻璃有限公司（以下简称祈丰公司）的记录是否一致，为复核账目之用，并非用于其他任何目的，不具有双方交易对账结算，确定债权债务的作用。因此，企业询证函不能作为确定双方债权债务的依据，需回归购销合同约定计算应付货款。

结合以上案例并经分析，笔者团队倾向于认定询证函不能作为确认债权的主要或唯一依据，但鉴于本案设计人另有证据证明采购的材料设备交付给施工人及发包人，笔者认为提交询证函将扭转设计人的债权不被认可的不利局面。因为设计人在本案中主张的欠款金额远低于询证函载明的数据，如果施工人和发包人坚持认为设计人的材料设备款项未经结算，则可能出现两种裁判结果，一是施工人对设计人构成不当得利(把设计人的材料设备款型计入施工人单方债权),负责按设计人实际支出返还款项,二是发包人可能需要按照询证函载明的金额单独向设计人承担责任(设计人有权变更仲裁请求中的欠款金额)。这两种结果是两方无法接受的。

【争议焦点及各方观点】

本案中,设计人实际采购了工程所需的绝大部分材料设备,但过程结算资料仅列出了设计费部分,并未就设计人采购的材料设备单独确认债权,这给设计人单独主张债权造成了极大的障碍。该案最终取得胜诉结果,除了依赖客观事实及证据之外,也考量了律师团队在诉讼策略的制定及庭审技术方面的功底。

就庭审中形成的设计人采购的材料设备如何计价的相关争议,各方进行了激烈的对抗。

一、关于设计人采购的材料设备如何计价

设计人认为:

在第一次庭审中,施工人及发包人均认为,工程进度确认单中已结算工程款中并不包含设计人的材料设备费用。特别是施工人表述,设计人与发包人属于关联公司,应支付给设计人的费用不可能放在施工人的工程款中。那么,事实就是设计人的材料设备费用并没有进行结算更没有支付。但是,根据设计人补充提交的证据监理单位说明、材料设备及交接记录,设计人采购的材料设备已经交付给了发包人及施工人,因此发包人需要对设计人的设备采购费用(实际支出的材料设备费用以及采购利润)进行补充支付。

关于设备采购费用的计算,设计人在第一次庭审中主张,首先按照工程进度确认单中确认的完工比例折算联合体的整体应收工程款,之后根据联合体内部协议关于合同价款的分割方式主张设计人应得的全部工程款,最后以设计人应收的整体工程款计算减去已收款计算未付款项。在第二次庭审中,设计人主张往来询证函中载明的金额是已经扣除已收款后的设计人应收款总额,仲裁申请中的金额是剩余应收款中的部分款项。

施工人认为:

第一次庭审中,施工人认为工程进度确认单中已结算的工程款全部为施工人单方债权,并不清楚设计人采购材料设备的情况及结算情况。第二次庭审中,施工人认为往来询证函中载明的金额也包含施工人未主张的额外工程款,认可设计人主张的材料设备款项但应由发包人独立支付。

发包人认为:

发包人未对设计人主张的材料设备采购费用计算方式作出正面回应,只是认为设计人的欠款主张无事实及法律依据。首先,本案工程尚未竣工验收,且遗留质量问题未予修复,设计人作为联合体牵头人有义务对质量问题进行解决。但目前并未解决,导致本案工程无法竣工验收,责任应由申请人承担。其次,本案工程为附审计结算条件的工程,申请人未经内部结算及审计程序无权主张欠款。最后,发包人签署的工程进度确认单仅为各方对本案工程形象进度完成情况的确认,而非竣工结算文件。

二、关于询证函能否作为确认设计人债权的证据

设计人认为:

发包人发出往来询证函的时间在工程进度确认单以及另案裁决书已经确认施工人债权之后,属于单独与设计人核对债权的证据。该询证函载明的金额即为设计人的已结算的工程款总额,设计人在本次仲裁中仅主张欠付的部分款项。

发包人认为:

往来询证函仅作为审计使用,不是结算文件,询证函所列金额为发包人欠设计人和施工人的总金额。

施工人认为:

往来询证函所列金额是发包人在另案已经确认的施工人的欠款金额之外,单独明确的针对设计人和施工人的额外欠款总额,即认可设计人本次的欠款主张,但认为施工人另外享有往来询证函列明金额与设计人主张欠款的差额部分。

仲裁庭认为:

因联合体协议约定设计人接受发包人支付的各类工程款项,发包人亦主张欠款金额中包含了施工人工程款,仲裁庭确认发包人在询证函记载的欠款金额实际系对联合体的欠款,并认可设计人关于欠款金额的计算方式。设计人与施工人作为联合体成员,可根据联合体补充协议约定对各自应得工程款进行分割。

三、关于设计人是否享有优先受偿权

设计人认为：

设计人主张债权并未超出工程价款优先受偿权的除斥期间，应对欠款享有优先受偿权。

《施工合同司法解释(一)》第四十一条规定："承包人应当在合理期限内行使建设工程价款优先受偿权，但最长不得超过十八个月，自发包人应当给付建设工程价款之日起算。"工程价款优先受偿权起算日期是应付款之日，该应付款是指结算后的工程尾款。建设工程价款未结算的，此时合同约定的工程价款结算条件尚未成就，当事人通过诉讼或仲裁确定工程价款的，以当事人提起诉讼或仲裁之日作为发包人应当支付工程款的时间。

就本案而言，设计人的工程价款优先受偿权起算日期存在两种理解：一是以设计人提起仲裁之日。本工程虽然早于2016年5月完成，但各方一直未对设计人负责的材料设备采购内容办理结算，因此工程价款优先受偿权的可以从设计人提起仲裁之日作为发包人应当支付工程款的时间；二是以发包人确认设计人工程款债权的日期起算。发包人通过往来询证函确认截至2020年6月30日欠付的债权，自认欠款起算日期为2020年6月30日，迟于设计人提起仲裁的日期。无论采纳任何一种理解，设计人的工程价款优先受偿权均未超期。

此外，设计人负责的承包范围包括设计及材料设备采购运输，本次仲裁确认的欠款范围为工程款中的材料设备购置费及运输费等，本工程也不存在不宜折价拍卖的情形，因此设计人应当享有工程价款优先受偿权。

施工人认为：

设计人主张就本案工程优先受偿，依法不应支持。根据《施工合同司法解释(二)》(法释〔2018〕20号，已失效)第二十二条规定，"承包人行使建设工程价款优先受偿权的期限为六个月，自发包人应当给付建设工程价款之日起算"。发包人应支付工程款时间为2017年1月1日，但设计人未在此后催告发包人在合理期限内支付；至设计人申请仲裁，已超过三年，丧失了主张的权利。

发包人认为：

发包人未对设计人的优先受偿权问题进行回应，只是强调本工程未经竣工验收也未结算。

仲裁庭认为：

因设计人在本案工程中负责设计及部分材料设备采购，考虑本案综合因素，对此项请求仲裁庭亦不支持。

我们认为，仲裁庭对优先受偿权问题说理并不充分。首先，设计人主张的欠款是统一计入工程款的材料设备相应价款，属于建设工程价款。其次，设计人无论是依据工程进度确认单确认的完工比例及联合体内部的费用分割约定计算工程款，还是依据往来询证函中的债权金额主张部分欠款，均未超出优先受偿权的行使期限。设计人应当就欠款享有工程价款优先受偿权。

【实务建议】

1. 联合体在过程确认和申报工程款时，汇总金额之下应当列明各自的款项，确保在发生欠款争议的时候，各自的债权均可单独确认。

本案中，设计人负责采购工程的绝大部分材料设备，但工程进度确认单仅载明设计人的设计费，真实原因是材料设备均移交给施工人负责施工，施工安装完成之后体现为施工单位的形象进度由其统一申报工程款。但在发生欠款争议时，施工人拒绝承认这一事实，导致设计人的工程款债权险些被“工程进度确认单仅结算并记载了施工人工程款”这一表面法律事实所掩盖。

2. 联合体一方负责采购材料设备，另一方负责施工安装的，采购方应当注意制作并保存设备验收及交接记录。

3. 往来询证函等法律文件的使用目的可能超出制作文件的初衷，在诉讼当中可以灵活运用。

第11节 EPC合同按固定总价结算后，发包人能否以承包人虚报价款和虚构设备为由，要求重新结算

采用固定总价的EPC合同，履约过程中往往也会出现承包人实施设计优化、发包人要求改变等突破招投标文件确定的“合同总价”的情形。此时，承发包双方容易就仍然按照固定总价方式办理结算还是据实结算产生分歧。另外，即便是承发包双方已经按照“固定总价 + 约定调整价格”的方式办理了结算，在付款环节依然可能出现发包人反悔，要求扣减未实际发生费用的情况。

一、分析与解读

对于结算后又反悔的行为如何处理,笔者认为可以从以下几个方面进行分析:

(一)已完工程的结算原则上应遵守合同约定

EPC 模式下,承包人的终极目标是按照发包人要求交付工作成果,承包范围涵盖项目设计、施工、采购等全部环节,所获对价一般为固定总价。《工程总承包计价计量规范》(建办标函〔2018〕726 号)第九条"工程结算与支付"第9.3.1款规定:"竣工结算价为扣除暂列费用后的签约合同价加(减)合同价款调整和索赔。"通常认为,只要承包人完成了合同范围的全部工程,且未发生约定的价格调整情形,则签约合同价即为结算价。

实务中的情况往往复杂多变,EPC 合同的履行状态,可以分为未履行(未施工)、部分履行(部分施工)、变更履行(甩项)及完全履行(完工)等情形。在 EPC 合同未履行和部分履行的情况下,承包人事实上并未提供符合发包人要求的工程成果,因此缺乏按固定总价办理结算的客观条件。除非合同关于未完工程的清理结算另有约定,否则一般会根据已完部分的质量状况按实办理结算。除此之外,原则上不应存在突破固定总价据实结算的情况。即便是 EPC 合同被认定无效,只要工程质量合格,合同约定的计价方式也应当予以遵守。①

(二)结算书的性质应理解为承发包双方就工程价款达成的最终协议,其效力独立于 EPC 合同

就结算书的性质,类比结算流程与合同成立的过程,可以发现相似之处。

根据《建设项目工程总承包合同(示范文本)》(GF-2020-0216)通用条款第 14.5 条"竣工结算"约定的结算流程,承包人应在工程竣工验收合格后 42 天内向工程师提交竣工结算申请单,工程师应在收到竣工结算申请单后 14 天内

---

① 参见《民法典》第七百九十三条规定:"建设工程施工合同无效,但是建设工程经验收合格的,可以参照合同关于工程价款的约定折价补偿承包人。"

完成核查并报送发包人。发包人应在收到工程师提交的经审核的竣工结算申请单后 14 天内完成审批，并由工程师向承包人签发经发包人签认的竣工付款证书。

实务中，一般是承包人首先制作结算书，发包人接收后自行或委托第三方造价咨询机构审核，在合理时间内作出审核意见。若发包人无修改意见或者承包人接受修改意见，双方可能在结算定案表或直接在结算书上签章。

《民法典》第四百七十一条规定："当事人订立合同，可以采取要约、承诺方式或者其他方式。"第四百七十九条规定："承诺是受要约人同意要约的意思表示。"第四百八十三条规定："承诺生效时合同成立，但是法律另有规定或者当事人另有约定的除外。"依据上述规定，合同的成立过程可以简化为当事人发出要约，另一方当事人同意要约并作出承诺。承包人提交关于工程价款的结算书属于要约，发包人审核后作出接受的审核意见属于承诺，有发包人签章的结算书作为合同宣告成立。

因此，双方签章的结算书实质上是发、承包人双方就工程结算事宜达成的协议。《民法典》第一百一十九条规定："依法成立的合同，对当事人具有法律约束力。"已经达成的协议，任何一方当事人均不得单方变更。此外，结算协议具有独立性，而非从属于涉案 EPC 合同，其效力不受 EPC 合同影响。即使 EPC 合同被认定无效，发包人仍然应当按照该结算书履行相应的付款义务。

（三）结算过程中有欺诈行为的，发包人有权要求撤销结算

实务中，承包人为了争取更多的工程利润（也可能是为了应对发包人的不合理审减），可能会高估冒算结算款。更有甚者，个别承包人会向发包人的现场工程师行贿，诱使其签署签证单，虚构索赔项目、虚增工程量。结算审核过程中，不法承包人也可能向发包人负责造价审核的工作人员或者第三方造价机构人员行贿。最终，使发包人违背真实意思表示确认结算金额。既然发包人权益受损的情况客观存在，法律即应当赋予其救济途径。

如前所述,结算书的法律性质是合同。根据《民法典》相关规定[①],如果当事人在缔约过程中受到欺诈而产生重大误解,则有权行使撤销权。合同被撤销后,自始没有法律约束力。发包人无须按照结算书履行付款义务,承包人只能请求重新办理结算或重新申请造价鉴定。需要注意的是,发包人行使撤销权应当在法律规定的期限内行使,逾期将丧失撤销权。具体到诉讼策略,发包人应当主动提起撤销权之诉或在承包人提起工程欠款之诉后提起反诉。在承包人提起的工程欠款之诉中,仅对结算书进行抗辩是不够的。法律规定参见《施工合同司法解释(一)》第十六条规定:"发包人在承包人提起的建设工程施工合同纠纷案件中,以建设工程质量不符合合同约定或者法律规定为由,就承包人支付违约金或者赔偿修理、返工、改建的合理费用等损失提出反诉的,人民法院可以合并审理。"

另外,重庆市高院的内部指导意见可做参考。重庆市高院民一庭《关于建设工程施工合同纠纷案件若干问题的解答》第十四条规定:"承包人请求发包人支付工程价款,发包人主张双方达成的结算文件构成重大误解、显失公平的,如何处理? 答:承包人请求发包人支付工程价款,发包人主张双方达成的结算文件构成重大误解、显失公平的,人民法院应当向发包人释明,可以根据《民法总则》第一百四十七条、第一百五十条之规定撤销结算文件。发包人在本案中请求撤销结算文件的,应当提起反诉。发包人通过另诉的方式请求撤销结算文件的,人民法院可以根据案件实际情况决定本案是否中止审理。"

此外,实务中发包人也有以显失公平、签约主体不适格或无授权、结算形式不符等主张进行抗辩的,处理思路如上。

---

① 《民法典》第一百四十七条　基于重大误解实施的民事法律行为,行为人有权请求人民法院或者仲裁机构予以撤销。

第一百四十八条　一方以欺诈手段,使对方在违背真实意思的情况下实施的民事法律行为,受欺诈方有权请求人民法院或者仲裁机构予以撤销。

第一百四十九条　第三人实施欺诈行为,使一方在违背真实意思的情况下实施的民事法律行为,对方知道或者应当知道该欺诈行为的,受欺诈方有权请求人民法院或者仲裁机构予以撤销。

第一百五十条　一方或者第三人以胁迫手段,使对方在违背真实意思的情况下实施的民事法律行为,受胁迫方有权请求人民法院或者仲裁机构予以撤销。

第一百五十一条　一方利用对方处于危困状态、缺乏判断能力等情形,致使民事法律行为成立时显失公平的,受损害方有权请求人民法院或者仲裁机构予以撤销。

第一百五十五条　无效的或者被撤销的民事法律行为自始没有法律约束力。

综上，结算书属于双方就工程价款达成的最终协议。EPC合同按固定总价结算后，发包人仍然原则上应当按照该结算书履行相应的付款义务，不能要求重新结算，但撤销权成立的除外。

二、典型案例

案例2-11-1

抚顺矿业中机热力有限责任公司合同纠纷案

审理法院：最高人民法院

案号：(2020)最高法民申1137号

裁判日期：2020年3月27日

【裁判要旨】

案涉工程为EPC总承包模式，发承包双方签订的总承包合同约定合同总价为闭口价，除另有约定外，在合同有效期间固定不变。承包人完工后，双方又根据合同约定签订了工程结算书。后因为价款结算的问题，双方诉讼，发包人主张，合同虽然约定的是固定总价，但实际上是估算价，并且在价款结算时，承包人存在虚报设备价款3207.08万元和虚构16台设备的行为，工程结算书也并非双方的真实意思表示，因此工程价款不能根据总承包合同及工程结算书进行结算。最高院则认为，首先，总承包合同是双方真实意思表示，合法有效，其作为EPC形式的合同，出现部分工程或设备的数量或价款难以确定的情形，亦属正常，也正是由于这种不确定性的存在，所以双方才在合同中一再强调合同价款为固定总价，发包人主张为估算价，但直到诉讼才提出，显然有悖常理；其次，关于承包人是否虚报价款和设备，第一，即使承包人虚报了价款和设备，总价款也没有超出合同约定的固定总价；第二，工程已经竣工验收且双方经过了结算，如果承包人虚构设备属实，发包人至迟应在竣工验收时就应当知道，虚报价款属实，发包人至迟应在工程结算时就应当知道，发包人却均未在法律规定的期限内行使撤销权，若发包人认为己方在验收和结算时仍不知晓该有哪些设备或者未注意及时核对设备价格，显然于理不通，只能说是对自身权益的自我怠慢或过度疏忽，也应当自担风险和损失；最后，案涉工程作为一个重大投资项目，除工程结算书之外在项目工程竣工验收后、争议发生前长达五年时间里双方没有任何结算,双方对此也没有任何异议,足以说明双方在争议发生前始终认可工程结算书。综上,发包人的主张不能得到支持。[①]

【裁判摘要】

最高院再审认为:关于案涉项目工程价款能否依据工程结算书结算。案涉合同效力并不影响中机电力公司请求参照合同约定支付工程价款,有关合同价款的约定仍应当作为处理本案的基本依据。在此基础上,结合再审申请理由,需要重点审查合同约定是固定总价还是实为估算价、中机电力公司是否存在设备价款虚报3207.08万元和虚构16台合计价款为307.527万元的设备等问题。

首先,关于合同约定是固定总价还是实为估算价的问题。第一,书面合同是证明当事人意思表示真实且一致的最有力的证据,在没有相反证据足以反驳的情况下,应当以书面合意为准确定当事人的合同权利义务。抚矿热力公司提供的招投标过程中在先形成的有关文件材料,并不能用于否定在后形成的总承包合同和工程结算书以及2份会议纪要中有关工程价款的约定,这些双方书面约定应当作为案涉项目工程价款结算的基本依据。第二,总承包合同14.1.1条明确约定"本合同总价为闭口价,除另有约定外,在合同有效期间固定不变",而且在14.1.2条还特别强调"双方重申,合同价款中已充分考虑且包括了事实和移交本工程项目所需的一切费用(不做任何调整)"。虽然在总承包合同签订之前的招投标过程中,可能确实存在部分工程或设备的数量或价款难以确定的情形,但这并不能成为签约后对价款条款反悔或不予认可的理由。况且,案涉合同作为EPC形式的总承包合同,出现部分工程或设备的数量或价款难以确定的情形,亦属正常,也正是由于这种不确定性的存在,所以双方才在合同中一再强调合同价款固定不变。第三,即使如抚矿热力公司所主张合同价款名为固定总价、实为估算价,但总不至于到工程结算时仍不就此提出主张。事实上,在总承包合同履行过程中,包括双方形成工程结算书以及2份会议纪要后,直至本案争议发生前,抚矿热力公司从未就合同价款计算提出过异议,这也进一步说明其在本案诉讼发生前始终认可有关合同价款的约定。在项目工程竣工验收

① 庄林冲:《最高院案例解析|EPC固定总价,发包人:承包人虚报价款和虚构设备,重新结算,最高院:不支持!》,载微信公众号"工程法苑"2021年3月14日,https://mp.weixin.qq.com/s/2YWTInNmWaF2n_b6B6KsWA。

后形成的工程结算书也以固定总价为双方结算的基本依据。由此可见,案涉合同约定的是固定总价,并不存在所谓实为估算价的问题,该固定总价应当作为双方结算的依据。

其次,关于中机电力公司是否存在设备价款虚报3207.08万元和虚构16台合计价款为307.527万元设备的问题。第一,案涉合同的计价方式是固定总价,中机电力公司主张的所谓虚报价款或虚构设备并未使双方结算价款超出合同约定总价。第二,虽然总承包合同3.3.1条第5款约定了“总承包合同中包括在总承包范围内的货物达到国家规定规模标准的,应当由承包商和发包人共同依法组织招标,该部分价格结算以实际招标价格为准”,但是该条款约定是有适用前提的,抚矿热力公司既未证明所谓虚报价款的设备达到国家规定规模标准应当共同组织招标,也未说明在履约过程中是否组织了共同招标。如果未进行共同招标,则说明其是自弃合同权利;如果进行了共同招标,则其早就应知有关设备价款并应在结算时即提出主张,其未及时主张仍属于对合同权利的自弃。第三,抚矿热力公司所称的虚报价款3207.08万元,指中机电力公司向案外人采购吸收式热泵的价格与案涉工程结算时热泵车间的价格差,但前述设备只是中机电力公司交付的热泵车间的一部分,仅以设备价计算该部分合同价款并无理据。第四,设备是案涉合同履行和项目工程验收的必备且主要的内容,特别是设备是否存在和交付属于显而易见的履约事实,在项目工程已经竣工验收且已进行工程结算的情况下,只能推定前述16台设备存在,不能以事后甚至事过多年后的现场查看来否定竣工验收并得出有虚构设备的结论。而且,抚矿热力公司为此提供的大华会计师事务所出具的抚矿中机热力有限责任公司供热改造工程竣工决算管理建议在本案原审之前即已存在,不属于《民事诉讼法解释》第三百八十八条所指的申请再审中的新证据。第五,假使存在虚报价款或虚构设备事实并构成欺诈或显失公平,则抚矿热力公司可以依法行使撤销权。但是,如前所述,对于案涉虚构设备事实,抚矿热力公司至迟应在竣工验收时就应当知道;对于案涉虚报价款事实,抚矿热力公司至迟应在工程结算时就应当知道。抚矿热力公司却均未在法律规定的期限内行使撤销权。如果抚矿热力公司认为己方在验收和结算时仍不知晓该有哪些设备或者未注意及时核对设备价格,显然于理不通,只能说是对自身权益的自我怠慢或过度疏忽,也应当自担风险和损失。

最后,关于抚矿热力公司在再审申请中还附带提出工程结算书系当时基于资产转固目的,而非工程结算真实意思表示的问题。工程结算书固然不排除有转固目的,但白纸黑字不能随意捏造,双方一旦签字就要承担有关文字内容确定的义务和责任。况且,作为一个重大投资项目,本案除此之外在项目工程竣工验收后、争议发生前长达五年时间里双方也未再作其他任何整体结算,就合同剩余价款即质保金结算形成的2份会议纪要也是以工程结算书为基础,凡此种种,都说明双方在争议发生前始终认可该工程结算书。

综观本案,中机电力公司已依约履行合同义务,案涉项目工程已竣工验收,合同双方已进行结算并且抚矿热力公司已依约支付约90%的合同价款,质保期也已届满且双方对质保金后续给付形成书面合意。合同项目竣工并结算近五年后,在中机电力公司起诉主张质保金的情况下,抚矿热力公司才提出合同无效和重新结算的抗辩和主张,而其有关抗辩和主张既无充分可靠的证据支持,也无令人信服的法理依据,原审判决并无不当,抚矿热力公司有关再审申请理由,本院不予支持。

三、实务建议

通过上述案例可知,当事人对于EPC合同的计价规则存在不同理解,即便已经办理结算,发包人仍有可能反悔扣减未实际发生的费用。为帮助工程总承包企业有效防范相关风险,笔者根据处理对此类纠纷的经验,提出以下风险管理建议:

(一)细化价格调整情形,履约过程中及时调价,避免结算时陷入被动

EPC模式的计价规则与传统施工总承包模式大相径庭,各方参与人均有着不同理解。合同当事人处于平等地位,任何一方均无法也不应强迫对方接受己方的见解。因此,消除和减少争议最可行的方法之一就是尽量细化合同约定,将当事人认为可能影响价格的因素进行充分探讨并形成合同条款。另外,履约过程中双方仍有继续合作的动力,也是固定证据的最佳时机,出现问题应及时解决,以免结算时积重难返。上述案例中,最高人民法院最终不予支持发包人提出因承包人虚报设备价款而要求重新结算的主张,重要考量因素之一就是承包人报送的结算价没有超出固定总价。另外,争议部分的设备及价款也不属于

双方约定合同价格调整的情形。假设因为变更和索赔过多导致结算价远远超出固定总价,法院是否仍然秉承支持原定结算价的态度难以预测。

(二)结算价款达成后,另行签订结算协议,明确结算范围

工程结算实践中有“小结算”“大结算”之分。小结算指的是仅针对工程造价(有时也包括已付款项等内容)的结算,往往存在于工程审价报告出具以后。而大结算包含小结算,同时还包含上述承包人可向发包人主张的所有项目应付总价款(包含造价、奖励、承包人索赔等),发包人可据以抗辩或主张的所有已付款与应扣款在内的所有款项内容。①

通常,结算书一经双方确认,则视为承发包双方对既存债权债务关系的结算和清理,但实务中依然存在较多结算后纠纷。重要原因是,发包人在承包人的结算书上盖章的行为,并不符合人们通常理解的合同形式。且结算书中一般仅有承包人主张的工程实体造价,鲜见发包人对于质量修复费用、工期违约责任等处理意见。因此,在结算书之外另行签署结算范围明确的结算协议,约定结算考虑因素,如依据 EPC 合同计价规则已审查造价真实情况、考虑合同外增加费用、发包人抗辩扣减费用等,如此将大大降低争议再起的可能性。

第 12 节 烂尾 EPC 项目是否可以按完工比例结算

正常情况下,工程总承包项目完工并验收合格,且没有发生约定的价格调整情形,则承包人可以获得 100% 的固定总价。烂尾 EPC 项目,在当事人已协商确认了完工比例的情况下,承包人主张未完工程总承包项目按完工比例结算在一定条件下是可行的。关于未完状态下的工程总承包项目结算,既是造价技术问题,也是法律问题。在诉讼方案的制定过程中,需要考虑合同解除、计价方式的合理性、质量问题举证责任、质保金扣留等关联问题。

笔者曾办理过一起烂尾工程总承包项目的工程款纠纷案件,作为承包人的代理律师,在发包人资不抵债行将破产的情况下,我们希望避开漫长的工程造

---

① 周利明:《解构与重塑——建设工程合同纠纷审判思维与方法》,法律出版社 2019 年版,第 294 页。

价鉴定程序及早确定债权。就案件办理过程中的若干思考分享如下。

【案情简述】

2016年9月,某建工公司(承包人)与某燃气公司签订了天然气高压管网建设工程EPC总承包合同(以下简称EPC合同),承包范围包括"项目的施工图设计、设备采购、安装施工、建筑施工、设备及材料供货、运输、试运行服务……",计价方式为总价合同,除批复的初步设计范围、功能以外的变更形成的合同价格调整外,合同价格不做调整。工程款支付约定,进度款支付至合同总价的80%时暂停支付,工程竣工验收合格并结算完成后支付至竣工结算价的95%,剩余5%作为质量保修金,待质保期满后一次性支付。

合同履行过程中,因发包人股东内部发生纠纷,项目被迫中止。停工时,合同范围管网铺设工程基本完工,变更增加工程全部完工,仅因为发包人无法提供管线上游接气门站,致管道接气工作暂未完成。双方在停工后签署进度确认单,确认形象进度完成98%。承包人多次沟通就已完工程办理结算,发包人均以施工未完无法验收合格为由拒绝。后,承包人提起诉讼,主张以合同约定的固定总价为基数按完工比例办理结算,变更增加部分则以双方确认的金额为准。

【分析研判】

本案中的核心争议是工程总承包模式下的未完工程如何结算。实务中,关于未完固定总价工程结算,有"按完工的工程量×清单报价"、"按照完工比例结算"、按合同总价扣除剩余续建价款结算"等至少三个说法。本项目中,前期招投标阶段并未采用清单报价方式,因此不存在按工程量清单结算的基础。继续施工的内容主要是燃气管道接口安装,但双方当事人并未就甩项竣工达成一致,也无法协商续建工程的造价。根据已完工程量比例已经得到双方确认的事实,我们最终选择了以合同约定的固定总价为基准,按照完工比例折算结算价的诉讼方案。以下对方案的可行性进行详细论证。

一、工程总承包项目的计价方式

2018年12月12日,住建部发布的《工程总承包计价计量规范》(建办标函〔2018〕726号)第3条"基本规定"第3.1.5款规定:"建设项目工程总承包应采用总价合同,除合同另有约定外,合同价款不予调整。"

2019年12月23日,住建部、国家发改委联合颁布的《工程总承包管理办法》,该办法第十六条规定:“企业投资项目的工程总承包宜采用总价合同,政府投资项目的工程总承包应当合理确定合同价格形式。采用总价合同的,除合同约定可以调整的情形外,合同总价一般不予调整。”

2020年11月25日,住建部建筑市场监管司发布的《建设项目工程总承包合同(示范文本)》(GF－2020－0216,简称“示范文本”)第一部分合同协议书第2条“合同价格形式”规定:“合同价格形式为总价合同,除根据合同约定的在工程实施过程中需进行增减的款项外,合同价格不予调整,但合同当事人另有约定的除外。”

从上述规范性文件和示范文本可以看出,工程总承包模式强调固定总价。结合工程总承包模式特征,总承包单位包揽项目设计、施工、采购等全部环节,应当对项目质量、安全、工期、造价全面负责,因此适合选择固定总价合同形式。但考虑工程总承包项目发包阶段早、承包范围广的特点,项目的经济参数、技术指标、边界条件等较为模糊,设计深度往往不足以达到确定合同固定总价的条件,承发包双方均存在较大的成本风险。发包人在项目前期可能无法预知建造成本,接受较为宽松的固定价格。项目实施过程中,发包人可能会利用自身优势地位,要求承包人“无所不包”导致成本不断攀升,承包人也可能通过设计优化节省建造成本而获得差额利润。可以说,工程总承包是考验双方当事人成本管理能力的一种商业模式,固定总价在项目前期对于双方较为公平。

二、竣工项目的结算方式

《工程总承包管理办法》及《示范文本》并未直接规定工程总承包项目的结算方式,但从关于合同价格形式的描述可以看出,除合同约定可以调整的部分造价外,合同总价原则上应予维持。《工程总承包计价计量规范》则在第9条“工程结算与支付”第9.3.1款进一步规定:“竣工结算价为扣除暂列费用后的签约合同价加(减)合同价款调整和索赔。”

结合固定总价合同方便结算的特征可以理解,只要承包人完成了合同范围的全部工程,且不存在增加或变更工程,则发承包双方无须再就实际工程量进行审核确认,发包人直接按照合同约定的价款支付工程款即可。发生工程变更或其他约定的合同价格调整情形的,也仅对变更调整部分进行计量计价。相对于传统承发包模式下将实际工程量结算的冗长程序,固定总价合同的结算方式无疑是高效的。

三、施工未完状态下的结算

正常情况下,工程总承包项目完工并验收合格,且没有发生约定的价格调整情形,则承包人可以获得100%的固定总价。本案中,项目施工未完,但双方在停工后确认了已完工程占合同约定工程量的比例,这种情况能否按照完工比例结算固定总价部分的工程款,该问题既属于造价问题,又属于合同解除后如何处理的法律问题。

1. 未完工程结算面临的首要问题是质量认定

《民法典》第八百零六条第三款规定:“合同解除后,已经完成的建设工程质量合格的,发包人应当按照约定支付相应的工程价款;已经完成的建设工程质量不合格的,参照本法第七百九十三条的规定处理。”根据上述规定,施工合同解除,若承包人可以证明已完工程质量合格,则有权主张合同约定的工程价款。关于工程质量是否合格,一般认为存在两种认定方法:一是双方验收直接确认质量合格,二是发包人未经竣工验收擅自使用,推定工程质量合格。本案特殊之处,在于工程并未完工,基于燃气管道工程的性质,在燃气接通之前也无法确认已经施工的部分是否达到约定的性能及技术要求。另外,发包人也不同意甩项降级接收,双方并未就后续处理作出约定。因此,如果按照直线思维,本案关于已完工程质量的认定将陷入僵局。

笔者认为,本案的工程质量认定问题,可以从两个法律角度解决。

第一,合同约定以质量合格做为工程款支付条件,属于“附条件的民事法律行为”中的“条件”。《民法典》第一百五十八条规定:“民事法律行为可以附条件,但是根据其性质不得附条件的除外。附生效条件的民事法律行为,自条件成就时生效。附解除条件的民事法律行为,自条件成就时失效。”第一百五十九条规定:“附条件的民事法律行为,当事人为自己的利益不正当地阻止条件成就的,视为条件已成就;不正当地促成条件成就的,视为条件不成就。”根据上述规定,施工合同当事人可以约定工程验收合格作为工程款支付的条件,但该条件并非不可逾越。本案中,如果发包人提供了燃气管道接口,那么燃气管道工程自然顺利完工并办理验收,约定结算及付款条件将自然成就。因此,发包人未能履行提供燃气管道接口义务的行为，不正当地阻碍了付款条件的成就，应当视为条件已成就即质量已经合格。承包人有权向发包人请求结算并支付工程款。最高人民法院民一庭也有类似观点：施工合同双方当事人约定，工程尾款待工程验收通过后支付，施工人对工程尾款享有的权利属于附条件请求权。如工程验收客观上已经无法进行，应认定合同所约定的条件无法成就[①]。

第二，法律规定以质量合格作为支付工程款的前提，“质量合格”属于举证责任的内容。法律并不强人所难，举证责任的内容应当与当事人主张权利的范围相对应。根据司法解释规定，施工合同解除情况下，承包人主张工程款需要证明的是“已完工程”质量合格，而非“整体工程”验收合格。本案中，承包人已经取得了若干部分项工程质量验收记录，如发包人认为质量不合格，应由其举证证明。如果发包人因未能举证证明（包括申请鉴定），则其关于工程质量不合格而拒绝付款的理由不能成立。

2. 按完工比例结算的依据

结算依据也存在两个维度。如果合同约定了未完工程的结算方式，则应当予以遵守。在合同没有相关约定的情况下，事后选择结算方式就要考虑多方面的因素，如符合合同原有的计价规则、遵循公平和效率原则。笔者认为，承包人选择按完工比例折算总价的结算方式，遵循了固定总价计价原则，也并未对发包人的利益造成损害。客观上，也可以避免造价鉴定程序，有利于纠纷的高效解决。

部分观点认为，固定总价合同是对特定施工范围和条件的整体工程的对价，该对价中包含了发包人实现合同目的所让渡的整体工程利润。未完工状态下的工程价款的认定，已经背离了固定总价合同的初衷。按完工比例折算的方式，将使承包人事实上获得了合同充分履行情况下的利润（同比例），打破了发承包方合同利益状态的相对平衡。对此，笔者认为，在建设工程施工合同履行过程中，因发包人违约行为导致合同解除时，守约方承包人可向发包人主张因此所受到的损失，其中除承包人在履行合同过程中实际已遭受的损失外，预期

① 最高人民法院民事审判第一庭：《施工合同约定工程尾款待验收通过后支付，如工程验收客观上无法进行，施工人请求支付该尾款，诉讼时效期间应当如何计算》，载《民事审判指导与参考》总第49辑，人民法院出版社2012年版，第131～136页。

利润损失的赔偿也包含在其中[①]。因此,即使按比例折算的工程款包含了整体工程的同比例利润,承包人也可以按照主张违约责任的逻辑提出索赔。

实践中,部分高级人民法院也认可按完工比例结算的方式。在此列举如下:

江苏省高级人民法院《建设工程施工合同案件审理指南(2010)》第七条第一项规定:"在工程没有全部完工的情况下,有两种不同的方式来确认工程款,一是根据实际完成的工程量,以建设行政管理部门颁发的定额取费,核定工程价款,并参照合同约定最终确定工程价款;此时,对工程造价鉴定不涉及甩项部分,只须鉴定其完工部分即可。二是确定所完工程的工程量占全部工程量的比例,按所完工程量的比例乘以合同约定的固定价款得出工程价款。……"该规定未将固定总价合同工程未完时作出特别规定,仅统一规定在"工程没有全部完工"的情况项下,因此固定总价合同亦存在按照定额取费的可能。

2015 年 10 月 22 日上海市中级人民法院《建设工程施工合同纠纷审判实务相关疑难问题解答》第十一条规定,固定价款合同未履行完毕而解除的,工程价款如何结算?解答:建设工程施工合同约定工程价款实行固定总价结算,承包人未完成工程施工,其要求发包人支付工程款,经审查承包人已施工的工程质量合格的,可以确定所完工程的工程量占全部工程量的比例,按所完工程量的比例乘以合同约定的固定价款得出工程价款。

2016 年 11 月 9 日,重庆市高级人民法院《关于建设工程造价鉴定若干问题的解答》第 11(6)条,如果合同为固定总价合同,且无法确定已完工程占整个工程的比例的,一般可以根据工程所在地的建设工程定额及相关配套文件确定已完工程占整个工程的比例,再以固定总价乘以该比例来确定已完工程造价。

3. 折算后的工程款无须扣留质保金

质保金问题同样与合同解除的后果相关。《民法典》第五百六十六条第一款规定:"合同解除后,尚未履行的,终止履行;已经履行的,根据履行情况和合同性质,当事人可以请求恢复原状或者采取其他补救措施,并有权请求赔偿损

---

① 《民法典》第五百八十四条规定:"当事人一方不履行合同义务或者履行合同义务不符合约定,造成对方损失的,损失赔偿额应当相当于因违约所造成的损失,包括合同履行后可以获得的利益;但是,不得超过违约一方订立合同时预见到或者应当预见到的因违约可能造成的损失。"

失。”根据本条理解，施工合同解除后，尚未履行的条款应终止履行。对于承包人而言，终止履行的范围包括未完工程以及竣工试验、质量保修等。质保金的存在本来就是担保承包人履行质量保修义务，既然承包人已经无须履行该项义务，则质保金就没有存在的必要了。此外，在合同解除情形下，法院也会结合承包人在合同解除中是否有过错，以及已完工程是否存在质量问题等考量因素，来判断是否应在发包人支付工程款中扣留合同中约定的质量保证金[①]。案涉工程因资金问题持续停工，发包人既未支付工程款，也未确定复工时间，更无资金进行后续施工，致使合同目的根本无法实现。同时，发包人并未提出证据证明案涉工程存在质量问题以及需要进行质量返修，故无权继续扣留质量保证金。因此，承包人有权主张的按完工比例折算的工程款应当是足额的，并无须扣留质保金。

第13节　EPC总承包商投保工程保险，因分包单位原因发生保险事故，保险人赔偿后是否可以向分包单位追偿

工程总承包项目的投资金额巨大，而在建工程抗灾能力差，危险程度高，一旦发生事故，就会造成巨大的损失（包括在建工程本身的损失和他人人身及财产损失）。因此，EPC总承包商需要购买工程保险作为转移风险的手段。此时，工程保险的受益人可能包括EPC项目的发包人、分包施工单位等。

根据《保险法》第六十条[②]之规定，保险人有权向造成保险事故的第三者请求赔偿。同时，《保险法》第六十二条[③]规定不得向共同被保险人（被保险人组成人员）追偿。如果保险事故的肇事者是项目分包单位，保险人能否行使追偿权存在较大争议。本节中，笔者将以一个真实案例为背景探讨这一问题。

① 中国新兴建设开发总公司、国泰纸业建设工程施工合同纠纷案，最高人民法院（2017）最高法民终252号民事判决书。

② 《保险法》第六十条第一款　因第三者对保险标的的损害而造成保险事故的，保险人自向被保险人赔偿保险金之日起，在赔偿金额范围内代位行使被保险人对第三者请求赔偿的权利。

③ 《保险法》第六十二条　除被保险人的家庭成员或者其组成人员故意造成本法第六十条第一款规定的保险事故外，保险人不得对被保险人的家庭成员或者其组成人员行使代位请求赔偿的权利。

一、案情简述①

2010年3月15日,贵州粤黔电力公司(发包人)与浙江浙大网新机电工程有限公司(EPC总承包商,以下简称浙大网新公司)签订贵州盘南电厂4×600MW机组脱硫系统增容改造EPC工程总承包合同,双方约定:运至施工场地内用于工程的材料和待安装设备,由浙大网新公司办理保险,并支付保险费用,与完成项目所有有关的应由浙大网新公司办理的保险事项由浙大网新公司办理,费用由其承担,浙大网新公司投保内容包括其自身人员的人身保险、意外保险及劳动保险,并为施工机械设备办理财产保险,支付保险费用。

2010年7月15日,浙大网新公司与河南诚城集团安装公司、新乡大地建筑公司签订3#FGD建筑安装工程施工承包合同,将其承包EPC工程中的3#FGD建筑安装工程分包给由河南诚城集团安装公司和新乡大地建筑公司组成的联合体(河南诚城集团安装公司为合同执行的主要责任方),双方在合同专用条款中约定以承包人名义给施工文件、工程设备(建筑设备)、材料和工程投保一切损失或损害保险,承包人投保第三方责任保险,承包人在整个施工期间对其为合同工程工作的人员进行人身意外保险,保险的一切费用应由承包人承担并支付。

2010年7月26日,浙大网新公司为前述工程在平安财险浙江分公司投保安装工程一切险及第三者责任险,其中安装项目物质损失部分总保险金额为236,320,220元,第三者责任累计赔偿限额为10,000,000元,保险期间自2010年7月27日上午0时起至2013年5月15日下午24时止。

2010年9月14日上午10时10分,河南诚城集团安装公司施工人员不慎将一小块炙热的铁块掉到吸收塔除雾器内,并引发火灾。

2010年9月17日,贵州电力工程建设监理公司盘南项目监理部、浙大网新公司盘南电厂FGD项目部和河南诚城集团安装公司六盘水项目经理部经联合调查会签,作出调查报告,认定本起事故的直接原因为河南诚城集团安装公司施工人员违章作业。该报告同时还认定本次火灾的全权责任在浙大网新公司,主要责任在施工分包单位河南诚城集团安装公司,浙大网新公司盘南电厂FGD项目部具有次要责任。

---

① 河南省新乡市中级人民法院民事判决书,(2015)新中民金终字第409号。

2010 年 9 月 27 日,浙大网新公司向平安财险浙江分公司申请增加河南诚城集团安装公司、新乡大地建筑公司为工程分包商,分包项目为建筑安装。同年 10 月 12 日,平安财险浙江分公司作出批单,同意上述申请。

2011 年 9 月 22 日,深圳民太安保险公估股份有限公司根据平安财险浙江分公司委托作出公估报告,认定本次火灾的核损金额为 1,424,904.3 元,扣除残值及免赔额,赔付金额总计 1,351,439.17 元。

2011 年 10 月 13 日,平安财险浙江分公司通过花旗银行(中国)有限公司向浙大网新公司支付了保险赔款 1,351,439.17 元,浙大网新公司则向平安财险浙江分公司出具赔付意向及权益转让书,同意将相关保险标的的一切合法权益转让给平安财险浙江分公司。

平安财险浙江分公司后于 2012 年 9 月 9 日向河南诚城集团安装公司发出索赔函,称其在支付上述保险赔款的情况下已依法取得了代位行使浙大网新公司向河南诚城集团安装公司请求赔偿的权利,要求其向自己支付相应款项。

本案法律关系见图 2-13-1。

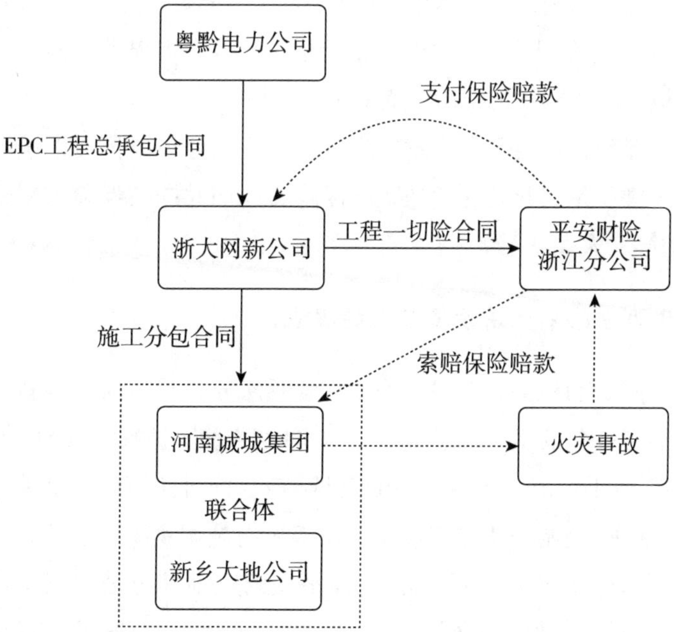

图 2-13-1　本案法律关系

二、分析与解读

保险代位求偿权,又称“代位追偿”或“权益转让”,是指保险标的因第三人的责任发生保险事故而导致损失,保险人向被保险人支付保险赔偿金后,依法取得对第三人的损害赔偿请求权。该权利源自《保险法》第六十条第一款规定:“因第三者对保险标的的损害而造成保险事故的,保险人自向被保险人赔偿保险金之日起,在赔偿金额范围内代位行使被保险人对第三者请求赔偿的权利。”

此外,最高人民法院《关于适用〈中华人民共和国保险法〉若干问题的解释(四)(2020修正)》第八条规定:“投保人和被保险人为不同主体,因投保人对保险标的的损害而造成保险事故,保险人依法主张代位行使被保险人对投保人请求赔偿的权利的,人民法院应予支持,但法律另有规定或者保险合同另有约定的除外。”从上述规定可以看出,保险人代位求偿权可以行使的对象,是除被保险人以外所有与造成保险财产损害有关系的任何第三方。投保人亦可以作为代位求偿的对象。但保险人不能向被保险人行使代位求偿权,这是保险法公认的法律原则,这项原则的理论基础是:被保险人不能自己起诉自己,如果允许保险人向被保险人行使代位求偿权,就等于允许保险人将损失转回到被保险人的身上,使得被保险人购买的保险毫无意义。

本案中,保险公司能否向引发保险事故的施工分包单位河南诚城集团安装公司追偿,关键就是判断其究竟是案涉保险合同的共同被保险人还是保险合同关系之外的第三人。

(一)认为分包单位属于第三人的观点

该案一审法院认为:本案中,平安财险浙江分公司与浙大网新公司签订保险合同,为后者承包的贵州盘南电厂4×600MW机组脱硫系统增容改造EPC工程承保安装工程一切险及第三者责任险,该合同合法有效。后涉案工程在施工期间发生火灾,经调查认定直接原因在于河南诚城集团安装公司施工人员未按规定施工,该公司应承担主要责任,而平安财险浙江分公司根据评估结论在向浙大网新公司支付保险赔偿金1,351,439.17元后,即取得了对火灾责任方河南诚城集团安装公司的代位求偿权。

河南诚城集团安装公司辩称其是涉案工程的分包商,属于涉案保险合同的其他关系方,平安财险浙江分公司无权向其行使求偿权,但从本案现已查明的事实来看,河南诚城集团安装公司是在火灾发生后根据浙大网新公司的申请成为涉案保险合同的其他关系方,保险合同中采取列举方式标明分包商同时记载"包括但不限于以上分包商"只是为今后增加分包商留下了空间,并不能当然认定河南诚城集团安装公司自始属于保险合同的其他关系方,同时,早在火灾发生前浙大网新公司与河南诚城集团安装公司及新乡大地建筑公司签订的工程分包合同也明确约定由作为承包方的后者投保一切损失险及第三者责任险,故对河南诚城集团安装公司的上述辩解意见不予支持。

(二)认为分包单位属于共同被保险人的观点

该案二审法院认为:本案系保险代位求偿权纠纷,依据《保险法》第六十条和第六十二条之规定,只有第三人对保险标的损害而造成的保险事故,保险人才可在赔偿范围内代为行使被保险人对第三人的赔偿请求权,但该第三人不包括被保险人组成人员。故解决本案纠纷的前提是对河南诚城集团安装公司是否系案涉保险合同的被保险人作出判断,这也是双方当事人主要争议焦点。二审法院对该焦点分三步进行解答:

1. 保险合同对被保险人范围进行了扩张

浙大网新公司为案涉的安装工程和第三者责任投了工程一切险及第三者责任险,并在保险合同中约定"其他关系方"属于被保险人范围,并在其他关系方的清单中列明了中天建设、常州肯创等三家工程分包商,又注明"包括但不限于以上分包商"。根据保险合同的上述约定,说明双方在保险合同签订时对被保险人范围的约定是扩张性的,绝不仅仅表明此时保险合同只保障列明的中天建设、常州肯创等三家分包商。此种约定方式赋予浙大网新公司可以对被保险人的范围中"不限于以上分包商"的内容予以明确或增加,平安财险浙江分公司同意该合同内容,表明其自愿受此约定约束,故浙大网新公司在签订保险合同时不需要、亦不必要对所有被保险人予以明确的列举,未被明确列举的分包商只要符合同等的条件也应系被保险人范围,且以后浙大网新公司的明确或增加分包商为被保险人时,该被明确的分包商应当自其分包商地位确定后进入工程现场时即受到保险的保障,而不是自浙大网新明确或增加分包商时,该分包商才受保险合同保障,这也是双方签订保险合同对被保险人范围采取了列举式和概括式约定相结合的方式所要求表达的真实合同意思,也是为了最大化地满足双方签订合同的效益原则,避免了频繁地对合同的有关内容予以释明。

2. 总承包商为分包单位投保保险(列为被保险人)符合履约惯例

浙大网新公司与河南诚城集团安装公司于2010年7月15日签订的安装施工承包合同中约定可以证实,合同总价款中明确含有保险费用,但在合同通用条款和专用条款中对保险投保责任作出了截然相反的约定,通用条款约定由发包人即浙大网新公司投保,而在专用条款中又约定了保险投保责任在承包人即河南诚城集团安装公司,根据该合同对专用条款和通用条款的释义和效力的约定,专用条款的效力高于通用条款,但通用条款系根据法律、行政法规规定的通用于建设工程的条款,而专用条款是合同双方根据具体工程实际,对通用条款的具体化、补充和修改。单就该合同内容看,平安财险浙江分公司关于施工承包合同约定了由河南诚城集团安装公司投保的理由符合上述合同约定,但经对比浙大网新与中天建设、常州肯创的施工承包合同,该两份施工承包合同与河南诚城集团安装公司和浙大网新之间的合同均属于建设工程合同(系同一类型的合同),且签订时间均在浙大网新公司与平安财险浙江分公司保险合同之前,关于合同价款包含的内容及保险、专用条款和通用条款的释义和效力等方面的约定完全一样。而该两家分包商系保险合同明确列举的分包商,毫无疑问是保险合同被保险人,据此可以推知,在建设施工合同中浙大网新公司利用其发包人的优势地位将建设工程中通用条款约定的应由发包人承担的保险投保责任通过合同专用条款约定由承包人负担,但在之后合同实际履行过程中,却未按照合同专用条款约定执行,事实上执行了合同通用条款约定的发包人即浙大网新公司对案涉工程投保了一切险和三者险,并将案涉工程的分包商和其他设备供应商均列为被保险人。但在列举被保险人时采取了部分明示列举和标注"包括但不限于以上分包商"的概括性、兜底性约定并用的方式,对保险合同的"其他关系方"中被保险人范围限定于案涉工程的分包商。河南诚城集团安装公司作为案涉工程的分包商之一,虽未被明示列举,但根据其承包合同内容、签订时间和进场施工时间,其与中天建设、常州肯创等两家被明示为被保险人的分包商并无区别,故其应当属于未被明示的分包商即被保险人。

3. 保险人以事实行为追认分包单位被保险人的地位

从火灾发生后浙大网新公司申请增加河南诚城集团安装公司为分包商的批改申请书和平安财险浙江分公司同意分包商增加的批单也可证实河南诚城集团安装公司系保险合同的被保险人。虽然在此次明示河南诚城集团安装公司为分包商时用语是“增”和“增加”,但是根据保险合同约定的真实意思,该申请批改的行为是对“不限于以上分包商”概括性约定的明确,是对保险合同约定的“其他关系方”中被保险人范围的进一步具体化。而非平安财险浙江分公司理解的是在火灾发生后对保险合同的新增加分包商的约定且该新增分包商受保险保障的时间应自平安财险浙江分公司同意增加时起,如按平安财险浙江分公司的此理由,原保险合同生效时保障的仅是明确列举的中天建设、常州肯创等三家分包商,此时增加河南诚城集团安装公司为分包商系对保险合同中被保险人范围的变更增加,但平安财险浙江分公司也认可此次“增加分包商”时,浙大网新公司并未增加保险费用,所以平安财险浙江分公司所称的是新增河南诚城集团安装公司为分包商与理不通。据此可以认定,此次增加分包商是对保险合同概括性约定“其他关系方、不限于以上分包商”的明确,是对河南诚城集团安装公司分包商地位的一种事后追认,也符合浙大网新公司与平安财险浙江分公司保险合同约定的“其他关系方”应当包括处于案涉工程的分包商地位的其他承包人,否则浙大网新公司与平安财险浙江分公司在保险合同中概括性约定的“包括但不限于以上分包商”实无“注明”之必要。平安财险浙江分公司同意投保人浙大网新公司在保险合同采取此种概括性列举方式,也应当承受由此产生的保险合同中被保险人由于投保人浙大网新公司明示后的扩张之风险,故应认定2010年10月12日平安财险浙江分公司同意浙大网新公司的申请批改行为是对河南诚城集团安装公司分包商地位的明确和追认,河南诚城集团安装公司的分包商地位的确定在保险合同之前,河南诚城集团安装公司自保险合同生效时起就应受到保险合同保障,这也属于保险合同约定的平安财险浙江分公司应承担的保险责任范围和浙大网新公司投保目的。

综上,二审法院确认河南诚城集团安装公司作为案涉工程的分包商应属于浙大网新公司与平安财险浙江分公司保险合同中约定的被保险人之一,根据保险法前述规定,保险人不得对被保险人的组成人员行使代位请求赔偿权,故平安财险浙江分公司的诉讼请求缺乏事实和法律依据,不能予以支持。

三、实务建议

上述案例中,保险公司与分包单位产生追偿权争议的直接原因在于保险合同缺乏对被保险人、第三人的明确定义,加之合同履行不规范,造成被保险人与第三人的身份混同。笔者分别从保险人和投保人角度提出风控建议如下:

(一)从保险人角度

1. 重视合同条款完备性,落实权利保障

本案中,EPC 总承包商向保险公司投保工程一切险,双方成立保险合同关系。关于合同主体具体的权利义务,应首先遵守合同约定。但保险合同缺乏对被保险人、第三人的明确定义,也没有对保险事故责任方的追偿问题进行细化约定,导致各方仅能从法律规定层面进行解读,对主张追偿权造成了障碍。

更有甚者,部分保险从业人员在为客户办理投保手续时,仅向客户出具投保须知或要求客户填协投保单,而忽视了制作完备的保险合同。在发生保险合同纠纷时,保险人首先面临举证障碍。实际上,保险人的权利保障也需要具体的合同条款予以落实。

2. 在基础保险合同关系之外,灵活运用债权转让等方式确认债权

在前述案例中,事故责任方实际对投保人 EPC 总承包商浙大网新公司构成了侵权,浙大网新公司有权向其主张侵权责任。在办理理赔阶段,平安财险浙江分公司完全可以拒绝增加河南诚城集团安装公司为工程分包商的申请,而是要求其出具对河南诚城集团安装公司的索赔权益转让书。平安财险浙江分公司向浙大网新公司赔付款项后,可以取得其受让的对河南诚城集团安装公司的侵权责任索赔权。在追偿诉讼中,保险公司在法定的代位追偿权之外增加了侵权责任的债权请求权。

(二)从投保人角度

从 EPC 承包商角度,为了避免投保工程一切险等险种后,因自身原因或下属分包商的原因发生保险事故后被保险人事后追偿,则应当通过在保险合同设置“共同被保险人条款”“保险人放弃代位求偿权条款”,将投保人 EPC 承包商、发包人、关键分包商均列为被保险人并要求保险人豁免追偿责任。此外,EPC

承包商还需要认真审查关联的“第三者责任险交叉责任扩展条款”“共保交叉责任条款”等,以保持保险合同相关约定的一致性。

第14节　转型中的设计院,如何应对劳务索赔

《工程总承包管理办法》第十条规定:“工程总承包单位应当同时具有与工程规模相适应的工程设计资质和施工资质,或者由具有相应资质的设计院和施工单位组成联合体。”换言之,当设计院不具备双资质时如要发展工程总承包业务,只能通过与施工单位组成联合体承揽EPC项目。

但是在EPC合同价格中,施工单位可得的建安工程费占比远远高于设计院可得的设计费,因此部分设计院会组建自己的EPC管理团队,借用施工单位名义具体实施施工任务,从而分享EPC项目中的绝大部分收益。这种经营模式下,设计院实际上承担了EPC项目的全部设计、采购、施工工作,设计院与施工单位之间名为联合体,实际为挂靠合作关系。

在项目实施层面,联合体下游的分包单位、供应商虽然表面上与施工单位签署合同,但相关合同的履行实际受到设计院的控制。如现场施工管理指令由设计院的管理团队下达,款项的支付也是由设计院审批后通过施工单位账户支付。

这种项目实施模式能否顺利运行,关键在于“背靠背”的价格机制能否执行到位。基于以收定支的费用控制原则,总承包商往往希望和下游分包单位签订背靠背模式的分包合同,在收到发包人支付的款项后,才向分包单位支付相应部分的款项。针对合同内的费用,分包单位一般会接受背靠背,但对于合同外的费用,则容易发生争议。

通常情况下,EPC合同采用固定总价模式,发包人以工程概算作为建安工程费的费用控制上限,承包人需要通过限额设计方式控制项目投资。一旦限额设计工作不足导致施工图预算超出限价,或者项目实施过程中出现大量工程变更、材料价格大幅上涨等情况,很容易导致实际工程成本超出签约合同价。由于EPC合同的价格调整程序较为严苛,承包人很难及时从发包人处获得费用补偿,但为了推进工程进度,又不得不向下游传达施工指令。很容易出现对上索赔不力,对下费用超支的“两张皮”局面。

本节,笔者通过分享一个转型中的设计院遭遇分包单位的实际施工人索赔

的案例,详细为大家介绍设计院主导的 EPC 项目中的劳务风险应对措施。

一、案情简述

A 设计院为某地大型国有企业,仅有设计资质,但成立了 EPC 管理中心,尝试建设具有工程总承包项目的投标、合约、法务、设计、造价管理、工程管理等能力的管理团队。

后,A 设计院与 B 工程公司联合体中标了某市政工程 EPC 项目。A 设计院与 B 工程公司商定,由 A 设计院负责实际实施项目的设计、采购、施工工作,但土建工程部分的材料采购、设备租赁、劳务分包合同均以 B 工程公司的名义签署。A 设计院负责统一向发包人收取工程款,并将土建部分的工程款转付给 B 工程公司,由 B 工程公司负责向下游单位支付款项,并收取一定比例的管理费。

在 A 设计院的安排下,B 工程公司与 C 技术公司签署了劳务分包合同和材料采购合同,其中劳务分包约定了“背靠背”的付款原则。C 技术公司委派刘某作为项目负责人履行分包合同。工程现场实际由 A 设计院的项目管理团队进行管理,并直接向 C 技术公司下达施工指令。

本案法律关系见图 2－14－1。

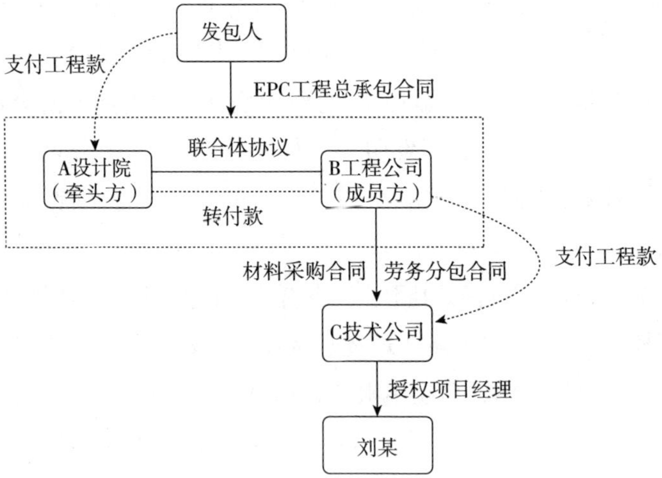

图 2－14－1　本案法律关系

项目实施过程中,产生了大量合同外费用,联合体多次向发包人申请调整合同价款未果。

项目接近完工时,C技术公司开始向A设计院和B工程公司发函催收合同外费用,并主张合同外费用不应执行背靠背原则。A设计院和B工程公司表示,请C技术公司继续完成剩余施工任务,相关费用将在发包人付款后支付。

多次交涉未果后,C技术公司停工。同时,C技术公司的项目负责人刘某开始以实际施工人身份向A设计院主张费用。刘某不但停止施工,而且唆使人员阻扰现场其他单位继续施工,甚至组织人员到A设计院总部办公场所拉横幅讨薪。

事件发生后,A设计院多次召集B工程公司、C技术公司、刘某等人协商后续处理方案。

因各方分歧较大,C技术公司表示退出项目,刘某等人继续以实际施工人身份向A设计院主张欠款,并唆使人员拆除运走已安装至现场的设备。同时,又切断工程项目部办公区域水电、锁死办公室,阻扰发包人、监理单位、A设计院和B工程公司现场生产及办公。

二、处置方案分析

A设计院多年来从事传统设计工作,缺乏应对劳务纠纷的经验。

相关事件发生后,A设计院委托笔者团队协同开展应急处置工作。

在部署安保力量和警情报备的情况下,刘某等人并未实现制造不良舆情的结果。多次谈判摸底后,A设计院也了解了C技术公司、刘某等人的基本情况和各自诉求。

刘某实际是挂靠C技术公司施工,相关工程建设资金系刘某等人筹集,C技术公司只负责代收代付款项。在垫资压力日增的情况下,C技术公司为避免欠款风险,拒绝继续接受刘某的挂靠,希望以已收款为限划分责任。刘某收款迫切,也不愿继续以C技术公司名义实施常规的催收清欠措施。

针对上述情况,笔者团队为A设计院制订了应对方案,具体如下:

笔者认为,本项目有两个相互关联的事项需要解决,一个是比较紧急的刘某相关人员阻工及闹事,实际上是应急处理;另一个是双方具体的工程结算争议事项,争议事件难以短时间解决,根据目前的情况来看,需要漫长的结算核对过程。两个事项虽然相互关联,但是其影响与处理方式并不一致,应急事项处理是第一位的,应先将事件的外部影响降到最低,再处理具体的争议事项。

(一)工作目标

在制订行动方案之前,首先明确近期的工作目标:

1. 顺利完成工程建设,完成工程验收且工程资料完备,避免影响工程交付以及A设计院在当地市场的声誉;

2. 避免影响扩大,对A设计院商誉产生负面影响;

3. 在合法合规框架下,坚持未来结算支出可控的原则解决争议;

4. 工程质量责任可追溯至具备履约能力的单位主体。

(二)行动方案

基于工作目标,结合争议处置实际情况,笔者认为后续存在以下两种处置方案:

一是突破合同相对性,在C技术公司证明刘某实际施工人身份并对施工范围及责任清晰划分的前提下,由A设计院直接和刘某结算确认工程款,并直接向刘某(含其指定主体)支付剩余款项。

二是坚持合同相对性,认准C技术公司是合同相对方,联合体与C技术公司结算后支付剩余款项。

(三)方案对比分析

方案一:突破合同相对性与刘某结算付款

此种方案看似直接面对问题的根源,或可短期内平息内刘某等人的闹事、阻工问题,但是存在以下风险:

1. 施工质量责任难以划分清楚,存在追偿不到位风险

虽然可以通过补充合同约定的方式,要求C技术公司对已收款范围内的工程承担责任,并要求刘某及收款方对剩余范围内工程承担质量责任。但由于事实上刘某班组施工的工程都是以C技术公司的名义实施,故C技术公司只对部分工程承担责任,而不是全部工程,显然是减轻了C技术公司的责任。

此外,已付款范围对应的工程量可能无法界定清晰,若认可前后存在不同主体施工,可能导致施工质量问题的成因难以界定,最终导致约定责任无法落实。

对于刘某个人，法律明确禁止自然人承揽工程，即使在合同中约定了工程质量责任，也无法全面落实到个人。仅就质量问题造成的损失而言，向个人追偿到位的可能性也不大。

对于刘某指定的收款人，虽然同样可以约定由收款人承担质量责任，但是收款人并非工程实际施工单位，只是一个收款工具，要求其实际承担质量责任缺乏事实基础。实务中，此类过桥公司多半并不具备履约能力或存在债务纠纷（现有或潜在），即使协议约定中承诺承担质量责任，也不表示一定能够追偿到位。

2. 实际施工人范围难以确定，存在第三人重复索赔风险

刘某及其班组主张是C技术公司的实际施工人，但是由于笔者未能获知刘某与C技术公司的相关合同，而且目前实际施工人并非刘某一人，他还有多名合伙人。故难以判断在刘某代表签字（即使要求相关合伙人均在协议中签字）后，是否会有新的施工队主张工程是他们施工的，他们与刘某是相互独立的施工队伍；即使在与刘某的合同中约定了刘某要保证没有其他第三方来主张款项，但是该约定难以约束合同外主体。而刘某收到款项后，也可能以客观不知情为由，拒绝对第三人负责，这将给A设计院带来额外损失的风险。

3. 方案存在法律及内控合规风险

刘某班组与联合体不存在合同关系，刘某所主张的"实际施工人"只是个法律概念，有特定含义，一般是要经过诉讼程序，由法院认定才能算。在正常施工合同履行过程中，并没有实际施工人的说法。若各方直接协商认可，未经法院认定，程序上存在瑕疵。

在刘某及其班组采取非正常手段进行所谓"讨薪"、阻挠项目施工、擅自拆除设备，扰乱联合体正常生产经营的情况下，A设计院可以选择合法合规途径，与C技术公司协商解决纠纷，要求C技术公司约束施工人员，否则依法追究C技术公司相关责任。因此，即使存在欠付工程款，也应当由C技术公司收取。

但是，该方案却需要C技术公司退出，A设计院放弃追究C技术公司因刘某班组争议引发的相关责任，此后另行引入其他主体作为替代通道，帮助刘某直接收取工程款，存在程序不合规的风险。

根据目前掌握的信息，C技术公司存在虚报工程量、偷工减料、施工质量存疑的问题，可能导致无法正常结算，联合体是否欠付工程款尚不确定。因此，如

按照刘某要求进行付款,可能造成国有资产流失。因此,该方案明显不符合常理,贸然采用存在工作人员渎职风险。

根据《刑法》第一百六十八条的规定,如果主观上是过失的,造成国家直接经济损失数额在50万元以上的,构成国有公司、企业、事业单位人员失职罪。如果主观上存在故意的,造成国家直接经济损失数额在30万元以上的,构成国有公司、企业、事业单位人员滥用职权罪。

若A设计院内部集体决策,认为后续仍需实施方案一,笔者建议应遵循如下路径:

(1)由C技术公司通过公函方式,确认刘某是其引入项目的实际施工人,并对各自施工范围及收款权利进行清晰划分,明确指示后续工程款由刘某收取,同时承诺对施工质量问题负责;

(2)由刘某对实际施工范围做出书面说明,并要求项目所有参建施工班组进行书面确认,承诺未来结算收款后无第三方重复主张费用;

(3)联合体与刘某就实际施工范围工程办理结算,或由刘某提起诉讼后在诉讼程序中办理结算(工程造价鉴定);

(4)刘某提出对联合体的诉讼,在诉讼程序中由法院判断是否属于实际施工人,若属于实际施工人,则依据法院判决向其支付工程款。

方案二:严守合同法律关系,要求C技术公司对整个工程承担责任,联合体仅向C技术公司支付工程款

与方案一相比,此方案具有以下明显优势:

1. C技术公司不能逃避合同责任

合同有事实合同与书面合同两类。联合体与C技术公司签订的合同并非仅有纸面上的付款合同,C技术公司实际上是完成了绝大部分土建部分的专业工程施工。故C技术公司应对其合同范围内施工内容承担全部责任,至于刘某是C技术公司的项目经理还是C技术公司的实际施工人,都不影响C技术公司承担责任。故要求C技术公司对整个施工工程承担责任,是符合合同法律关系的,也是有理有据的。要求C技术公司承担责任也能降低A设计院与刘某对抗的风险。

2. 方案操作方式合法合规

该方案符合合同相对性,也是在法律框架之下正常的操作方式,具体决策人不存在内控合规和刑事责任风险。

实施该方案的要点是不认可刘某实际施工人的主张，A 设计院仅与 C 技术公司对接后续事宜，故刘某可能无法接受，或将进一步采取过激行动，故需要我们采取其他应对措施。但整体而言，此种方案更符合合同约定、法律规定和国企、上市公司内部风控要求，故建议优先选择方案二。

（四）其他配套手段

若后续实施方案二，我们需要采取配套手段应对冲突升级风险。同时，结合我们的主要目标，建议采取以下配套手段：

1. 选择强有力的分包单位，尽快完成工程施工，争取发包人的谅解和帮助

阻工是刘某相关人员胁迫 A 设计院的一个重要手段，但只要工程竣工验收交付，该手段自动失效。由于剩余的工程量已经不多，我们可以邀请强势分包单位尽量组织充足劳动力，尽快完成剩余工程施工。就委托分包单位施工产生的费用，后续也可考虑向 C 技术公司及刘某个人追偿。

2. 安抚发包人单位，争取外围力量

在工程建设目标上，发包人与 A 设计院利益一致，因此他们也不愿意看到工程推进持续受阻的局面。我们可向其展示解决问题的决心和能力，通过各种手段控制现场以及推动施工，并请求协助我们解决外围压力。同时，A 设计院可以客观说明争议发生的原因是下游成本过高，希望尽快推动预算审核以及工程量确认工作以解决 A 设计院成本压力，并争取不追究 A 设计院工期违约责任。

3. 聘请得力安保队伍，保障生产经营秩序，消除阻工影响

针对刘某等人现场阻工、干扰 A 设计院办公场所秩序的情况，A 设计院可以聘请专业安保队伍进行相应防范。为避免产生额外风险，聘请安保应签署专项委托合同并明确授权范围，如明确约定采用合法方式维持现场秩序，禁止采用非法手段，避免主动与对方发生冲突，自行承担违法行为的法律责任等。

4. 拖住刘某等人，为现场施工争取时间

A 设计院可以尽量摆出积极解决问题的态度，表明对此前谈判方案的慎重决策要求，让对方始终抱有达成的期待。例如，可说明国企内部决策的流程要求、时间；通过中间人释放部分决策信息，也可以考虑通过 C 技术公司释放利好

信息,如约请C技术公司负责人协商结算、付款事宜。

5. 采用多种法律手段综合施压,迫使C技术公司承担责任,并约束刘某的行为

C技术公司是联合体分包合同主体,应承担法定和约定的合同义务;刘某至今仍是C技术公司的项目负责人,C技术公司有责任约束刘某等人的行为。

若C技术公司拒绝责任,A设计院可以采用通过发函、行政投诉、发起诉讼并实施财产保全等多种法律手段向其施加压力,逼迫其面对现实承担责任。

第一步,A设计院可向C技术公司发函明确诉求,要求C技术公司说明其与刘某的关系,并主动承担约束刘某的责任,并告知如不承担相应责任,A设计院将采取多种手段维权;

第二步,如上述行为没有达到效果,可逐步开展行政投诉、诉讼以及财产保全等相关工作。具体操作上,诉讼可尽量提高诉讼金额,保全C技术公司及其股东的巨额财产,逼迫对方谈判。

6. 与上级主管部门、新闻媒体提前报备,防控舆情风险

针对刘某可能采取的向各主管部门和A设计院上级单位投诉、上访等行动,A设计院可以提前做好汇报工作,说明解决问题的态度以及对方无理要求、违法违规动作。

此外,A设计院也需要提前联系派出所、街道办,以及做好公司办公地址的安保工作,防止刘某等人再次到公司办公场所闹事。

7. 分化瓦解对方力量,逐步降低A设计院压力

保障农民工工资支付既是法律规定也是政策要求,刘某等人也是以农民工讨薪作为应对理由。如果核查确认存在农民工欠薪情况,可要求班组、工人提供施工证明、考勤依据、工资计算明细等资料,并进行现场逐一询问,对存疑的部分,暂停发放;对核实确认的部分,在街道办、劳动监察部门的代表在场见证的情况下,进行部分工人工资垫付,留存相关证据,并在最终支付给C技术公司的工程款中扣除此部分垫付款项。

对于被裹挟参与刘某事件的其他施工队伍,若核实确认不在C技术公司施工范围内,则应尽快就此项费用金额与对方协商一致安排支付,并要求相关人员承诺不得继续闹事,以分化对方力量,降低我方压力。

8. 梳理工程资料，为后续法律程序以及结算做准备

（五）注意事项

1. 在C技术公司未授权的情况下，不再单独与刘某进行谈判，避免给予对方过高的期望；如果要谈判，必须以C技术公司负责工程质量责任、保障验收及收款为前提。

2. A设计院领导成员避免参与直接谈判工作，降低滋扰影响，可授权谈判代表实施具体工作。

（六）内部组织安排和外部机制

1. 需成立专项工作组

工作组需确定领导机制，以解决事件为目标，负责统一决策、组织、指挥应急行动，统一向内外部通报情况，协调、协助有关部门和单位开展工作。所有工作应该在工作组明确处理方案后统一展开，不宜各自行动，影响工作效果。

指派专人与外部对接，确保信息及时汇总和对外口径统一，包括对C技术公司、刘某、发包人单位。

工作组应安排人员进行分工，完成以下任务：

（1）对内，负责梳理工程资料；专人负责内部对账；

（2）对外，负责联系住建局、街道办、派出所、劳动监察部门，主动说明情况；

（3）对上，负责与发包人对接，尝试尽快启动竣工验收以及就争议部分的工程量加快确认进度；

（4）对下，负责与C技术公司、刘某谈判，对其进行分化，并争取明确结算主体。

2. 强化事件处理过程中的相关信息沟通

项目部现场需要安排有对接人，负责随时通报项目现场信息，与各主管部门、发包人等对接人员，也需要随时通报各方的态度、指示，要便于专项工作组全面了解各方信息。而对于工作组决定需要向各方通报的信息，对接人也要及时向各方通报。

3. 工作相关保障机制

人员保障。工作组有权根据事件处置工作的需要，召集参与处置人员。

物资后勤保障。A设计院应做好事件处置工作的物资保障，准备好相关的设施、设备及资金、交通工具；保障谈判团队食宿供应及人身安全；保障法律、后勤、安保相关服务合同签署以及资金支付效率。

4. 主动联系项目所在地各政府主管部门，建立长效沟通反馈机制

继续联系项目所在地各政府主管部门，说明情况，建立长效沟通反馈机制。如遇阻工事件，可立即协调人员现场处置，最大程度控制刘某阻工的影响。如向当地政府住建、公安部门进行报备，一旦刘某等人采取非法手段过激行动，马上报警处理。

三、后续处理情况及风控建议

在明确了工作方向，实施了多项配套手段后，各方终于回到了谈判桌前，重新协商后续施工收尾、结算、收款、质保问题。由于C技术公司坚持终止合同，A设计院本着解决欠款问题的态度，最终达成C技术公司向不低于资质等级和履约能力的第三方单位概括转让权利义务，由第三方单位完成剩余合同任务并负责收取剩余工程款并向刘某支付款项，C技术公司与第三方单位共同对施工范围内质量负责的方案。

在事件处理过程中，我们也认识到传统设计院对于施工劳务单位管理的短板。设计院在不具备施工、成本控制经验的情况下直接进行项目管控风险大，容易发生劳务公司扯皮纠纷。较为稳妥的方式，是认认真真开展联合体合作，由施工单位管理劳务公司，向施工单位学习并密切合作，强化施工管理流程的管控，吸收劳务管理经验。设计院可以与合作方施工单位签署针对性的合作协议，发挥自己的技术优势，通过提升全过程策划管理能力、设计优化节约成本、提升施工效率等方式创造和分享工程利润。

第三章　工程总承包模式实务问答

第1节　“四无工程”的EPC合同是否有效

【分析与解读】

一般情况下，建设工程在施工之前应当取得“四证”，即建设用地规划许可证、国有土地使用证、建设工程规划许可证、建设施工许可证。由于工程总承包项目的发包阶段较早，有些EPC合同签订时甚至诉讼过程中，涉案工程既未取得土地使用权证，也未取得用地规划许可证和建设工程规划许可证，更无法办理施工许可证，属于“四无”工程。

司法实践中，对于未取得“四证”的施工合同的效力如何认定，最高人民法院及地方高院已给出明确规定，具体条文表述虽有所差异，但总体思路是较为一致和明确的：(1)在发包人未取得建设用地规划许可证、建设工程规划许可证等行政审批手续时，与承包人签订的建设工程施工合同无效。(2)但在一审法庭辩论终结前(2020年《施工合同司法解释(一)》[①]实施后改为发包人在起诉前)发包人取得相应审批手续或者经主管部门批准建设的，应当认定合同有效。(3)同时，发包人未取得土地使用权证和建筑工程施工许可证的，不影响施工合同的效力。虽然EPC合同并不等同于建设工程施工合同，但实践中涉及施工内容的EPC合同纠纷审理，大多还是参照施工合同的裁判规则。

① 最高人民法院《施工合同司法解释(一)》(法释〔2020〕25号)第三条规定：“当事人以发包人未取得建设工程规划许可证等规划审批手续为由，请求确认建设工程施工合同无效的，人民法院应予支持，但发包人在起诉前取得建设工程规划许可证等规划审批手续的除外。”

但笔者认为,由于工程总承包项目发包阶段提前的特殊性,不宜机械套用施工合同裁判规则判定 EPC 合同的效力,原因是工程总承包项目的发包阶段提前使得建设单位缺乏办理相关许可证的客观条件。

《工程总承包管理办法》第七条规定:"建设单位应当在发包前完成项目审批、核准或者备案程序。采用工程总承包方式的企业投资项目,应当在核准或者备案后进行工程总承包项目发包。采用工程总承包方式的政府投资项目,原则上应当在初步设计审批完成后进行工程总承包项目发包;其中,按照国家有关规定简化报批文件和审批程序的政府投资项目,应当在完成相应的投资决策审批后进行工程总承包项目发包。"

根据上述规定,工程总承包项目最早可在项目完成核准或者备案之后发包。而根据基本建设程序,项目核准或备案通过后,建设单位才会分别向城乡规划、国土资源和环境保护部门申请办理规划选址、用地预审和环评手续,最后根据批复文件向建设主管部门办理开工手续。即使是实行审批制的政府投资项目,也是在初步设计审批通过之后,才继续办理规划许可和用地许可,最后办理施工许可。因此,无论何种类型的工程总承包项目,项目发包完成并签订承包合同之时,均有可能未完成"四证"的办理。若以是否办理工程规划许可及用地许可评判 EPC 合同的效力,则必然产生大量的无效合同,这与制度设计的初衷相违背。

特别是,根据《城乡规划法》第四十条规定及地方主管部门关于工程规划许可般的相关规定,只有工程施工图设计文件设计完成并审核通过之后才能办理建设工程规划许可证。而在工程总承包项目就是将设计工作委托承包人实施,因此要求工程总承包合同签订之时已经取得工程规划许可存在逻辑悖论。

综上,笔者认为,在项目发包阶段,不能以项目是否具备"四证"评判 EPC 合同的效力。在项目具备办理工程规划许可和用地许可的条件后,发包人仍怠于办理相关许可的,才会影响 EPC 合同的效力。

【典型案例】

案例 3－1－1

上海宝冶集团有限公司(以下简称上海宝冶公司)与泰州振昌工业废渣综合利用有限责任公司(以下简称泰州振昌公司)、上海振昌金属资源集团有限公司(以下简称上海振昌公司)建设工程合同纠纷案

审理法院:江苏省高级人民法院

案号:(2017)苏民终371号

裁判日期:2018年4月11日

【案情简介】

2013年1月,泰州振昌公司与上海宝冶公司签订泰州振昌65万吨金属铁深加工生产线工程EPC总承包合同,约定泰州振昌公司将其在上海某地建设的65万吨金属铁深加工生产线工程交由上海宝冶公司组织实施。合同签订后,上海宝冶公司于2013年3月16日开始组织施工,工程于2013年12月30日竣工验收合格。经审查,该建设工程未取得建设用地规划许可和建设工程规划许可,且在一审辩论终结前未补办手续。

后双方因工程款给付发生争议而诉至法庭,在法院审理期间,各方当事人对该EPC工程总承包合同的效力各执一词。

上海宝冶公司认为:涉案EPC总承包合同合法有效。本案EPC合同是建设工程合同,不是建设工程施工合同,法律、行政法规没有规定签订建设工程合同必须取得建设工程规划许可;EPC总承包合同的承包内容包括设计、采购、施工,合同签订后才能出设计图纸,办理建设工程规划许可证,以取得建设工程规划许可证判断施工合同效力的规定不适用于EPC总承包合同。

泰州振昌公司、上海振昌公司认为:涉案EPC总承包合同无效。该工程项目至今未取得建设工程规划许可证,违反了《城乡规划法》的强制性规定。

【法院观点】

二审江苏高院认为,上海宝冶公司主张EPC总承包合同效力不受是否取得用地规划许可、建设工程规划许可的影响,涉案EPC总承包合同合法有效。对此,法院认为,该合同系泰州振昌公司将65万吨金属铁深加工生产线工程设计、采购、施工整体发包给上海宝冶公司的总承包合同,性质上属于建设工程合

同。EPC 总承包合同与建设工程施工合同相比,增加了设计、采购等内容,有其特点,但现行法律并无有关 EPC 总承包合同效力认定的特别规定,对 EPC 总承包合同效力的认定,应当以《合同法》《城乡规划法》作为依据。《城乡规划法》第四十条规定,在城市、镇规划区内进行建筑物、构筑物、道路、管线和其他工程建设的,建设单位或者个人应当向城市、县人民政府城乡规划主管部门申请办理建设工程规划许可证。就尚未取得建设工程规划许可审批手续的工程,发包人与承包人签订的建设工程施工合同应属无效。涉案工程未取得用地规划许可、建设工程规划许可,且在一审法庭辩论终结前也未取得相应审批手续或者经主管部门批准,涉案 EPC 总承包合同应认定为无效。上海宝冶公司主张该 EPC 总承包合同有效,缺乏事实和法律依据,法院不予支持。

案例 3-1-2

山东水泊梁山影视基地股份有限公司(以下简称水泊影视公司)、深圳文科园林股份有限公司(以下简称文科园林公司)建设工程合同纠纷案

审理法院:山东省济宁市中级人民法院

案号:(2020)鲁 08 民终 2508 号

裁判日期:2020 年 8 月 10 日

【案情简介】

2017 年 6 月 9 日,水泊影视公司与文科园林公司签订水浒影视文化体验园(一期)建设项目设计采购施工(EPC)总承包项目合同,水泊影视公司将工程发包给文科园林公司,由文科园林公司进行项目的勘察、设计、采购、施工。但截至一审结束时,水泊影视公司仍未取得建设用地规划许可证、建设工程规划许可证以及施工许可证。

后因合同效力、是否需承担违约责任、合同是否解除等事项发生争议而诉至法院。双方对 EPC 总承包项目合同是否为有效合同存在不同观点。

文科园林公司认为,水泊影视公司未按照法律规定办理建设用地规划许可和建设工程规划许可,违反了法律的强制性规定,EPC 总承包项目合同中约定的建设内容对其无效。

水泊影视公司认为,工程总承包合同在签订时即成立生效,不以取得规划许可证作为工程总承包合同生效的要件为生效要件,故水泊影视公司与文科园

林公司签订的EPC总承包项目合同合法有效。

【法院观点】

一审法院认为，法律上默许的取得建设工程规划许可证的最晚时间节点是在对建设项目进行正式施工建设前，而工程总承包合同的订立与项目的施工建设属于两个不同的独立阶段，前一阶段应取得建设工程规划许可证，但《城乡规划法》及地方《城乡规划条例》并未作出强制约束性相关规定。从签订工程总承包合同和取得建设工程规划许可证的逻辑顺序来看，建设工程规划许可证需要提交建设工程设计方案并通过审核后方能取得。工程总承包的承包范围包括工程勘察、设计、采购、施工等全部环节，其中设计环节包含了工程方案的设计，是工程总承包单位履行工程总承包合同的约定义务之一，因此，在逻辑顺序上，应当是先签订工程总承包合同并完成工程设计方案，再由建设单位申请办理建设工程规划许可证，时间上必定是工程总承包合同签订在前，规划许可证取得在后。如果以工程总承包合同签订时无法取得的规划许可证来否定合同效力，所有工程总承包合同都将有可能归于无效，这有悖于立法本意，也不利于实现合同目的。根据《城乡规划法》的规定，建设工程规划许可证的取得，是建设单位的法定义务。规划许可证的取得与否，不影响工程总承包合同的效力，而取得规划许可证应作为建设单位的法定义务。综上所述，工程总承包合同具有一定的特殊性，不同于传统的建设工程施工合同，不能以建设工程施工合同的效力规范判断建设工程总承包合同的效力。建设工程总承包合同一般在签订时即成立生效，不以取得规划许可证作为工程总承包合同生效的要件为生效要件。

二审法院认为，2017年6月9日，水泊影视公司与文科园林公司签订水浒影视文化体验园（一期）建设项目设计采购施工（EPC）总承包项目合同，约定设计范围包括但不限于红线范围内地块及红线外相关区域概念性规划方案设计、景观方案设计、施工图设计等；勘察项目包括详细勘察（含施工期间勘察）、地下障碍物勘察、地下障碍物勘察害评价所需的资料、除上述工作外，发包人委托的本项目的其他工程勘察工作。发包人负责向承包人提供施工用地，以及施工用地初勘资料、地形图。因工程、地形图同一般在其签订时即成立生效，不以取得规划许可证为生效要件之一，未取得规划许可证并不当然导致签订的工程总承包合同无效。从合同生效要件的角度分析，未取得规划许可证并不影响工程总承包合同的效力,应当按照《合同法》的相关规定认定工程总承包合同的效力。根据现行合同法的规定,发包人可以与总承包人订立建设工程合同,建设工程合同,包括工程勘察、设计、施工合同,据此可以看出涵盖了设计、采购、施工等各阶段在内的工程总承包合同与合同法上的建设工程合同在概念上略有差异,两者既有范围上的交叉,又存在各自的内涵。是否取得规划许可证,并非工程总承包合同生效要件,涉案合同应认定为有效合同。

【实务建议】

立法机关应出台效力层级更高的法律或行政法规来规制工程总承包项目基本建设程序及相关许可办理指引,从法律法规强制性规定角度解决相关许可对工程总承包合同的效力影响问题。如规定工程总承包项目可在合同约定的施工图设计文件完成后申请办理建设工程规划许可证,这就给工程总承包项目发包完成且合同履行至一定阶段后才需办理工程规划许可提供了法律依据。

最高院及各地高院也可研究制定适用于工程总承包合同纠纷裁判的指导意见,明确规定在发包阶段不以“四证”办理情况评判中标合同效力问题,仅在具备相关许可办理条件后再行评判。

【参考依据】

1.《城乡规划法》

第三十七条 在城市、镇规划区内以划拨方式提供国有土地使用权的建设项目,经有关部门批准、核准、备案后,建设单位应当向城市、县人民政府城乡规划主管部门提出建设用地规划许可申请,由城市、县人民政府城乡规划主管部门依据控制性详细规划核定建设用地的位置、面积、允许建设的范围,核发建设用地规划许可证。建设单位在取得建设用地规划许可证后,方可向县级以上地方人民政府土地主管部门申请用地,经县级以上人民政府审批后,由土地主管部门划拨土地。

第四十条 在城市、镇规划区内进行建筑物、构筑物、道路、管线和其他工程建设的,建设单位或者个人应当向城市、县人民政府城乡规划主管部门或者省、自治区、直辖市人民政府确定的镇人民政府申请办理建设工程规划许可证。申请办理建设工程规划许可证,应当提交使用土地的有关证明文件、建设工程设计方案等材料。需要建设单位编制修建性详细规划的建设项目,还应当提交修建性详细规划。对符合控制性详细规划和规划条件的，由城市、县人民政府城乡规划主管部门或者省、自治区、直辖市人民政府确定的镇人民政府核发建设工程规划许可证。

第六十四条　未取得建设工程规划许可证或者未按照建设工程规划许可证的规定进行建设的，由县级以上地方人民政府城乡规划主管部门责令停止建设；尚可采取改正措施消除对规划实施的影响的，限期改正，处建设工程造价百分之五以上百分之十以下的罚款；无法采取改正措施消除影响的，限期拆除，不能拆除的，没收实物或者违法收入，可以并处建设工程造价百分之十以下的罚款。

2. 最高人民法院《关于审理建设工程施工合同纠纷案件适用法律问题的解释(一)》

第三条　当事人以发包人未取得建设工程规划许可证等规划审批手续为由，请求确认建设工程施工合同无效的，人民法院应予支持，但发包人在起诉前取得建设工程规划许可证等规划审批手续的除外。发包人能够办理审批手续而未办理，并以未办理审批手续为由请求确认建设工程施工合同无效的，人民法院不予支持。

3. 浙江省高级人民法院民事审判第一庭《关于审理建设工程施工合同纠纷案件若干疑难问题的解答》(2012 年)

第二条　发包人未取得建设用地规划许可证或建设工程规划许可证，与承包人签订的建设工程施工合同无效，发包人未取得建设用地许可证或建筑工程施工许可证不影响施工合同效力。

4. 江苏省高级人民法院《关于审理建设工程施工合同纠纷案件若干问题的解答》(2018 年)

第三条　发包人未取得建设工程规划许可证，与承包人签订的建设工程施工合同，应认定为无效。但在一审法庭辩论终结前取得建设工程规划许可证或者经规划部门认可的，可以认定有效。发包人未取得建设工程施工许可证的，不影响建设工程施工合同的效力。

第2节　EPC合同是否可以分拆为设计、采购、施工合同

【分析与解读】

工程总承包模式已在国内推行多年,但由于立法工作和工程总承包管理配套文件如示范文本出台的滞后,导致很多工程管理一线人员仍然沿用施工总承包模式的思路处理项目实施问题。较为典型的是,许多较早的EPC项目合同文本,采用简单粗暴的设计合同、建筑安装合同、采购合同条款叠加的方式,甚至直接分别签署设计、采购、施工合同。在国家和地方层面的示范文本分别出台后,这种合同文本混乱使用的情况得到改善。此外,由于设计、采购和施工适用的增值税税率不同,也有项目系出于税务筹划的目的对EPC合同承包内容进行分拆履行。这种情况,在海外工程中更为普遍。

一、法律并不禁止EPC合同的分拆签署,但分拆行为可能产生合同性质的争议

《工程总承包管理办法》第三条规定:“本办法所称工程总承包,是指承包单位按照与建设单位签订的合同,对工程设计、采购、施工或者设计、施工等阶段实行总承包,并对工程的质量、安全、工期和造价等全面负责的工程建设组织实施方式。”上述规定仅列举了工程总承包合同的范围,但并未对合同签约形式进行明确。《民法典》及其他法律法规也未将工程总承包合同列为一类典型有名合同。因此,笔者理解,只要不违背《招标投标法》等对中标合同与招标文件保持实质性内容一致的强制规定,以及资质管理的相关规定,工程总承包合同的各方当事人可以自由约定签约形式。即法律没有明文禁止工程总承包合同的分拆签订行为。

但名为工程总承包项目,但实际上设计、采购和施工合同是分别签订及履行的,司法实践中可能存在对合同性质的理解分歧。主流观点认为,复数的合同若存在相互结合,但并非不可分割的情况,成立合同联立。崔建远教授认为:“所谓合同联立,是指数个合同具有互相结合的关系。一种情况是单纯外观的结合,即数个独立的合同仅因缔约行为而结合,相互之间不具有依存关系。于

此场合，应分别适用各自的合同规范……另一种情况是依当事人的意思，一份合同的效力或存在，依存于另一份合同的效力或存在。于此场合，各个合同是否有效成立需要分别判断，但在效力上，被依存的合同不成立、无效、被撤销或解除时，依存的合同应同其命运。”①工程总承包合同中的设计、采购、施工，显然是可以分割并单独履行的，而分割后的设计、采购、施工合同，是被认定为一个完整的工程总承包合同，还是三个单独的有名合同，则需要看当事人是否对合同依存关系进行明确约定。在当事人未有明确约定的情况下，裁判机关可能对合同关系和性质产生不同理解，对于立案管辖和实体审理均有可能产生深远影响，如真假 EPC 之争。

二、EPC 业务存在混合销售还是兼营的疑义，是否拆分合同应考虑当地税务政策

营改增后，增值税作为价外税需要在合同价款中予以考虑。传统施工总承包模式下，设计、采购和施工部分对应不同的增值税税率：设计服务适用现代服务业 6% 的税率，设备采购适用商品销售 13% 的税率，施工适用建筑服务 9% 的税率。税务策划的目的就在于避免统一适用较高税率。

关于 EPC 工程总承包合同如何纳税，实务中存在两种理解：一种是统一按照建筑业纳税，发包人要求总承包单位按照建筑业开具 9% 的发票，另一种是将合同总价拆分成设计、采购、施工等不同的部分，针对每个部分单独纳税，并开具相应的发票。两种操作方式源于对税法中兼营行为与混合销售的不同理解。

财政部、国家税务总局《关于全面推开营业税改征增值税试点的通知》（财税〔2016〕36 号）第三十九条规定：“纳税人兼营销售货物、劳务、服务、无形资产或者不动产，适用不同税率或者征收率的，应当分别核算适用不同税率或者征收率的销售额；未分别核算的，从高适用税率。”该条规定是对 EPC 合同金额分拆并分别开具发票的依据，而将全部合同金额按建筑业进行纳税的依据则是该办法第四十条规定：“一项销售行为如果既涉及服务又涉及货物，为混合销售。从事货物的生产、批发或者零售的单位和个体工商户的混合销售行为，按照销售货物缴纳增值税；其他单位和个体工商户的混合销售行为，按照销售服务缴

① 崔建远主编：《合同法》，法律出版社 2016 年版，第 15 页。

纳增值税。本条所称从事货物的生产、批发或者零售的单位和个体工商户,包括以从事货物的生产、批发或者零售为主,并兼营销售服务的单位和个体工商户在内。”

由于国税总局对从事货物的生产、批发或者零售的单位进行明确界定,导致目前EPC项目在纳税登记时被判为混合销售还是兼营,尚有疑义,这也给EPC项目节税筹划提供了一定空间。

实务中,EPC项目参与方可事先了解当地税务部门关于EPC项目纳税登记的理解。若税务部门理解为兼营,则并无必要对EPC合同进行拆分,只需要在合同中明确设计、采购、施工部分对应的金额。若税务部门理解为混合销售,则需要考虑是否实施拆分合同的税务筹划策略。

【典型案例】

案例3-2-1

技术服务合同与商务合同的主要合同标的不同,
不能因为具有关联性而认定为一份建设工程合同

北京航空航天大学(以下简称北航)、新冶高科技集团有限公司(以下简称新冶公司)合同纠纷案

审理法院:北京市高级人民法院、最高人民法院

案号:(2016)京民终176号、(2018)最高法民申3805号

裁判日期:2017年12月25日、2019年1月10日

【裁判要点】

北京高院认为:技术服务合同与商务合同均系涉案项目之下签署的合同,且从两份合同的条款内容来看,确系有紧密关联。但合同法中遵循合同自由原则,对于合同当事人基于意思自治的形成的合约应当予以尊重。北航和新冶公司就涉案项目生产线的设计和涉案项目生产线设备的制造分别签署技术服务合同与商务合同,双方均系具有专业领域相关经验的科研单位和设计单位,且早在上述两份合同签订之前,即已经开始就“钒钛铁分离技术工业化示范项目”共同进行调研并出具报告,因此,北航和新冶公司分别签署技术服务合同与商务合同是双方意思自治的结果。鉴于技术服务合同与商务合同主要合同标的

不同，且一项庞大复杂的工业化示范项目根据不同的任务分工细化拆分为不同的合同亦不违背商业惯例，故无法因两份合同具有关联性而认定其为一份建设工程合同。

最高院认为：

（一）关于商务合同的性质

北航申请再审主张商务合同为金属冶炼工程施工合同，属于承揽合同或建设工程施工合同性质，二审判决关于其为买卖合同的认定错误。原《合同法》第一百三十条规定，买卖合同是出卖人转移标的物的所有权于买受人，买受人支付价款的合同。第二百六十九条规定，建设工程合同是承包人进行工程建设，发包人支付价款的合同。建设工程合同包括工程勘察、设计、施工合同。法院认为，合同的性质应根据当事人约定的合同内容予以确定，建设工程施工合同、承揽合同和买卖合同都是合同法上的有名合同，区别明显。北航将涉案合同有时主张为建设工程施工合同，有时又主张为承揽合同，说明其对合同性质的诉讼主张不明确。根据原审查明的事实，商务合同中明确约定合同标的是北航购买新冶公司销售涉案项目生产线，同时在技术附件中明确约定了供货范围，即商务合同中新冶公司向北航出售的是“为生产线提供生产设备供货、现场安装调试、设备的热负荷联动试车及试生产的成套工程”，具体包括五部分：原料预处理、预还原设备、渣铁分离设备、辅助设备、备品备件，可见，合同的标的明确了其为买卖合同的性质。虽然在商务合同及其技术附件中还约定了新冶公司有交付提供资料、人员培训、设备调试以及提供非生产用厂房的设计、生产用房设计、生产线所有设备基础的土建的设计等义务，但新冶公司的主要给付义务在于交付技术附件供货范围约定的生产线，该主要给付义务亦决定了商务合同的性质为买卖合同。它与技术服务合同均系涉案项目之下签署的合同，并经北京技术市场管理办公室批准及备案，具有紧密关联。但这并不妨碍当事人基于意思自治所形成两个合同之间的独立性，亦不违反法律的强制性规定。此外，虽然商务合同及其技术附件的供货范围涉及大型设备，但不能因设备“大型”而推定为“建筑物”。新冶公司供货的大型设备仍属于动产的范畴，其安装活动与建筑工程合同中设备安装活动性质完全不同，它是为辅助新冶公司制造并交付生产线设备的合同主义务顺利履行而实施的活动，故不能以此认定其为建设工程合同。因此，原审法院将涉案合同认定为买卖合同并无不当。北航该项申请再审理由不能成立,法院不予支持。

(二)关于《商务合同》的效力

北航大学申请再审主张《商务合同》无效,二审判决关于合同有效的认定错误。本院认为,合同的效力要依据法律的规定进行判断。《合同法》第四十四条第一款规定,依法成立的合同,自成立时生效。《合同法》第五十二条规定,有下列情形之一的,合同无效:(一)一方以欺诈、胁迫的手段订立合同,损害国家利益;(二)恶意串通,损害国家、集体或者第三人利益;(三)以合法形式掩盖非法目的;(四)损害社会公共利益;(五)违反法律、行政法规的强制性规定。北航主张因新冶公司违反法律、行政法规关于工程资质和工程招标的强制性规定导致合同无效。法院认为,如前所述,涉案合同属于买卖合同,并非北航所主张的承揽合同或者建设工程设计合同,系当事人双方意思自治的结果。新冶公司是否具有相关工程资质以及是否必须招投标,则属于建设工程合同效力的判断因素,而非买卖合同效力的判断因素。故北航以新冶公司不具备相关工程资质和工程项目未经过招投标违反效力性强制性规范为由主张商务合同无效的再审申请理由不能成立。北航申请再审又主张新冶公司故意拆分合同,以合法形式掩盖非法目的。法院认为,北航和新冶公司分别签署技术服务合同与商务合同是双方意思自治的结果并经过北京技术市场管理办公室批准及备案,未违反法律的强制性规定,且北航亦未提供证据证明新冶公司故意拆分合同以达到逃避税收和资质监管的目的。故北航该项再审申请理由不能成立。北航申请再审还主张新冶公司以欺诈、胁迫的手段订立合同,损害国家利益。法院认为,欺诈系通过故意虚构事实或者隐瞒真实情况,使他人陷入错误意思表示的行为。北航与新冶公司在签订合同之前已共同出具过钒钛铁分离技术工业化示范项目申请报告和钒钛铁分离技术工业化示范项目可行性报告,从报告内容来看,北航对新冶公司所具备钒钛铁矿直接还原生产线的制造能力有充分的了解和肯定,新冶公司亦出具了其子公司北京钢研新冶工程设计有限公司的工程设计资质,故现有证据不足以证明新冶公司存在故意虚构事实或者隐瞒真实情况的行为。北航的该项再审申请理由不能成立,法院不予支持。

案例3-2-2

建安工程施工合同、设备供货合同共同构成建筑工程总承包合同

中冶东方工程技术有限公司秦皇岛研究设计院（以下简称秦皇岛设计院）、辽宁建设安装集团有限公司抚顺分公司（以下简称抚顺新钢铁有限责任公司）建设工程施工合同纠纷案

审理法院：辽宁省抚顺市中级人民法院、辽宁省高级人民法院

案号：(2017)辽04民终834号、(2018)辽民申2345号

裁判日期：2017年8月8日、2018年7月26日

【裁判要点】

二审法院认为：建设工程合同是承揽合同的一种特殊类型，建设工程合同在合同主体及合同标的物上区别于一般承揽合同。本案，从抚顺新钢铁有限责任公司与秦皇岛设计院签订合同名称、主体及承建内容看，均适用《建筑法》等法律法规的调整，并非普通主体所能承揽。抚顺新钢铁有限责任公司与秦皇岛设计院签订建安工程施工合同、设备供货合同，将新钢铁石灰竖窑项目，包括设计、供货、土建、安装和电气工程等一切工作内容发包给秦皇岛设计院，两份合同构成建筑工程总承包合同，秦皇岛设计院是工程总承包人。

再审法院认为：抚顺新钢铁有限责任公司与秦皇岛设计院签订建安工程施工合同、设备供货合同，从合同名称、主体及承建内容看，两份合同构成建筑工程总承包合同，秦皇岛设计院是工程总承包人。

案例3-2-3

当事人就同一买卖合同关系分别签署的多份合同性质应当统一

机械工业第九设计研究院有限公司（以下简称九院）与吉林省德泰电器设备有限责任公司（以下简称德泰公司）买卖合同纠纷案

审理法院：吉林省长春市中级人民法院、吉林省高级人民法院

案号：(2014)长民四终字第364号、(2015)吉民申字第221号

裁判日期：2014年9月19日、2015年4月29日

【裁判摘要】

二审法院认为:《合同法》第二百六十九条规定:“建设工程合同是承包人进行工程建设,发包人支付价款的合同。建设工程合同包括工程勘察、设计、施工合同。”《建设工程质量管理条例》第二条第二款规定:“本条例所称建设工程,是指土木工程、建筑工程、线路管道和设备安装工程及装修工程。”故对于本案采购合同中所涉及的变电设备的安装部分,上诉人与被上诉人之间构成建设工程施工合同关系。而对于本案采购合同中所涉及的变电设备的制造和供应部分,上诉人与被上诉人之间构成买卖合同关系。

再审法院认为:关于九院与德泰公司的合同关系性质问题。《合同法》第一百三十条规定:“买卖合同是出卖人转移标的物所有权于买受人,买受人支付价款的合同。”本案中,九院与德泰公司签订采购合同书约定,德泰公司为九院提供变电所设备的制造、运输、验收、保养及安装、调试和现场培训,合同总价款暂定为176万元。在合同履行过程中,双方又签订了三份补充协议,增加了部分设备。从双方签订的主合同及三份补充合同内容可知,德泰公司负有交付货物的义务并负责安装、调试和培训等附随义务,九院负有依照合同约定交付货款的义务。而交付货物和安装、调试、培训等行为作为本次买卖行为的一个整体存在于合同之中,交付货物系主合同义务,安装、调试、培训系主合同义务的附随义务,不宜进行拆分。二审判决将合同义务进行拆分并将案由定性为“买卖合同和建设工程施工合同纠纷”不妥当,法院予以纠正。

【实务建议】

EPC工程总承包模式不是简单的“E+P+C”,而是工程整体策划,以设计、施工的深度融合提升项目的运用管控水平。工程总承包合同中虽然包含了设计、买卖、施工等多个法律关系,但基于同一工程总承包之事实,具有经济上的一体性,不宜简单进行分拆。从法律实践来看,由于缺乏上位法对工程总承包模式的规制,实务人员及司法裁判机关对于工程总承包合同的法律性质存在不同理解,拆分EPC合同容易引发更多的争议。如分拆后的合同可能不被认定共同构成EPC合同,从而引发风险分配规则、计价方式等方面的争议。笔者认为,如无特殊理由,应尽量避免对EPC合同的分拆行为。

为了实现避税的目的,当事人需要事先联系当地税务部门,掌握当地的具体税收政策,避免盲目拆分EPC合同。如果能够将工程总承包模式认定为兼营行为，则工程总承包单位只需按照国家要求做到分开核算，即可按区分税率纳税，而无须仅为此目的进行合同拆分。必须分拆EPC合同才能实现区分税率纳税的，承包人可以在投标报价环节（如价格清单）中对设计、采购、施工部分分别报价，争取在签约合同价中分别列明各部分的价格及支付周期，以及提供给发包人的发票类型。为了避免合同性质的争议，双方当事人可以在合同拆分前先行签署总体框架性“桥接协议”，明确合同拆分只是为了满足纳税登记要求，拆分后的合同共同构成EPC工程总承包合同或以单独的完整EPC合同为实际履行合同，各份合同的承包人仍应向发包人承担连带责任。同时，各方应当确保分拆后的合同中的争议解决条款是一致的，并且应当加入必要的合并审理或仲裁的条款。涉及境外合同的，在分拆EPC合同之前，应当认真地了解项目当地国的税收政策并作出规划。

【参考依据】

1. 江西省国家税务局《关于全面推开营改增试点政策问题解答（八）》

一、EPC业务如何缴纳增值税？是视同一个总建筑安装项目计算增值税，还是分别按设计、采购、施工来核算，按兼营计算增值税？

答：EPC是指公司受发包人委托，对一个工程项目负责进行“设计、采购、施工”，与通常所说的工程总承包含义相似。纳税人与发包人签订工程总承包合同，从发包人取得的全部收入按提供建筑服务缴纳增值税。

2.《深圳全面推开营改增试点之建筑服务税收政策问答》

19. 建筑企业受发包人委托，按照合同约定承包工程建设项目的设计、采购、施工、试运行等全过程或若干阶段的EPC工程项目，应按什么税目征收增值税？

答：根据《深圳市全面推开“营改增”试点工作指引（之一）》规定，应按建筑服务缴纳增值税。

3.《陕西国税解答建筑房地产业营改增的20个实务问题》

问题5：EPC、BT、BOT、PPP等项目既涉及兼营又涉及混合销售，纳税义务发生时间、计税依据如何确定？

答：EPC、BT、BOT、PPP等项目中，如果一项销售行为既涉及货物又涉及服务，且两个应税项目有密切的从属或因果关系，属混合销售行为。混合销售行为按纳税人经营类别不同，分别按货物或服务缴纳增值税。

不符合上述条件的,属于兼营业务,应分别核算货物和服务销售额并计算缴纳增值税。未分别核算的,从高适用税率缴纳增值税。

4.《EPC 施工合同是按照混营业务还是兼营业务?增值税有何规定?》

答复机构:河南省税务局

答复时间:2020-11-18

您好!您所咨询的问题收悉。河南省税务局现针对您所提供的信息回复如下:

一、根据《财政部　国家税务总局关于全面推开营业税改征增值税试点的通知》(财税〔2016〕36号)规定,附件1:

第三十九条　纳税人兼营销售货物、劳务、服务、无形资产或者不动产,适用不同税率或者征收率的,应当分别核算适用不同税率或者征收率的销售额;未分别核算的,从高适用税率。

第四十条　一项销售行为如果既涉及服务又涉及货物,为混合销售。从事货物的生产、批发或者零售的单位和个体工商户的混合销售行为,按照销售货物缴纳增值税;其他单位和个体工商户的混合销售行为,按照销售服务缴纳增值税。本条所称从事货物的生产、批发或者零售的单位和个体工商户,包括以从事货物的生产、批发或者零售为主,并兼营销售服务的单位和个体工商户在内。……

附件2:

一、营改增试点期间,试点纳税人[指按照《营业税改征增值税试点实施办法》(以下称《试点实施办法》)缴纳增值税的纳税人]有关政策(一)兼营。试点纳税人销售货物、加工修理修配劳务、服务、无形资产或者不动产适用不同税率或者征收率的,应当分别核算适用不同税率或者征收率的销售额,未分别核算销售额的,按照以下方法适用税率或者征收率:1. 兼有不同税率的销售货物、加工修理修配劳务、服务、无形资产或者不动产,从高适用税率。2. 兼有不同征收率的销售货物、加工修理修配劳务、服务、无形资产或者不动产,从高适用征收率。3. 兼有不同税率和征收率的销售货物、加工修理修配劳务、服务、无形资产或者不动产,从高适用税率。

二、根据《国家税务总局关于明确中外合作办学等若干增值税征管问题的公告》(国家税务总局公告2018年第42号)第六条规定,……一般纳税人销售外购机器设备的同时提供安装服务，如果已经按照兼营的有关规定，分别核算机器设备和安装服务的销售额，安装服务可以按照甲供工程选择适用简易计税方法计税。

因此，根据上述文件规定，EPC 业务不属于混合销售行为，属于兼营行为，针对 EPC 合同应当分别核算适用不同税率或者征收率的销售额。具体涉税事宜您可联系主管税务机关确认。

感谢您的咨询！上述回复仅供参考，若您对此仍有疑问，请联系 12366 纳税服务热线或主管税务机关。

第 3 节 EPC 项目联合体是否可以更换成员

【分析与解读】

《工程总承包管理办法》第十条规定："工程总承包单位应当同时具有与工程规模相适应的工程设计资质和施工资质，或者由具有相应资质的设计单位和施工单位组成联合体。工程总承包单位应当具有相应的项目管理体系和项目管理能力、财务和风险承担能力，以及与发包工程相类似的设计、施工或者工程总承包业绩。设计单位和施工单位组成联合体的，应当根据项目的特点和复杂程度，合理确定牵头单位，并在联合体协议中明确联合体成员单位的责任和权利。联合体各方应当共同与建设单位签订工程总承包合同，就工程总承包项目承担连带责任。"

上述规定出台后，国家层面对于 EPC 项目承包商的资质提出了设计和施工双资质的严格要求，但短期内市场上具备双资质的单位数量有限，单一资质单位如要发展工程总承包业务，只能通过与其他单位组成联合体承揽 EPC 项目，共同与发包人建立合作关系。联合体这一为单一项目合作的临时组织将在 EPC 市场上长期存在。

EPC 项目实施过程中，联合体内部可能基于种种原因，某一成员方需要退出项目合作。由于联合体系共同与发包人成立合同关系，其内部变故直接关系到 EPC 合同的履行，因此需要在 EPC 合同关系中讨论联合体成员的变动问题。

一、联合体的性质限制其自由变更成员的权利

《建设项目工程总承包合同(示范文本)》(GF－2020－0216)通用合同条件第1.1.2.4条对联合体的定义为:“是指经发包人同意由两个或两个以上法人或者其他组织组成的,作为承包人的临时机构。”

在法律法规层面,《建筑法》第二十七条第一款规定:“大型建筑工程或者结构复杂的建筑工程,可以由两个以上的承包单位联合共同承包。共同承包的各方对承包合同的履行承担连带责任。”《招标投标法》第三十一条第一款对联合体投标进行了明确的规定:“两个以上法人或者其他组织可以组成一个联合体,以一个投标人的身份共同投标。”

根据上述法律规定,法人和其他组织均可通过协议的方式组成联合体,以一个投标人的身份共同参与招投标。但是,我国法律并未对联合体的法律地位属法人或其他组织作出明确定义,因此对其权利内容及责任承担等方面存在理解分歧。

有观点认为,工程承包中的联合体较为符合原《民法通则》(主席令第18号,已失效)中第五十一条至第五十三条规定的联营的特征,联合体协议应当是确定联合体成员各方权利义务的联营协议。例如,在十一冶建设集团有限责任公司、苗学义建设工程施工合同纠纷一案①中,法院认为:宏宝公司与十一冶公司签订的《联合体协议》,属于《民法通则》第五十二条、第五十三条规定的联营协议,该协议明确规定了各方权利义务,宏宝公司与十一冶公司对外应各自独立承担民事责任。

另有观点认为,联合体成员基于承接、实施工程总承包项目的共同目标,从而组成共享利益、共担风险的临时性机构,符合《民法典》合同编关于合伙合同的法律关系,故联合体成员之间的法律关系为合伙关系,所签联合体协议属合伙合同性质。

笔者赞成第二种观点。既然现行法律也未对联合体的性质作出直接规定,而联合体成员之间属于平等民商事主体关系,联合体的组建也是为了与项目发包人建立和履行合同关系这唯一目的,则将联合体视为临时合伙,并以联合体

① 河南省高级人民法院民事判决书,(2018)豫民终1338号。

协议内容作为确定联合体性质和权利义务关系的主要依据更为妥当。

联合体各成员同为EPC合同一方主体,共同就EPC合同的履行对发包人承担连带责任。联合体成员方履行EPC合同的行为,对发包人产生相应的权利义务,联合体成员的变更也必须考虑对发包人的影响。另外,工程承包关系的建立和延续受到《建筑法》《招标投标法》等公法的规制,并不能完全实现契约自由。因此,联合体成员的变更不能参照《民法典》第九百七十四条①合伙人转让财产份额之规定。

二、联合体成员的变更需要考虑招标投标程序、资质要求

笔者认为,讨论联合体成员的变更问题不能仅看合同约定(包括联合体协议及EPC合同),而是要首先考虑《建筑法》《招标投标法》等"公法"对承包人资格、缔约权利的限制。

根据《招标投标法》第二条②、第三条③的规定,达到必须进行招标的具体范围和规模标准的工程建设项目,其承包商的选择必须进行招标程序。此外,非必须招标的项目,一旦发包人选择了招标程序选定承包人,也应当遵守招标投标法的相关规定。

(一)EPC合同签订之前变更联合体成员

如前所述,在建筑市场上,部分工程项目的缔约行为需要遵守招标投标程序。若案涉EPC工程属于必须招投标工程范围,原联合体系通过招投标竞争获取的缔约权利。此时,若允许联合体成员任意变更,则新的联合体成员可能涉

---

① 《民法典》第九百七十四条　除合伙合同另有约定外,合伙人向合伙人以外的人转让其全部或者部分财产份额的,须经其他合伙人一致同意。

② 《招标投标法》第二条　在中华人民共和国境内进行招标投标活动,适用本法。

③ 《招标投标法》第三条　在中华人民共和国境内进行下列工程建设项目包括项目的勘察、设计、施工、监理以及与工程建设有关的重要设备、材料等的采购,必须进行招标:

(一)大型基础设施、公用事业等关系社会公共利益、公众安全的项目;

(二)全部或者部分使用国有资金投资或者国家融资的项目;

(三)使用国际组织或者外国政府贷款、援助资金的项目。

前款所列项目的具体范围和规模标准,由国务院发展计划部门会同国务院有关部门制订,报国务院批准。

法律或者国务院对必须进行招标的其他项目的范围有规定的,依照其规定。

嫌未经招投标程序就涉案工程签订 EPC 合同,因违反招投标的强制性规定而导致 EPC 合同认定无效。

较为典型的是,联合体在投标时与合同签署时的成员构成不一致的情形。根据《招标投标法》第四十五条第二款[①]、第四十六条第一款[②]、第四十八条第一款[③]规定,招标人和中标人应当按照中标结果订立书面合同,中标人不得向他人转让中标主体项目。原则上,合同的签署主体与投标主体应保持一致。否则,根据《施工合同司法解释(一)》第一条的规定,对于必须招投标的项目,发包人与变更后的主体签署的工程总承包合同属于无效合同。对于非必须招标的项目,由于发包人有权决定是否采取招投标方式签署合同,若合同的签署主体与投标主体不一致,可视为发包人未经招投标程序,与新的承包人达成意思一致,签订了新的工程总承包合同,在不存在其它导致合同无效的情形下,该合同合法有效。[④]

(二)EPC 合同履行过程中变更联合体成员

EPC 合同履行过程中,联合体成员可能会出现丧失招标文件中所要求的资质等级(如遭受行政处罚降低资质),遭遇重大债务危机无法继续履行合同,甚至因发现挂靠、转包等重大违约情形被发包人责令退出联合体等情况,使得联合体不得不更换成员方。

合同履行过程中变更联合体成员,属于合同重大变更,应当区分项目性质进行分析。非必须招标的项目,发包人有权直接选择承包人,合同履行过程中更换承包人属于发包人二次选择承包人,发包人拥有充分的自主权。必须招标的项目,若原联合体成员的剩余工作也达到国家规定规模标准的,则应当采用

① 《招标投标法》第四十五条第二款　中标通知书对招标人和中标人具有法律效力。中标通知书发出后,招标人改变中标结果的,或者中标人放弃中标项目的,应当依法承担法律责任。

② 《招标投标法》第四十六条第一款　招标人和中标人应当自中标通知书发出之日起三十日内,按照招标文件和中标人的投标文件订立书面合同。招标人和中标人不得再行订立背离合同实质性内容的其他协议。

③ 《招标投标法》第四十八条第一款　中标人应当按照合同约定履行义务,完成中标项目。中标人不得向他人转让中标项目,也不得将中标项目肢解后分别向他人转让。

④ 邓南平、杨凯:《工程总承包联合体系列(一)合同签订主体的变更是否影响合同效力》,载微信公众号“工程法律那些事儿”,https://mp. weixin. qq. com/s/r_h3lOOJXnjl2gCw9xFPyA,2021 年 10 月 8 日最后访问。

招标的方式选择新的联合体成员。

无论通过何种方式更换联合体成员，联合体内部均没有完全的自主权。对于必须招标的项目，擅自更换联合体成员，可能被认定为《招标投标法》第四十八条第一款所禁止的中标人向他人转让中标项目情形。非必须招标的项目，未经发包人许可变更联合体成员，也可能构成工程转包，属于重大合同违约行为。

同时，变更后的联合体成员应当具备不低于原成员的资质及相应的履约能力。否则，那么联合体可能因为丧失某项资质在事实上并不具备承接 EPC 项目及履行 EPC 合同的资格。

【典型案例】

案例 3－3－1

投标文件联合体协议书约定联合体代表有权与其他业务合作方签订相关业务协议，中标后变更联合体成员并不导致工程总承包合同无效

北京圆之翰工程设计有限公司（以下简称圆之翰工程公司）、北京圆之翰选煤技术有限公司（以下简称圆之翰技术公司）与大同同煤五矿高山精煤有限公司（以下简称同煤五矿公司）建设工程施工合同纠纷案

审理法院：大同市中级人民法院、山西省高级人民法院

案号：（2014）同商初字第 30 号、（2015）晋商终字第 30 号

裁判日期：2014 年 12 月 4 日、2015 年 6 月 11 日

【案情简介】

2008 年 3 月，圆之翰工程公司与中煤建筑安装工程公司组成联合体，圆之翰工程公司对诉争的工程进行投标并中标。

2008 年 3 月 28 日，圆之翰工程公司、圆之翰技术公司与同煤五矿公司对诉争工程签订《工程总承包合同》，约定诉争工程开工日期为 2008 年 4 月 1 日，竣工日期 2008 年 10 月 1 日，合同价款为 9888 万元。

诉争工程于 2008 年 11 月竣工并投入试运行。

2012 年 6 月 6 日，审计部门对诉争工程作出审计结果，诉争工程总造价为 95,224,279 元。

截至 2013 年 10 月 9 日，同煤五矿公司尚欠圆之翰工程公司、圆之翰技术公

司工程款17,598,279元未付。

【争议焦点】

同煤五矿公司与圆之翰工程公司、圆之翰技术公司签订的旧高山洗煤厂技术改造项目工程总承包合同是否有效。

【法院观点】

一审法院认为:该工程总承包合同不存在法律规定的无效情形,被告同煤五矿公司辩称的因中标单位没有圆之翰技术公司,并不必然导致工程总承包合同的无效,对被告的该辩解理由不予支持。

上诉人(同煤五矿公司)认为:依据《招标投标法》第三十一条规定:"两个以上法人或者其他组织可以组成一个联合体,以一个投标人的身份共同投标。联合体各方均应当具备承担招标项目的相应能力:国家有关规定或者招标文件对投标人资格条件有规定的,联合体各方均应当具备规定的相应资格条件。由同一专业的单位组成的联合体,按照资质等级较低的单位确定资质等级。联合体各方应当签订共同投标协议,明确约定各方拟承担的工作和责任,并将共同投标协议连同投标文件一并提交招标人。联合体中标的,联合体各方应当共同与招标人签订合同,就中标项目向招标人承担连带责任。"但本案中,该工程的投标及中标单位是圆之翰工程公司与中煤建筑安装公司,而且在联合投标体中,中煤建筑安装工程公司主要负责土建施工和设备安装,承担工程的主要工作。但从双方实际签订的总承包合同看,是圆之翰工程公司和圆之翰技术公司两个公司与上诉人同煤五矿公司所签,另一中标单位中煤建筑安装工程公司被圆之翰技术公司取代,签约主体擅自进行了变更,违背了上述法律的强制性规定,完全丧失招投标的意义。

二审法院认为:首先,依据同煤五矿公司提交的投标文件,旧高山洗煤厂技术改造项目由同煤五矿公司组织公开招标。其次,圆之翰工程公司依据山西省招标有限公司的招标文件,参照旧高山洗煤厂技术改造项目投标,并中标。且招标项目、招标过程及中标结果并未发现有招标投标法和相关法律规定的中标无效情形。第三,依据投标文件联合体协议书第三条、第四条的规定,圆之翰工程公司作为联合体代表有权与其他业务合作方签订相关业务协议,同煤五矿公司对此应是知晓的。第四,圆之翰工程公司中标后、圆之翰技术公司遂与同煤五矿公司签订总承包合同,同煤五矿公司对圆之翰工程公司和圆之翰技术公司的签约主体资格认可并无异议，且签字盖章。合同履行过程中，也未提出异议。综上，同煤五矿公司主张合同无效无事实和法律依据，旧高山洗煤厂技术改造项目工程总承包合同合法有效。

【实务建议】

现行法律对于联合体的法律地位并无直接而具体的规定，因此承包人在组成联合体参与 EPC 项目时应当签订完善的联合体协议，对各方权利和义务作出具体约定。

考虑到联合体一方持续性不能履约，将给联合体整体造成损失的情况。承包人各方可在联合体协议中约定，由于联合体一方的严重违约行为，为防止给联合体造成更大的损失，经发包方同意，另一方可以接管全部工程。甚至在一定条件下，经发包方同意，联合体中的违约方应当退出联合体。

此外，联合体成员的变动需要满足建设工程领域特有的资质与招标投标管理要求，并考虑对合同效力的影响。原则上，必须招标的项目，联合体成员在资格预审后就不能更换。联合体协议中对联合体成员更换的安排，也应征得发包人的同意。

从发包人角度，为了预防联合体成员丧失履约能力陷入 EPC 合同履约僵局，也可在 EPC 合同中设置联合体成员“退出与接管条款”，约定发包人更换联合体成员的权利以及程序性要求、联合体成员变更的责任承担衔接问题等。

【参考依据】

1.《工程总承包管理办法》

第八条　建设单位依法采用招标或者直接发包等方式选择工程总承包单位。工程总承包项目范围内的设计、采购或者施工中，有任一项属于依法必须进行招标的项目范围且达到国家规定规模标准的，应当采用招标的方式选择工程总承包单位。

2.《招标投标法实施条例》

第三十七条　……招标人接受联合体投标并进行资格预审的，联合体应当在提交资格预审申请文件前组成。资格预审后联合体增减、更换成员的，其投标无效。……

第三十八条　投标人发生合并、分立、破产等重大变化的，应当及时书面告知招标人。投标人不再具备资格预审文件、招标文件规定的资格条件或者其投标影响招标公正性的，其投标无效。

第4节　设计施工联合体承接EPC项目，设计方是否可以分包部分施工工作

【案情简述】

A设计院与B工程公司组成的联合体中标了某EPC项目,提交给发包人的联合体协议约定由A设计院承担项目设计任务、B工程公司承担施工任务。

A设计院是项目牵头方,也在寻求向工程总承包公司的转型。项目实施过程中,A设计院向B工程公司提出,施工范围内的部分工作(非主体结构施工)由A设计院对外进行分包并签订专业分包合同。

B工程公司对此不持异议,但总觉得有点问题:A设计院仅具备设计资质,但又是EPC项目的总承包方之一,可以分包施工工作吗?

本案法律关系见图3-4-1。

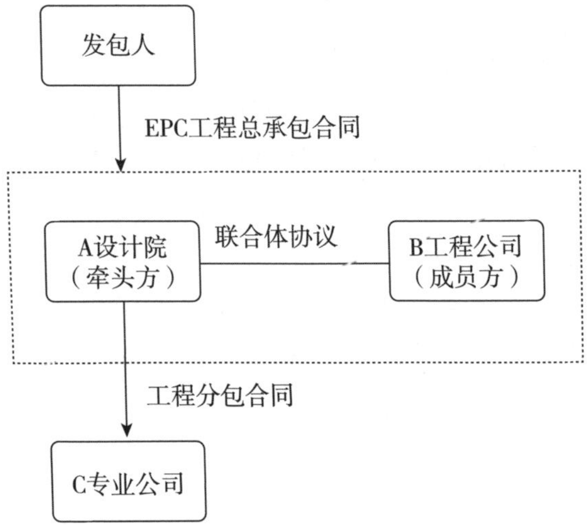

图3-4-1　本案法律关系

【分析与解读】

EPC模式下的分包问题争议较大。传统施工总承包模式下,总承包单位可以将自己承包的部分工作分包给专业承担单位。但在EPC工程总承包模式下,可能存在两个以上总承包单位,个别总承包单位的分包权利是否及于联合承接

的全部工程总承包项目,需要认真讨论。

一、单资质模式下,总承包单位享有更大的分包权利

《建设部关于工程总承包市场准入问题说明的函》(建市函〔2003〕161 号,已失效)规定:“《工程总承包资格证书》废止之后,对从事工程总承包业务的企业不专门设立工程总承包资质。具有工程勘察、设计或施工总承包资质的企业可以在其资质等级许可的工程项目范围内开展工程总承包业务”;住建部《关于进一步推进工程总承包发展的若干意见》(建市〔2016〕93 号)第二条规定:“工程总承包企业应当具有与工程规模相适应的工程设计资质或者施工资质。”在国家层面的工程总承包管理办法出台之前,相关政策文件基本是支持设计或施工单一资质企业承揽工程总承包项目,即不需要同时具有相应的设计资质和施工资质,具备任意一项相应资质即可作为工程总承包项目的承接主体。

单资质模式下,工程总承包单位享有较大的分包权利。住建部 2016 年 5 月 20 日发布的《关于进一步推进工程总承包发展的若干意见》(建市〔2016〕93 号)第九条规定:“工程总承包项目的分包。工程总承包企业可以在其资质证书许可的工程项目范围内自行实施设计和施工,也可以根据合同约定或者经建设单位同意,直接将工程项目的设计或者施工业务择优分包给具有相应资质的企业。仅具有设计资质的企业承接工程总承包项目时,应当将工程总承包项目中的施工业务依法分包给具有相应施工资质的企业。仅具有施工资质的企业承接工程总承包项目时,应当将工程总承包项目中的设计业务依法分包给具有相应设计资质的企业。”该意见明确规定,设计或施工单一资质的工程总承包商有权对外分包非自身资质范围内的设计或施工工作。

由此可以看出,早期的政策对于工程总承包商的理解是侧重项目管理、组织能力,而非技术层面的业务能力,即只要有能力统筹资源完成工程总承包项目即可,并一定要求必须要总承包商亲自实施所有业务。举重以明轻,既然单资质企业都可以承接整个工程总承包项目后对外整体分包设计或施工业务,那么设计或施工企业联合承接工程总承包项目后,由设计单位仅分包部分施工业务也应当是允许的。

二、双资质模式下,工程总承包商的分包权利大大限缩

《工程总承包管理办法》第十条规定:"工程总承包单位应当同时具有与工程规模相适应的工程设计资质和施工资质,或者由具有相应资质的设计单位和施工单位组成联合体。"该办法出台后,确定了房屋建筑和市政基础设施领域工程总承包"双资质"的原则,此后其他领域主管部门或地方层面出台的政策文件也纷纷效法。

该办法对分包问题进行细化的内容,仅在第二十一条规定:"工程总承包单位可以采用直接发包的方式进行分包……"因此,关于双资质模式下工程总承包商的分包权利问题,需要回溯到《民法典》《建筑法》以及其他现行法律法规、部门规章、规范性文件寻求指引。

《民法典》第七百九十一条第二款规定:"总承包人或者勘察、设计、施工承包人经发包人同意,可以将自己承包的部分工作交由第三人完成……"《建筑法》第二十九条第一款规定:"建筑工程总承包单位可以将承包工程中的部分工程发包给具有相应资质条件的分包单位;但是,除总承包合同中约定的分包外,必须经建设单位认可。施工总承包的,建筑工程主体结构的施工必须由总承包单位自行完成。"根据以上法律规定,建筑工程总承包单位享有对所承包工程范围内工作进行部分分包的权利。

综合上述规定,笔者理解,既然国家层面明确提出承接工程总承包项目的"双资质"要求,则单资质的设计和施工单位即使以联合体模式承接了工程总承包项目,实际上各自承包的业务范围也是存在明确边界的。联合体模式下的设计和施工承包人仅能实施相应资质范围内设计和施工业务,其分包权利也应当受到"条块分割"的制约,即设计和施工承包人仅能对各自实际承担的设计或施工业务依法进行分包,而不应当僭越。

三、联合体签头方分包其他成员方业务的,应取得相应授权,其他成员方共同承担管理责任和合同责任

虽然笔者根据现行法律和政策规定,推导出了单资质的联合体一方不得擅自分包非自身资质范围内业务的结论,但相关理解并非权威解释,现行法律法规也没有对此作出禁止性规定。此外,相比传统施工总承包模式,工程总承包

项目通常具有投资体量大、建设周期长、专业复杂的特点，实务中一般认为应当给予工程总承包单位更大的分包权利，但该权利的行使不得以违反现行法律的强制性规定为前提，并不得损害发包人的利益。例如，单资质的联合体一方应当遵守法律规定开展业务，不得借联合体之名，行借用资质、转包、违法分包之实。

对于联合体成员就非其分工范围内的工作进行分包的，实质上属于对其他成员方的承包合同利益处置，该种处置应事先取得其他成员方的事先授权或事后追认，否则应属民法上的无权处分。

经授权的联合体成员就非其分工范围内的工作进行分包的，可以视为一种委托代理关系，被代理的联合体成员应当承受法律后果。此外，由于建设工程管理的特殊性设，分包内容系施工业务的，施工承包人不能免除其对分包业务的管理义务，并可能直接介入分包合同的履行。而设计承包人作为分包合同的主体，需要直接对分包人承担合同责任。因此，在该种情况下，设计施工联合体可能需要对分包人承担连带责任。

【实务建议】

联合体承包模式下，联合体各方需要在联合体合作协议中约定联合体分包的方式，并明确联合体牵头人及其对外代表联合体的权限，避免联合体牵头人滥用权利损害联合体其他成员方的利益。

第5节 EPC项目的联合体成员，是否需要对其他成员方下游的实际施工人承担付款责任

【案情简述】

A设计院（牵头方）与B岩土公司（成员方）、C工程公司（成员方）组成的联合体中标了某EPC项目，提交给发包人的联合体协议约定由A设计院承担项目设计任务、B岩土公司承担勘察任务、C工程公司承担施工任务。

项目实施过程中，C工程公司将部分土建零星工程分包给了自然人王某。

王某施工过程中，出现了不少变更项目，并与C工程公司发生结算争议。多次协商无果后，王某提出诉讼，要求C工程公司支付工程尾款，并要求发包人及A设计院、B岩土公司均对欠款承担连带责任。

本案法律关系见图3－5－1。

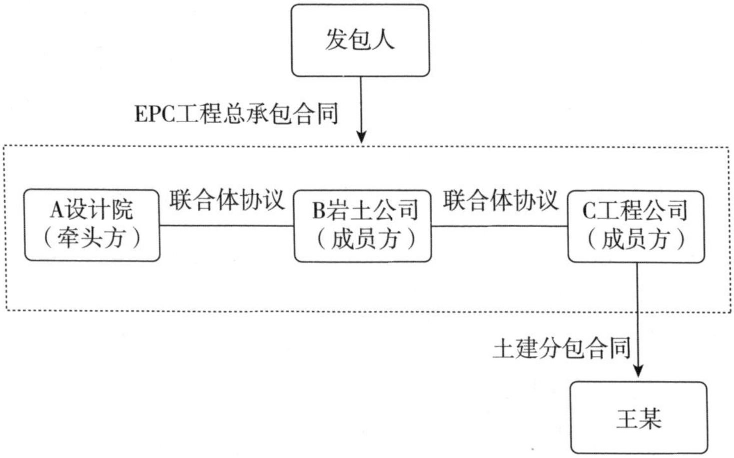

图3－5－1　本案法律关系

实际施工人主张工程款是我国建设工程领域长期存在的问题，工程总承包项目中，这一问题演变得更加复杂：联合体承包模式下，联合体协议约定负责施工的联合体一方将应由其施工的部分转包、违法分包的，实际施工人是否有权要求其他联合体成员支付工程价款？

【分析与解读】

工程总承包项目中的联合体成员，是否需要对其他成员方下游的实际施工人承担付款责任，可分为两个层面分析：一是联合体各方是否对外承担连带责任；二是联合体在工程总承包项目中是否具有类似于发包人的法律地位。

一、除对发包人及联合体协议另有约定外，联合体无须对外承担连带责任

《招标投标法》第三十一条第三款规定："……联合体中标的，联合体各方应当共同与招标人签订合同，就中标项目向招标人承担连带责任。"据此可知，联合体各方应对发包人（招标人）承担连带责任，这一点不存在异议。

实务中分歧较大的是，联合体各方是否需要对下游主体（如实际施工人、分包商、供应商等）承担连带责任。联合体对外责任承担问题，若无法律的直接规定，则应当回溯至联合体的性质及法律地位这一本质问题。在本书《EPC项目

联合体可以更换成员吗?》一节中,笔者已经详细阐明赞同“联合体成员之间的法律关系为合伙关系,所签联合体协议属合伙合同性质”的观点,在此不予赘述。但对于联合体成员方基于各自与下游主体签署的分包分供合同产生的欠款,笔者认为属于合伙人个人债务而非合伙债务。理由是,联合体成员方在对外分包、采购、租赁行为中拥有充分的自主权(联合体协议另有约定的除外),并可通过上述行为节省实施业务的成本从而获取承包利润,而该利润是无须与其他成员方分享的。若要求联合体成员方共同承担对下游主体的债务风险,则与“共享利益、共担风险”的合伙合同的基本原则不符。

此外,依据合同相对性原则,除非有法律规定或当事人明确约定,否则只能由债权人的合同相对方承担欠款责任。因此,笔者认为,若无联合体协议的明确约定,联合体各方原则上不应对下游主体承担连带责任。

但不容忽视的是,鉴于现行法律并未对联合体成员方对下游主体承担责任的问题作出明确规定,实践中法院立场多有分歧。

二、工程总承包项目中的联合体依然是承包人,并不具有类似发包人的法律地位,实际施工人不能突破合同相对性向其他联合体成员方主张付款责任

实务中,实际施工人突破合同相对性向其他联合体成员方主张欠款责任,可能援引《施工合同司法解释(一)》第四十三条之规定:“实际施工人以转包人、违法分包人为被告起诉的,人民法院应当依法受理。实际施工人以发包人为被告主张权利的,人民法院应当追加转包人或者违法分包人为本案第三人,在查明发包人欠付转包人或者违法分包人建设工程价款的数额后,判决发包人在欠付建设工程价款范围内对实际施工人承担责任。”

这是因为,最高院在上述司法解释中使用的“发包人”概念在实务中存在理解分歧(或当事人故意扩大解释):究竟是指总承包工作的发包人,即工程项目的“建设单位”,抑或指向一个更大的范围,即指各级承包合同的发包人?如果总承包人也被认定为下游合同的发包人,则可能被要求在欠付下游单位款项的范围内对实际施工人承担责任。

笔者认为,《施工合同司法解释(一)》中的发包人应特指建设单位,即项目发包人。理由是《民法典》合同编第十八章“建设工程合同”章节的体系解释。

《民法典》第七百八十八条规定:“建设工程合同是承包人进行工程建设,发包人支付价款的合同。建设工程合同包括工程勘察、设计、施工合同。”第七百九十一条第一款:“发包人可以与总承包人订立建设工程合同,也可以分别与勘察人、设计人、施工人订立勘察、设计、施工承包合同……”在以上条文中,发包人是与总承包人以及勘察、设计、施工承包人相对的概念,工程项目中仅有建设单位享有对上述主体发包业务的权利。此外,相对规范的分包合同文本中,合同主体表述一般为总承包人和分包人,并不会将总承包人表述为“发包人”。虽然,在工程总承包项目中,总承包人联合体处在层层发包工程业务的上游地位,但依然属于承包人的法律范畴,并不应被认定为《施工合同司法解释(一)》所指的发包人。

此外,最高院2021年3月31日作出的许金斌、新疆天恒基建筑工程有限公司建设工程施工合同纠纷再审审查与审判监督民事裁定书[(2021)最高法民申1358号]中最高院认为工程施工总承包人并不属于发包人的范畴,且不应当根据《施工合同司法解释(一)》的规定,对实际施工人承担责任。

综上,无论从联合体的法律性质论证,还是从承包人的法律地位分析,工程总承包项目的联合体成员均无须向其他成员方的下游实际施工人承担付款责任。

【典型案例】

案例3-5-1

联合体其他成员方既不是施工承包人,也并非违法分包合同的相对方,无须对实际施工人承担连带责任

广西裕华建设集团有限公司与严强建设工程分包合同纠纷案

审理法院:广西壮族自治区梧州市中级人民法院

案号:(2021)桂04民终112号

裁判日期:2021年4月8日

【案情简介】

2017年4月15日,华蓝设计(集团)有限公司(承包人、联合体牵头人)、广西华蓝岩土工程有限公司(承包人、联合体成员)、广西裕华建设集团有限公司

(承包人、联合体成员)组成的联合体与梧州学院(发包人)签订 EPC 工程总承包合同。

毛初福以广西裕华建设集团有限公司的项目经理名义与严强签署《外墙真石漆、内墙涂料分包协议》,此后双方又办理了工程结算但未结清款项。

严强诉请广西裕华建设集团有限公司、梧州学院向原告支付工程结算款482,546 元,华蓝设计(集团)有限公司、广西华蓝岩土工程有限公司对工程款承担连带责任。

【裁判要点】

法院认为,被告华蓝设计公司、华蓝岩土公司既不是施工承包人,也不是直接与原告严强存在分包关系的合同相对方,原告请求被告华蓝设计公司、华蓝岩土公司对其主张的工程款承担连带责任,没有事实和法律依据。

案例 3－5－2

根据合同相对性原理,在缺乏法律明确规定和当事人约定的情况下,不宜认定联合体各方的连带责任

大悟县振源电力设备有限公司(以下简称振源公司)与深圳市安芯数字发展有限公司(以下简称深圳安芯公司)、合肥未来计算机技术开发有限公司(以下简称合肥未来公司)等建设工程施工合同纠纷案

审理法院:湖北省孝感市中级人民法院

案号:(2016)鄂 09 民终 1114 号

裁判日期:2016 年 12 月 30 日

【案情简介】

2013 年深圳安芯公司、合肥未来公司、中国移动大悟公司组成联合体中标大悟县天网工程的建设工程项目。

2013 年深圳安芯公司将大悟县天网工程中心机房改造施工发包给振源公司,该工程 2013 年 11 月中旬开工,2014 年 3 月 10 日完工;2014 年 3 月 20 日,该工程经大悟县公安局和深圳安芯公司验收合格并交付使用。

2015 年 1 月,为中心机房改造施工工程款的支付,深圳安芯公司与振源公司补签《大悟县天网工程中心机房改造施工合同》,合同对工程的具体内容、价

款与费用结算、双方的权利义务、工程质量与验收及违约责任等进行了约定。

合同签订后,深圳安芯公司向振源公司支付工程款114,000元。因深圳安芯公司未支付下余款项,振源公司遂诉至一审法院:请求判令深圳安芯公司立即付清振源公司工程款,中国移动大悟公司、合肥未来公司共同承担本案连带民事责任。

【裁判要点】

湖北省孝感市中级人民法院认为,按照合同的相对性原则,合肥未来公司和中国移动大悟公司不是施工合同的当事人,不享有合同权利亦不承担合同义务。联合体协议书约定深圳安芯公司、合肥未来公司、中国移动大悟公司在法律上承担连带责任是深圳安芯公司、合肥未来公司、中国移动大悟公司对其权利义务的内部约定,振源公司并非联合体协议的签约当事人,不能将振源公司不是当事人的有关合同约定适用于振源公司。

案例3-5-3

联合体协议约定对外承担连带责任,
联合体各方应对实际施工人承担连带责任

贵州省冶金建设公司(简称贵冶公司)、四川省冶金设计研究院(简称川冶设计院)建设工程施工合同纠纷案

审理法院:四川省高级人民法院

案号:(2015)川民终字第664号

裁判日期:2017年10月30日

【案情简介】

华硅公司、贵冶公司与川冶设计院共同签订联合体协议书后中标某建设工程项目,且协议中约定华硅公司总体负责项目的合同签订、工程施工、工程管理及投产试生产等所有总承包工作,并由联合体共同对外承担连带责任。后华硅公司将其负责建设的内容违法分包给唐勇与王善池,在工程竣工后唐勇、王善池就华硅公司未支付的工程款将联合体三方诉至法庭。

【裁判要点】

四川省高级人民法院认为,华硅公司、贵冶公司、川冶设计院作为联合体的

组成单位，按照联合体协议书的约定，应当就总承包合同和劳务分包合同两个合同无效的后果对外承担连带责任。

案例 3－5－4

发包人及各级转包人、违法分包人均属于责任主体，应依次向实际施工人承担付款责任

崔站发、洛阳路桥建设集团第二工程有限公司建设工程施工合同纠纷再审案

审理法院：最高人民法院

案号：(2019)最高法民申 5724 号

裁判日期：2019 年 12 月 24 日

【裁判要点】

最高院认为，崔站发的再审申请理由成立，理由如下：《施工合同司法解释》(法释〔2004〕14 号)第二十六条第二款规定："实际施工人以发包人为被告主张权利的，人民法院可以追加转包人或者违法分包人为本案当事人。发包人只在欠付工程价款范围内对实际施工人承担责任。"依据上述规定，崔站发有权请求发包人平榆高速公路公司在欠付工程款的范围内承担责任。如果平榆高速公路公司已经向中铁隧道集团一处支付全部工程款，不存在欠付工程款的情况，则中铁隧道集团一处应当在欠付工程款范围内向崔站发承担责任，依次类推，确定案涉工程的发包人、分包人、转包人应向实际施工人崔站发承担责任的范围。二审判决以不能突破合同相对性、崔站发无证据证明本案其他被申请人之间存在违法转包的情形为由，认定路桥集团、中铁隧道集团一处、平榆高速公路公司不应向崔站发承担责任，缺乏事实和法律依据。

【实务建议】

联合体模式下，联合体成员容易收到其他成员方法律行为的影响，所面临的风险概率是成倍放大的，因此需要引起格外重视，并采取有力的风险防控措施。

一、尽早取得双资质，弥补业务短板

《工程总承包管理办法》第十二条规定："鼓励设计单位申请取得施工资质，已取得工程设计综合资质、行业甲级资质、建筑工程专业甲级资质的单位，可以

直接申请相应类别施工总承包一级资质。鼓励施工单位申请取得工程设计资质,具有一级及以上施工总承包资质的单位可以直接申请相应类别的工程设计甲级资质。完成的相应规模工程总承包业绩可以作为设计、施工业绩申报。”从管理办法的倡导性条款中,笔者可以看出国家层面鼓励工程总承包企业积极补足短板,建设设计、施工能力齐全的大型工程总承包企业。因此,联合体作为一种临时合作组织,仅是工程总承包市场主体面对“双资质”要求的权宜之计,不能作为长期发展策略。取得设计施工双资质,独立承接工程总承包项目,既是降低合作风险,也是留住管理利润的根本性举措。

二、慎重选择合作单位,注重事先资信调查

企业出于现实考虑决定采用联合体承包模式时,应重视对联合体成员的考察和选择。尽量选择实力雄厚的合作单位,在开展合作之前,应对其资信状况进行充分调查。如通过启信宝、企查查、中国裁判文书网、最高人民法院失信被执行人名单、信用中国等渠道调查合作方的涉诉风险状况,通过查看注册资本、银行授信额度等方式验证其资金实力、履约能力。

三、重视法律文件审查,签订完备的联合体协议,并要求合作方提供履约担保

在提交给发包人的联合体协议(通常是招标文件的附件格式文本)之外,企业应格外重视签订更为详尽的联合体内部合作协议,明确各方分工、权利义务和风险划分,清晰描述联合体牵头人及其对外代表联合体的权限;明确约定“对于联合体成员与其分包商、供应商单位之间的纠纷,由联合体成员自行承担责任”;明确约定“对项目发包人承担完连带责任后,联合体成员之间可就非己方责任向联合体成员责任方进行追偿”。

同时,考虑到联合体合作方中途退出(或丧失履约能力)可能产生的被下游单位主张欠款的不利后果,建议事先要求合作方按比例提供相应的保函、保证金,并在明确约定合作方提前退场的机制及擅自提前退场的违约责任,防止因联合体合作方中途退出而被迫垫资施工或者承担不利后果。

四、项目实施过程中,应尽量控制项目回款

如有可能,企业应尽量在联合体中起主导作用并作为牵头方,并争取在工程总承包合同中约定由发包人直接付款,由此增强对工程款的控制程度,避免被合作方挪用款项从而产生下游单位欠款纠纷。

【参考依据】

1.《民法典》

第一百七十八条第三款　连带责任，由法律规定或者当事人约定。

2.《建设项目工程总承包合同（示范文本）》（GF－2020－0216）

第二部分　“通用条件”

1.1.2.4　联合体：是指经发包人同意由两个或两个以上法人或者其他组织组成的，作为承包人的临时机构。

4.6.1　经发包人同意，以联合体方式承包工程的，联合体各方应共同与发包人订立合同协议书。联合体各方应为履行合同向发包人承担连带责任。

第6节　EPC项目是否可以约定背靠背支付条款

【分析与解读】

“背靠背”条款（pay when paid；pay if paid）通常是在分包合同中约定的，总承包商在收到发包人付款后，再向分包商付款的条款。根据此约定，如果总承包商未能收到发包人的付款，那么就有权不向分包商支付相应款项，且不构成违约。

EPC项目中的背靠背支付条款，既可能出现在联合体之间的合作协议中，也可能出现在EPC承包商与下游分包商、供应商的分包分供合同中。两种情形需要分别论述。

一、联合体之间属于合作关系而非总分包关系，背靠背付款实际为代收代付

联合体承接EPC项目的情况下，牵头方可能有放大业绩、制约合作方的需求，或者发包人简化付款流程要求，而将EPC合同款项全部支付至牵头方账户，再由牵头方根据内部约定向成员方转付相应价款。这种情况下，牵头方为了防控向成员方承担欠款责任的风险，往往也会约定背靠背支付条款。

该类情形下，联合体的牵头方与成员方属于项目共同承包人的合作关系，并非发承包关系或总分包关系。合作关系本质就是风险共担、利益共享，联合体内部原本不存在债权债务关系。仅在牵头方收到发包人的统一付款之后，才

产生了转付款的义务。在发包人欠付工程款的情况下,无论是牵头方还是其他成员方,均有权利基于EPC合同承包人的身份直接向发包人主张欠款。即使存在牵头方怠于向发包人主张权利的情况,但不构成成员方单独主张债权的实质性障碍,牵头方也不会对欠款承担责任。

二、总分包单位之间的背靠背支付条款以有效为主流,但总包单位应积极促成支付条件的成就

通常认为,"背靠背"条款是总承包方与分包单位之间基于自愿达成的,属私法自治领域,只要未违反法律、行政法规的强制性规定,该条款就应当认定有效。司法判例中,也以认可"背靠背"条款的效力为主流。有法院认为①,背靠背条款是基于买方市场下发包人普遍拖欠工程款的市场环境,总包商为转移发包人支付不能的风险,具有合理性和合法性。更有法院认为②,工程分包的目的在于引入专业分包商的技术能力,与总承包商共同向发包人承担责任,"背靠背"条款在一定范围内具有合理性。

在某些特定情形下,背靠背条款也可能无法得到法院的支持。如:(1)分包合同的背靠背条款中对付款期限约定不明;(2)背靠背条款与合同条款的其他特别约定存在矛盾,应遵循特别条款优于一般条款的解释方式,按特别条款的约定执行;(3)案涉工程已经竣工,但由于总承包方拖延结算或怠于行使其到期债权致使分包人不能及时取得工程款;(4)分包工程已经竣工验收,且总承包方已经收取的款项远远超出了分包工程的款项,除非分包合同有明确约定或者收取的款项是指定的项目,总包方不得以整体工程未竣工或者未竣工结算为由拒绝付款。

---

① 三门峡市中级人民法院民事判决书,(2014)三民终字第199号。

② 江苏省宿迁市中级人民法院民事判决书,(2019)苏13民终3082号。

【典型案例】

案例 3-6-1

EPC 联合体牵头方统一向发包人收款,怠于主张欠款但无须承担责任

成蜀电力集团有限公司(以下简称成蜀公司)、山河建设集团有限公司(以下简称山河公司)、中房集团成都房地产开发有限公司(以下简称中房集团)建设工程施工合同纠纷案

审理法院:四川省成都市中级人民法院

案号:(2018)川 01 民终 12376 号

裁判日期:2018 年 9 月 20 日

【裁判要旨】

联合体 EPC 合同约定发包人将价款支付给牵头方,当牵头方怠于主张价款,且各方价款可以分开核算时,非牵头方有权起诉发包人。

【法院观点】

成蜀公司与山河公司作为共同的承包方,虽然在补充协议中约定由中房集团将工程款支付给山河公司,再由山河公司将相应工程款转付给成蜀公司,但是结合本案的实际情况,成蜀公司与山河公司各自的工程款项明确、具体。而中房集团系上述工程的发包人,负有对全部工程款的支付义务。

案例 3-6-2

分包合同背靠背支付条款有效且符合行业惯例

中冶地勘岩土工程有限责任公司(以下简称中冶地勘公司)与中冶沈勘工程技术有限公司(以下简称中冶沈勘公司)、丹东港集团有限公司建设工程施工合同纠纷案

审理法院:辽宁省丹东市中级人民法院

案号:(2015)丹民一终字第 00442 号

裁判日期:2015 年 12 月 28 日

【裁判要点】

法院认为,上诉人中冶地勘公司与被上诉人中冶沈勘公司分包合同中约定

待总包人与发包人进行结算且发包人支付工程款后,总包人再向分包人支付工程款,该条款内容不违反法律强制性规定,是双方当事人对建筑市场资金风险判断的共识,根据建筑市场众所周知的行业规则和施工习惯所作的约定,该条款体现了当事人的意思自治,符合民法中自愿平等的原则,应为有效条款。且上诉人中冶地勘公司并未怠于行使到期债权,而是积极通过诉讼程序主张权利,故双方约定的付款条款并非不可能发生的无效民事行为。

案例 3-6-3

EPC 项目采购合同约定的背靠背支付条件尚未成就,
不支持供货单位向 EPC 承包商主张货款

特变电工沈阳变压器集团有限公司(以下简称特变电工公司)与中国电建集团吉林省电力勘测设计院有限公司(以下简称电力设计院)、洮南宝发热电扩能改造有限责任公司(以下简称洮南宝发公司)买卖合同纠纷案

审理法院:长春市南关区人民法院

案号:(2018)吉0102民初3144号

裁判日期:2018年11月7日

【案情简介】

洮南宝发公司(项目发包人单位、发包人)与电力设计院(承包人)签署扩能改造工程总承包(EPC)合同,通用条款第6.1.4条约定,工程物资运抵交货地点后,所有权归发包人所有。

2014年10月,特变电工公司与洮南宝发公司、电力设计院签订洮南市热电有限责任公司扩能改造工程主变压器、启动备用变压器设备采购合同等多份采购合同,合同投资方为洮南宝发公司,总承包方为电力设计院,供货方为特变电工公司。合同约定投资方同意按合同约定的付款条件、期限和支付方式向总承包方拨付设备款,以保证总承包方能够及时向供货方付款。总承包方向供货方任一笔款项的支付,均以投资方已经向总承包方支付相应款项为前提,在满足上述总承包方向供货方付款条件的情况下,如果投资方尚未向总承包方支付相应款项,则总承包方有权拒绝向供货方支付相应款项,且不构成总承包方延期付款。

合同签订后，特变电工公司于2015年10月15日已实际供货完毕。

电力设计院于2016年2月23日72+24小时满负荷试运成功。

【裁判要点】

法院认为：关于特变电工公司要求电力设计院共同支付上述款项，根据合同第三条第5项约定“投资方同意按合同约定的付款条件、期限和支付方式向总承包方拨付设备款，以保证总承包方能够及时向供货方付款。总承包方向供货方任一笔款项的支付，均以投资方已经向总承包方支付相应款项为前提，在满足上述总承包方向供货方付款条件的情况下，如果投资方尚未向总承包方支付相应款项，则总承包方有权拒绝向供货方支付相应款项，且不构成总承包方延期付款”，鉴于洮南宝发公司尚未向电力设计院支付相应款项，电力设计院有权拒绝向特变电工公司支付相应款项，故特变电工公司的该项诉请不予支持。

案例3-6-4

分包合同约定背靠背支付条款有效，但承包人怠于向发包人主张工程款的行为视为对分包人的付款条件成就

上海城建市政工程（集团）有限公司、武船重型工程股份有限公司建设工程分包合同纠纷案

审理法院：江西省高级人民法院

案号：（2020）赣民终958号

裁判日期：2020年12月25日

【案情简介】

2012年10月，南昌市政公司作为甲方与上海基础设施建设发展有限公司作为乙方①、上海市城市建设设计研究总院作为乙方②、上海城建市政工程（集团）有限公司作为乙方③签订了南昌朝阳大桥工程投资、设计、施工一体化项目合同，四方对于朝阳大桥工程投资、设计、施工一体化项目的权利义务进行了约定。上海基础设施建设发展有限公司作为甲方、上海市城市建设设计研究总院作为乙方、上海城建市政工程（集团）有限公司作为丙方还签订了朝阳大桥工程项目投资、设计、施工联合体协议书，就三方成立的联合体中各成员的责任和义务进行了约定。

2013年4月30日,武船重工公司(分包人)与上海城建公司(承包人)签订建设工程专业分包合同,约定同意承包人接收到发包人支付承包人工程款的比例,支付分包人工程款,或承包人在收到发包人工程款后,才支付分包人工程款。

武船重工公司按与上海城建公司签订的建设工程专业分包合同和补充协议的约定组织了施工。

2015年8月15日,南昌朝阳大桥项目竣工。

2016年2月3日,项目通过竣工验收。

上海城建公司自2015年11月起就采取分项分册上报结算材料,其中2016年5月29日,案涉分包工程属于朝阳大桥主桥及主桥附属工程一册移送了竣工结算(送审)材料。

2018年6月14日、7月5日在南昌市织了相关各方进行了对南昌市财政投资项目评审进行了会商。此后,上海城建公司根据会商结果对补充材料和结算审核报告(初审稿)和(调整稿)进行核对。

武船重工公司与上海城建公司从2019年7月31日开始办理工程结算,2019年9月23日通过工程结算审定汇总单,确定工程应付金额为193,977,986元,扣款437,602元。

南昌市财政局于2019年12月31日对朝阳大桥工程项目出具超概函告,确定项目结算评审金额。

武船重工公司与上海城建公司共同确认,上海城建公司已向武船重工公司支付工程款153,000,000元,尚欠工程款40,977,986元未付。

武船重工公司为索要欠付工程款2019年5月5日向上海城建公司发出律师函;上海城建公司2019年5月22日回复关于湖北瑞通田园律师事务所签发的律师函所涉内容不符合客观事实的律师函,2019年6月10日武船重工公司发出关于朝阳桥律师函的复函,武船重工公司、上海城建公司对案涉工程余款付款条件是否未成就和欠付工程款是否应支付利息产生分歧。

【裁判要点】

江西高院认为,本案二审争议焦点为:(1)诉争工程款的付款条件是否成就。(2)如付款条件成就,逾期付款的利息应从何时开始计算。兹评述如下:

在建设工程分包合同中,承包人与分包人在合同中约定"按照发包人支付进度付款""以收到建设单位工程款为向分包人支付工程款的前提"等条款,是指将建设单位(发包人)向承包方支付工程款作为承包方向分包方支付工程款之条件,通常又称“背靠背”条款,系分包合同当事人之间对工程款附条件支付的有效约定,形式上属于附条件的合同条款,对合同各方当事人均具有约束力。本案中,上诉人上海城建公司承接南昌朝阳大桥工程,其对部分施工任务采用公开招标的方式进行分包,招标文件的商务标条款中已经明确发包人拨款作为工程款支付条件,被上诉人武船重工公司对于该条件所对应的风险,在投标时就早已知晓。在签订分包合同时,其作为长期从事建设工程领域的企业对于合同中约定的“背靠背条款”十分熟悉,武船重工公司可以根据自身风险承受能力对合同价款支付风险负担作出理性判断,有是否接受该条款的选择权,其签约行为就是接受风险的真实意思表示。因此,上诉人上海城建公司与被上诉人武船重工公司签订的建设工程专业分包合同第一部分协议书、第二部分通用条款、第三部分专用条款中关于合同价款支付的约定,是双方的真实意思表示,不违反法律、行政法规的强制性规定,应认定合法有效。上诉人上海城建公司主张工程款支付条款是附条件付款约定的理由成立,被上诉人武船重工公司关于分包合同中发包人拨付工程款这一支付条件是与本案的BT合同及总承包合同相违背,该条款无效,应当视为当事人对付款时间没有约定的答辩意见与事实、法律不符,法院不予采纳。

双方争议的焦点在于,在案涉分包合同约定了付款条件的情况下,被上诉人武船重工公司主张上诉人上海城建公司支付剩余工程款,上诉人能否以付款条件未成就予以抗辩。

在分包合同中,承包方的主合同义务为给付工程款,分包方的主合同义务为工程施工,主合同权利为收取相应工程款。合同权利的实现有待于合同义务的履行,既然“背靠背”条款赋予承包方以发包方(发包人)向其付款作为其向分包方付款的条件,则承包方便负有积极向发包方(发包人)主张工程款之义务,以确保分包方主合同权利得以实现。这也是诚实信用原则在分包合同“背靠背”支付条款中的具体体现,该支付条款的适用应以承包方履行了相应的义务为前提条件。《民法总则》第一百五十九条规定:“附条件的民事法律行为,当事人为自己的利益不正当地阻止条件成就的,视为条件已成就;不正当地促成条件成就的,视为条件不成就。”根据上述法律规定和诚实信用原则,上诉人上海城建公司负有积极向发包人(发包人)主张工程款的义务,以确保其与被上诉人武船重工公司的"背靠背"支付条款得以履行,这也是对其行使抗辩权的法律限制。上海城建公司对于其与发包人之间的结算情况以及履行积极向发包人主张支付工程款义务的事实承担证明责任。如存在拖延结算、怠于向发包人主张工程款等情形,其怠于办理结算的行为应视为以不作为的形式阻止履行条件的成就,那么依法应视为付款条件已成就,不得对抗被上诉人武船重工公司的付款请求。

根据上诉人上海城建公司提交的送审资料、跟踪单位结算意见、承包方回复意见、财评会商意见、工程审价审定表等证据,可以证明上诉人自 2015 年 11 月至 2019 年采取分期分册上报结算送审材料,与审计单位反复审核结算,并进行五方会商审核,推进朝阳大桥项目结算金额审核结算工作。2019 年 11 月审计单位对包含案涉工程的主桥及主桥附属工程结算总造价已经审定,同年 12 月 31 日南昌市财政局也确定了朝阳大桥工程项目结算评审金额。结合上诉人上海城建公司与发包人江西晟和建设发展有限公司签订的南昌朝阳大桥工程施工总承包合同中"……承包人提交竣工资料、工程竣工验收完成,且结算审定完成后的 30 个工作日内,发包人支付至该工程结算审定价的 95%。……"的约定,上诉人与发包人工程款结算支付的条件已经具备,但上诉人上海城建公司未能提供证据证明在工程项目结算金额已经确定的情况下,其采取积极的、必要的措施向发包人主张工程款的事实。因此,上诉人上海城建公司在工程审价审定后怠于主张工程款的行为实际阻碍给付被上诉人武船重工公司工程款条件的成就,现又以合同约定的付款条件未成就为由拒绝支付工程款,有违诚实信用原则,其关于付款条件不成就的上诉理由,本院不予支持,其应向被上诉人武船重工公司支付欠付的工程款并从项目结算工程款金额确定之日起即 2019 年 12 月 31 日起支付欠付工程款的利息。

【实务建议】

从承包人角度,为了控制垫付工程成本、减轻资金压力的风险,可以尽量在与合作方的合同中约定"背靠背"支付条款,但应当注意:(1)"背靠背"支付条款应当表述清晰无歧义,约定"背靠背"条款条件不成就时的风险分担规则,限定不构成违约情形;(2)属于联合体合作关系的,建议对联合体的地位和基础债权债务关系进行明确,并约定在发包人欠款的情况下各方可以直接起诉,而不应向联合体内部追责;(3)总包单位应积极向发包人主张结算、催款,积极促成支付条件的成就，不能以怠于主张欠款的方式实质阻碍分包人的债权实现；(4)在向发包人主张债权受到阻碍时，用适当的方式将不利条件向收款方披露，兼顾各方知情权。实务中，部分总承包人在应用背靠背条款时，有将其适用范围扩大化的情况，如将 EPC 合同的质量、安全、成本控制、违约责任等条款也转嫁到分包人身上。对此，笔者认为，基于合同相对性及分包范围有限的情况，承包人将其与发包人之间的责任条款全部转嫁到分包人身上缺乏合理性，分包人的身份决定了其无法像总包人一样概括承受总包工程范围内的风险。特别是，总包人事实上也无法规避分包工程质量安全问题产生的行政、刑事责任。总包人基于优势地位，可以在分包合同中进行民事责任的传递，并对质量安全责任进行分解落实，但仍应切实履行总包管理责任，杜绝"以包代管"的现象。

从分包人角度，遇到总包单位拖延付款时应当认真研究背靠背条款的破解方法，如：(1)积极以书面方式催款，固定欠款事实，保障诉讼时效；(2)分析分包合同是否存在无效情形，主张背靠背条款不具备法律约束力；(3)主张背靠背条款中约定付款条件成就。分包人通过举证发包人与承包人的结算条件、发包人的付款能力等证据，实现法院确认承包人与分包人约定的背靠背条款已达成付款条件，在承包人实际未收到款项的情况下判令向分包人支付工程款。

【参考依据】

《民法典》

第一百五十三条 违反法律、行政法规的强制性规定的民事法律行为无效。但是，该强制性规定不导致该民事法律行为无效的除外。

违背公序良俗的民事法律行为无效。

第一百五十四条 行为人与相对人恶意串通，损害他人合法权益的民事法律行为无效。

第一百五十八条 民事法律行为可以附条件，但是根据其性质不得附条件的除外。附生效条件的民事法律行为，自条件成就时生效。附解除条件的民事法律行为，自条件成就时失效。

第一百五十九条 附条件的民事法律行为，当事人为自己的利益不正当地阻止条件成就的，视为条件已经成就；不正当地促成条件成就的，视为条件不成就。

第7节　新冠肺炎疫情造成工期费用双损失，EPC合同约定只补偿工期，是否可以进行费用索赔

自2019年起，新型冠状病毒肺炎疫情逐渐蔓延至全球。为应对疫情，各地政府部门采取了强有力的防控措施，如交通管制、延长春节假期和推迟企业复工时间。人力投入大，资金成本高，建设周期长的在建工程总承包项目，由此遭受工期延误和费用增加的双重影响。

根据工程惯例，发生不可抗力后，承包人有权要求对工期进行顺延，同时要求发包人分担因工程停工所造成的费用损失。但发包人基于控制投资的考虑，可能仅同意给予工期顺延而拒绝费用补偿。

对此，本节结合2019年年底出台的《工程总承包管理办法》规定的总承包项目风险分配原则，具体分析工期费用双损失下发包人能否单一补偿工期问题以及承包人的应对措施，供业界探讨。

【分析与解读】

一、问题来源

2020年2月10日，全国人大常委会法工委发言人、研究室主任臧铁伟在答记者问时答复："当前我国发生了新冠肺炎疫情这一突发公共卫生事件。为了保护公众健康，政府也采取了相应疫情防控措施。对于因此不能履行合同的当事人来说，属于不能预见、不能避免并不能克服的不可抗力。根据合同法的相关规定，因不可抗力不能履行合同的，根据不可抗力的影响，部分或者全部免除责任，但法律另有规定的除外。"鉴于全国人大常委会法工委宣布本次新冠肺炎疫情事件属于不可抗力，本节也在此语境下展开分析。

（一）合同明确约定不可抗力情形下仅顺延工期而不增加费用

在《工程总承包管理办法》出台之前的较长时期，国内已经开展工程总承包模式的实践。因不可抗力可能造成费用增加、工期延长的后果，为控制工程成本，发包人可能要求在合同中约定不可抗力情形下发包人仅承担工期风险，或

在工期违约责任条款中约定因不可抗力导致的工期延误仅顺延工期。在《工程总承包管理办法》出台之后,该等情形仍将持续存在。

(二)根据总承包管理办法的理解对不可抗力风险分担内容进行细化

《工程总承包管理办法》第十五条规定:“建设单位和工程总承包单位应当加强风险管理,合理分担风险。建设单位承担的风险主要包括:……(五)不可抗力造成的工程费用和工期的变化。具体风险分担内容由双方在合同中约定。鼓励建设单位和工程总承包单位运用保险手段增强防范风险能力。”

该条款将不可抗力造成的工程费用和工期的变化之风险分配给建设单位,但属于一般性、原则性的分配,发承包双方可通过合同条款对风险承担事项进行详尽的约定,包括风险后果如何承担、承担的比例、拒绝承担的违约责任等。部分总承包合同文本可能进一步约定不可抗力情形下总承包商只能索赔工期,而合同价格不予调整。

(三)部分合同文本缺失风险分配条款引发争议

虽然国家和各地方关于工程总承包的政策规定中均有发承包双方风险分担的指导性内容,相关范本也有相应的通用条款约定。但实务中仍有相当部分合同文本缺失承发包双方风险分配条款,导致风险事件发生时关于责任分配无合同依据。在工程预估投资超过概算时,部分政府投资或上市公司投资的项目发包人可能以成本突破预算且无合同依据为由拒绝接受索赔。

二、合同约定仅补偿工期是否有效

合同条款的无效情形分为因合同无效而具体条款无效,以及合同有效而具体条款无效。根据《民法典》第一百五十六条、第一百五十七条、第五百零七条等相关规定,在合同无效的情况下,仅有以下三种合同条款是有效的:(1)合同中独立存在的有关解决争议方法的条款;(2)因合同无效返还由该合同取得的财产;(3)有过错的一方应当赔偿对方因此所受到的损失,双方都有过错的应当各自承担相应责任。工程总承包合同中关于风险分配及索赔的条款不属于以上所列举的三种合同条款,不能独立于无效合同而保持有效,因此本文所探讨的“不可抗力情形下仅补偿工期的约定”是否有效限定在合同有效的前提下。

不可抗力情形下仅补偿工期的约定看似不尽公平合理,但是否公平合理并非合同有效无效的评判标准。即使将《工程总承包管理办法》关于不可抗力的风险分配原则理解为发包人应当承担因此导致的全部工期、费用损失,但《工程总承包管理办法》的性质仅为部分规章,相关规定也不属于效力性强制性规范。

此外,建设工程合同通常由发包人拟定,且与格式条款被广泛使用的生活消费交易场景相比,其被"重复使用"的频次较低。因此,实务中,建设工程合同的风险分配条款被认定为格式条款的情形较为鲜见。因此,通常认为此类风险分配条款是双方当事人的真实意思表示,并不违反法律、行政法规强制性规定,未损害国家、集体及第三人的合法利益,合法有效。

【实务建议】

笔者从承包人的角度提出应对措施如下:

(一)以合同无效突破具体条款约束

根据《民法典》相关规定,合同被确认无效以后,就自始无效,双方的合同关系不再存在,除合同解决争议条款的效力不受影响之外,合同中其他约定应归于无效。因此,若发包人坚持合同约定不予费用补偿,承包人可以分析总承包合同是否存在无效情形,如违反资质管理及招投标管理的规定等。若合同被评价为无效,则承包人可不受合同条款约束向发包人办理索赔。

(二)依据法院指导意见主张变更合同

疫情发生后,最高院及地方法院纷纷出台合同履行问题的指导意见,可以作为协商变更合同的依据,如最高人民法院印发《关于依法妥善审理涉新冠肺炎疫情民事案件若干问题的指导意见(一)》的通知(法发〔2020〕12 号)第三条第一项、第二项:"(一)疫情或者疫情防控措施直接导致合同不能履行的,依法适用不可抗力的规定,根据疫情或者疫情防控措施的影响程度部分或者全部免除责任。当事人对于合同不能履行或者损失扩大有可归责事由的,应当依法承担相应责任。因疫情或者疫情防控措施不能履行合同义务,当事人主张其尽到及时通知义务的,应当承担相应举证责任。(二)疫情或者疫情防控措施仅导致合同履行困难的,当事人可以重新协商;能够继续履行的,人民法院应当切实加强调解工作,积极引导当事人继续履行。当事人以合同履行困难为由请求解除合同的，人民法院不予支持。继续履行合同对于一方当事人明显不公平，其请求变更合同履行期限、履行方式、价款数额等的，人民法院应当结合案件实际情况决定是否予以支持。合同依法变更后，当事人仍然主张部分或者全部免除责任的，人民法院不予支持。因疫情或者疫情防控措施导致合同目的不能实现，当事人请求解除合同的，人民法院应予支持。”

（三）以解除合同实施实质变更合同的策略

根据法律规定，发生不可抗力或者情势变更，导致对当事人利益失衡、合同目的无法实现的，承包人均有权主张解除合同。若肺炎疫情持续影响导致承包人无力复工或巨大亏损，而发包人又拒绝变更合同条件，承包人可以主张解除合同。同时，解除合同也可以作为一种以退为进，寻求合同条件重新谈判的策略，毕竟合同解除后，发包人重新选择合作伙伴的成本代价更大。

（四）索赔因赶工而增加的费用

因不可抗力发生工期延误后，发包人可能直接对工期进行顺延，使整体工期延长，也可能在复工后提出赶工要求，要求挽回延误的工期或在仅同意顺延部分工期。根据仅补偿工期条款的文义理解，承包人不得索赔费用的范围仅是工期延误所造成的成本费用（包括停工期间必须支付的工人工资、工程损坏造成的财产损失、按照发包人要求照管和清理工程的费用等），并不包含发包人要求赶工增加的费用。

（五）费用损失无法向发包人索赔下的风险管理方法

1. 事先采取预防措施，减少损失项目

通过运用商业和法律融合的方案，可以有效降低或消除某类风险。如项目建设某类大宗材料存在价格波动的现象，若在施工同期采购，可能发生工期延长后材料价格大幅上涨的情形。承包人可以采用期货交易的方式预先锁定价格，或者在价格平稳的期间采购足以满足整体项目建设的货物量并妥善保管，则工期的变化对于该类材料的影响几乎可以忽略不计。

2. 损失无法避免的情况下，及时止损

疫情发生后，停工不可避免或复工时间不确定的情况下，承包人不应盲目等待而放任停工损失的扩大,应当采取适当措施如自行做好人员、机械的撤离等工作,以减少自身的损失。

3. 损失发生后,及时向第三方索赔(保险)

承包人对工程总承包项目投标报价时,可进行保险设计,列出需要投保的险种、保险数额、期限、保险费用等,以分析可转移风险的范围和估计保险转移的成本。承包人购买保险时,需就工程一切险合同约定停工损失扩展条款,停工事件发生后及时向保险人通知索赔停工引起的损失。

4. 善用背靠背条款,防控下游分包索赔

工程建设领域具有"上流有水,下流才有水"的特殊性,总承包商与分包商"利益共赢、风险共担"具有公平性和合理性。在工程总承包合同的索赔条款作出严格限制的情况下,总承包商可与分包商签订"背靠背"性质的协议或合同条款,将总包合同的若干条款约束至分包商,若发包人未支付费用补偿的,分包商也无权向总承包商索赔。

【参考依据】

《建设项目工程总承包合同(示范文本)》(GF-2020-0216)

通用合同条件

17.1　不可抗力的定义

不可抗力是指合同当事人在订立合同时不可预见,在合同履行过程中不可避免、不能克服且不能提前防备的自然灾害和社会性突发事件,如地震、海啸、瘟疫、骚乱、戒严、暴动、战争和专用合同条件中约定的其他情形。

17.4　不可抗力后果的承担

不可抗力导致的人员伤亡、财产损失、费用增加和(或)工期延误等后果,由合同当事人按以下原则承担:

(1)永久工程,包括已运至施工现场的材料和工程设备的损害,以及因工程损害造成的第三人人员伤亡和财产损失由发包人承担;

(2)承包人提供的施工设备的损坏由承包人承担;

(3)发包人和承包人各自承担其人员伤亡及其他财产损失;

(4)因不可抗力影响承包人履行合同约定的义务,已经引起或将引起工期延误的,应当顺延工期,由此导致承包人停工的费用损失由发包人和承包人合理分担,停工期间必须支付的现场必要的工人工资由发包人承担;

(5)因不可抗力引起或将引起工期延误,发包人指示赶工的,由此增加的赶工费用由发包人承担;

(6)承包人在停工期间按照工程师或发包人要求照管、清理和修复工程的费用由发包人承担。

不可抗力引起的后果及造成的损失由合同当事人按照法律规定及合同约定各自承担。不可抗力发生前已完成的工程应当按照合同约定进行支付。

第8节 工程总承包项目,设计院是否需要对施工安全事故负责

【分析与解读】

转型中的设计院无论是以设计施工双资质还是设计单一资质参与到工程总承包项目,普遍面临管理施工队伍的能力与经验不足的问题。因此,较多的设计院选择与施工单位合作实施工程总承包项目。

工程安全事故频发是工程建设领域的不容忽视的事实。项目实施过程中,如果施工单位组织施工期间发生安全事故,设计院作为参建方也面临安全责任风险。但基于法律地位的差异,设计院承担责任的形式不能一概而论。此外,本节探讨的安全责任限于行政及刑事责任。

一、设计院单独作为总承包商的,对工程总承包项目的安全生产负责

设计院作为工程总承包商的,属于《安全生产法》所规定的生产经营单位。在单独承接工程总承包项目时,设计院不仅要对工程项目承担设计责任,还要承担工程项目的施工质量安全责任。

我国现行的《安全生产法》《建设工程安全生产管理条例》《生产安全事故报告和调查处理条例》等安全法律法规未对工程总承包单位在安全事故中的行政责任作出直接规定,其仍然按照传统的发包模式,对建设单位、勘察单位、设计单位、施工单位、工程监理单位等相关单位分别规定了安全责任。

此外,企业承担刑事责任多是因为工作人员在总承包项目管理过程重大过错或过失。通常情况下,导致安全事故发生的主要原因是施工单位违章作业。笔者认为,如果设计院已按相关规定尽到安全设计义务,通常不会涉及刑事责

任。如果设计院违反国家规定,降低工程质量标准,将工程发包给不具有相应资质等级的施工单位,不全面履行监督职责,放任施工单位降低工程质量标准、违章作业等,从而导致安全事故,则设计企业及其直接责任人员可能将承担相应的刑事责任。①

二、设计院与其他单位组成联合体,作为工程总承包商的,需要共同承担安全生产责任

行政、刑事责任的承担不会受联合体形式的限制,任何一方都可能因未尽到管理责任而被追责。在施工活动中,设计院与施工单位的参与程度不同、管理地位不同,一般不会与施工单位承担同等的安全生产责任。

实务中,行政责任是通过行政执法主体对安全生产违法行为或事故责任方进行处罚惩戒实现的。由于安全生产相关的法律法规体系庞大,所涉及的行政责任处罚的相对人也最为广泛,包括生产经营单位,也包括生产经营单位负有管理责任的人员及从业人员。

在安全生产事故导致的刑事责任判定中,一般会依赖调查组的调查报告,而联合体的牵头单位在项目建设过程中具有实际管理权、决策权、指挥权、资源调动权等情况是调查过程的考虑因素。

三、设计院作为工程总承包的分包商参与工程设计的,依法承担设计安全责任

此种模式下设计院的法律责任与传统业务模式下接受发包人委托设计工程时并无不同。设计院不宜定性为生产经营单位,仅应承担法定设计责任。

【典型案例】

(一)设计院单独作为工程总承包商承担安全事故责任的案例②

2016 年 11 月 24 日 7 时 33 分,江西丰城发电厂三期扩建工程发生一起冷却塔施工平台坍塌特别重大事故,造成 73 人死亡、2 人受伤,直接经济损失

---

① 尚鸿志:《设计单位和施工单位组成建设项目总承包联合体,安全责任谁来承担?》,载微信公众号“劳动保护杂志”2020 年 7 月 29 日,https://mp.weixin.qq.com/s/XUvSmcZjj_cLc0fohHhlDg。

② 郑冠红、孟庆阳:《设计院在传统模式与工程总承包模式下法律责任浅析》,载微信公众号“建纬律师”2018 年 11 月 8 日,https://mp.weixin.qq.com/s/UBCTR2EA8rA026pASTilmA。

10,197.2 万元。

国务院事故调查组认定中南电力设计院作为工程总承包单位存在以下问题：

1)履行总承包施工管理职责缺位；

2)对分包施工单位缺乏有效管控；

3)未按规定要求分包施工单位将筒壁工程作为危险性较大分部分项工程进行管理；

4)未发现和制止分包施工单位不按施工技术标准施工的行为。

事故调查组的处理建议：责令工程总承包商中南电力设计院工程总承包停业整顿一年、吊销安全生产许可证、罚款2000万元；吊销施工单位河北亿能公司建筑工程施工总承包一级资质、吊销安全生产许可证、罚款2000万元等。

同时该事故检察机关立案追究各参建方及有关政府监管部门相关责任人刑事责任计31人。2018年2月9日住建部以建督罚字[2018]3号文件给予该事故工程总承包单位停业整顿一年的处罚。

(二)设计人员未按相关标准设计，造成工程质量事故，被依法追究刑事责任的案例

案例3－8－1

张某工程重大安全事故罪案

审理法院：内蒙古自治区乌海市乌达区人民法院

案号：(2016)内0304刑初193号

裁判日期：2017年2月13日

法院认为：被告人张某进行设计时违反《石油化工企业设计防火规范》相关规定，未进行危险有害因素辨识，便将通向雨水系统的六根溢流管线变更为通向污水系统，且未在六根溢流管或溢流管汇集总管上设计水封等阻隔装置，对事故的发生负有直接责任。

成达公司作为设计单位，违反国家规定，降低工程质量标准，造成重大安全生产事故，后果特别严重。被告人张某作为设计人员，对该事故的发生负有直接责任，应当以工程重大安全事故罪追究被告人张某的刑事责任。

(三)认定承揽传统业务的设计院不属于对生产安全事故负有责任的生产经营单位的案例

案例3-8-2

大连市应急管理局、大连经济技术开发区汇智建设工程咨询有限公司质量监督检验检疫行政管理:质量监督行政管理(质量监督)再审案

审理法院:辽宁省大连市中级人民法院

案号:(2019)辽02行再6号

裁判日期:2020年3月31日

再审法院认为:本案的争议焦点与本案原审一致,即汇智公司是否属于《安全生产法》第一百零九条规定的对发生生产安全事故负有责任的生产经营单位。

《安全生产法》第一百零九条规定:发生生产安全事故,对负有责任的生产经营单位除要求其依法承担相应的赔偿等责任外,由安全生产监督管理部门依照下列规定处以罚款:……(二)发生较大事故的,处五十万元以上一百万元以下的罚款;……

本案双方当事人因对上述法律规定中的"发生生产安全事故,负有责任的生产经营单位"存在不同的理解。汇智公司在本案原审及再审时均认为"发生生产安全事故,负有责任的生产经营单位"应指"生产经营单位发生生产安全事故,且生产经营单位负有责任"之情形;市安监局认为"发生生产安全事故,负有责任的生产经营单位"应指"对发生生产安全事故负有责任的生产经营单位",此处"生产经营单位"不特指"发生生产安全事故"的单位。

《安全生产法》第十三条规定:依法设立的为安全生产提供技术、管理服务的机构,依照法律、行政法规和执业准则,接受生产经营单位的委托为其安全生产工作提供技术、管理服务。生产经营单位委托前款规定的机构提供安全生产技术、管理服务的,保证安全生产的责任仍由本单位负责。第六十九条规定:承担安全评价、认证、检测、检验的机构应当具备国家规定的资质条件,并对其作出的安全评价、认证、检测、检验的结果负责。第八十九条规定:承担安全评价、认证、检测、检验工作的机构,出具虚假证明的,没收违法所得;违法所得在十万

元以上的，并处违法所得二倍以上五倍以下的罚款；没有违法所得或者违法所得不足十万元的，单处或者并处十万元以上二十万元以下的罚款；对其直接负责的主管人员和其他直接责任人员处二万元以上五万元以下的罚款；给他人造成损害的，与生产经营单位承担连带赔偿责任；构成犯罪的，依照刑法有关规定追究刑事责任。根据以上法律规定，并结合国家安全生产监督管理总局办公厅在本案二审期间对本院复函的意见，《安全生产法》规定保证安全生产的责任由本单位负责，其他诸如承担安全评价、认证、检测、检验工作的机构与对事故负有责任的生产经营单位在承担责任时存在明显差异，即并非所有对事故发生负有责任的生产经营单位都应适用《安全生产法》第一百零九条进行处罚。

《辽宁省安全生产条例》(2014 年修正)第一条规定：为了加强安全生产监督管理，防止和减少生产安全事故，保障人民群众生命和财产安全，促进经济和社会的协调发展，根据《安全生产法》等有关法律、法规，结合本省实际，制定本条例。第二条规定：本省行政区域内的安全生产工作，适用本条例。法律、法规另有规定的，从其规定。第七条规定：生产经营单位是安全生产工作的责任主体。生产经营单位的主要负责人对本单位安全生产工作负全面责任；其他负责人对各自职责范围内的安全生产工作负责。第三十四条第一款规定：生产经营单位发生生产安全事故后，应当依规定立即上报并迅速启动应急救援预案。

因《辽宁省安全生产条例》系根据《安全生产法》制定，则根据该条例第七条及三十四条第一款之规定，亦可认定《安全生产法》第一百零九条规定的“发生生产安全事故，对负有责任的生产经营单位”应指“负有责任的生产经营单位发生生产安全事故”之情形。

根据以上法律及地方性法规规定，适用《安全生产法》第一百零九条规定进行处罚应当具备以下条件：(1)生产经营单位发生生产安全事故。(2)生产经营单位对事故发生负有责任，即该事故是责任事故。

本案生产安全事故发生于大连××新区城市污水管网**提升泵站，因该泵站由大连经济技术开发区玉华市政工程有限公司负责日常管理养护，故案涉生产安全事故发生在玉华市政公司而非汇智公司。因汇智公司并未发生生产安全事故，故市安监局对其适用《安全生产法》第一百零九条进行处罚，属适用法律错误。

【实务建议】

设计院作为工程总承包商的,应当对传统模式下的工程管理思维进行升级,纠正设计、施工、采购、咨询各司其职、各行其是的落伍观念,充分履行工程总承包单位对工程施工过程的管理义务。牵头工程总承包的设计院,应当向施工单位学习并密切合作,强化施工管理流程的管控,建立有针对性的施工管理部门,对安全生产进行有效管控。

【参考依据】

1.《刑法》

第一百三十七条 建设单位、设计单位、施工单位、工程监理单位违反国家规定,降低工程质量标准,造成重大安全事故的,对直接责任人员,处五年以下有期徒刑或者拘役,并处罚金;后果特别严重的,处五年以上十年以下有期徒刑,并处罚金。

2.《安全生产法》

第四条 生产经营单位必须遵守本法和其他有关安全生产的法律、法规,加强安全生产管理,建立、健全安全生产责任制和安全生产规章制度,改善安全生产条件,推进安全生产标准化建设,提高安全生产水平,确保安全生产。

……

3.《建筑法》

第五十五条 建筑工程实行总承包的,工程质量由工程总承包单位负责,总承包单位将建筑工程分包给其他单位的,应当对分包工程的质量与分包单位承担连带责任。分包单位应当接受总承包单位的质量管理。

第五十六条 建筑工程的勘察、设计单位必须对其勘察、设计的质量负责。勘察、设计文件应当符合有关法律、行政法规的规定和建筑工程质量、安全标准、建筑工程勘察、设计技术规范以及合同的约定。设计文件选用的建筑材料、建筑构配件和设备,应当注明其规格、型号、性能等技术指标,其质量要求必须符合国家规定的标准。

4.《安全生产条例》

第五十六条 违反本条例的规定,勘察单位、设计单位有下列行为之一的,责令限期改正,处 10 万元以上 30 万元以下的罚款;情节严重的,责令停业整顿,降低资质等级,直至吊销资质证书;造成重大安全事故,构成犯罪的,对直接

责任人员,依照刑法有关规定追究刑事责任;造成损失的,依法承担赔偿责任:

(一)未按照法律、法规和工程建设强制性标准进行勘察、设计的;

(二)采用新结构、新材料、新工艺的建设工程和特殊结构的建设工程,设计单位未在设计中提出保障施工作业人员安全和预防生产安全事故的措施建议的。

5.《建设工程勘察设计管理条例》

第五条 ……建设工程勘察、设计单位必须依法进行建设工程勘察、设计,严格执行工程建设强制性标准,并对建设工程勘察、设计的质量负责。

6.《建筑工程五方责任主体项目负责人质量终身责任追究暂行办法》

第三条 建筑工程五方责任主体项目负责人质量终身责任,是指参与新建、扩建、改建的建筑工程项目负责人按照国家法律法规和有关规定,在工程设计使用年限内对工程质量承担相应责任。

第五条第二款 勘察、设计单位项目负责人应当保证勘察设计文件符合法律法规和工程建设强制性标准的要求,对因勘察、设计导致的工程质量事故或质量问题承担责任。

第9节 工程总承包项目亏损,项目经理是否需要赔偿企业损失

某些盛行内部承包制的建筑企业,在开拓具有极大不确定性的工程总承包项目时,依然会选用内部承包模式。一方面,采用内部承包制可以调动承包者项目经理及其团队的生产积极性,促使其认真经营项目;另一方面,内部承包模式也可帮助企业减少自有资金投入,降低经营成本。但是,在项目亏损的情况下,项目经理与建筑企业之间可能会发生索赔纠纷。

一、内部承包模式下,项目经理需根据双方约定及劳动法规定向企业承担责任

合法的内部承包模式下,建筑企业与项目经理之间的法律关系应当属于劳动关系。虽然双方在劳动合同之外,通过目标责任状、内部承包合同等形式约定由项目经理对具体工程项目独立经营、自负盈亏,但因此发生内部承包纠纷

时,仍应当适用劳动法调整。

项目经理是否需要对项目亏损承担责任,应当判断其有无过错以及过错大小。若项目亏损系项目经理通过高价采购材料设备进行利益输送,或者怠于履行管理职责造成成本失控等故意或重大过失的过错导致,则企业可以根据其过错程度主张损失赔偿。若项目亏损系合同商务条件严苛、施工过程中人工材料价格异常波动产生,项目经理已经做出最大努力但仍然无法扭亏为盈,则并不具有过错,企业无权要求其个人对项目亏损兜底。

此外,即使企业根据项目经理的过错主张赔偿时,也应当注意不得超过劳动法中关于劳动者责任承担的限额规定。

二、名为内部承包,实为转包、挂靠的,"项目经理"仍有可能承担赔偿责任

实务中,部分建筑企业以内部承包之名,行转包、挂靠之实。但是,形式上的内部承包在不满足"下属分支机构或企业职工"、"承包人对施工过程及质量进行管理投入"以及"对外承担施工合同权利义务"等建筑企业自营项目实质条件的情况下,将被认定为挂靠或者非法转包,进而导致内部承包合同无效。挂靠或者转包的外观区别在于:转包的情况下,实际施工人在建筑企业承接工程后才介入;挂靠的情况下,实际施工人在签约阶段便已介入。

对于转包、挂靠项目的名义"项目经理",建筑企业能否向其追偿损失,司法实践中存在不同观点。第一种观点认为,无权追偿。主要理由有:第一,为制裁不法行为,不得追偿;第二,因自身不法行为引起的给付和损失可以追偿的话,无异于鼓励不法行为;第三,当事人从事不法行为,乃将自己置于法律秩序以外,没有给予保护之必要。第二种观点认为,可以追偿。理由主要有:第一,根据权利义务相一致原则,既然在项目有盈利时实际施工人可以向建筑企业索取,那么在项目亏损时实际施工人也应承担亏损的责任;第二,因项目是实际施工人在实施,造成亏损的直接原因是实际施工人的原因;第三,在内部承包合同无效的情况下,对建筑企业的违法行为已有行政上的处罚。

【典型案例】

案例 3－9－1

内部承包属于劳动关系法律规制

重庆展弘园林有限公司与罗江劳动争议纠纷案
审理法院：重庆市第一中级人民法院
案号：(2015)渝一中法民终字第 06051 号
裁判日期：2015 年 12 月 17 日

二审法院认为：《劳动合同法》第九条规定："用人单位招用劳动者，不得扣押劳动者的居民身份证和其他证件，不得要求劳动者提供担保或者以其他名义向劳动者收取财物。"罗江与展弘园林公司具有劳动关系；罗江作为项目经理的项目，展弘园林公司称整个项目都是公司出资、出人，那么双方并非挂靠、转包、内部承包等非劳动关系的关系。在此前提下，双方签订了《2013 年度内部目标管理责任书》仍应由劳动关系的法律法规管辖。

案例 3－9－2

内部承包项目经理承担赔偿责任

浙江省三建建设集团有限公司、胡成还建设工程合同纠纷案
审理法院：浙江省湖州市中级人民法院
案号：(2020)浙 05 民终 573 号
裁判日期：2020 年 7 月 15 日

二审法院认为：胡成还是否应向三建公司支付超支款，如需支付则具体金额如何确定。胡成还与三建公司签订了劳动合同，其作为三建公司的员工，与三建公司签订的关于案涉项目的经营管理目标责任书系内部承包合同，该合同是双方真实意思表示，内容不违反法律禁止性规定，也不侵害国家、社会公共利益和他人合法权益，属有效合同，对双方均有约束力。合同约定责任人使用的资金大于经济责任成本的，公司将追究责任人的经济、法律责任，三建公司认为根据该约定，超支的款项应全部由胡成还承担，胡成还则认为该条没有明确约

定超支责任如何承担,双方对此存在争议。《合同法》第一百二十五条规定,当事人对合同条款的理解有争议的,应当按照合同所使用的词句、合同的有关条款、合同的目的、交易习惯以及诚实信用原则,确定该条款的真实意思。双方合同还约定,责任人使用的资金小于经济责任成本则结余的盈利奖励给责任人,结合合同上下文,再考虑双方内部承包的真实目的,应当是胡成还作为内部承包人妥善管理工程、合理控制成本,有盈余则奖励给胡成还,有亏损则胡成应承担责任,故就超支的部分胡成并非不承担责任。通过在案证据分析,案涉工程项目支出超出发包人支付的工程款系由多方面的原因造成,既有工期的拖延,也有发包人方对联系单工程量的不予认可,案涉项目除胡成还负责管理外,三建公司还派驻了项目经理、分公司经理及成本合约、财务资产、生产管理等部门人员参与项目,故项目亏损应由胡成还和三建公司共同承担。关于经济责任成本,胡成还在结(预)算书印鉴评审、审批单上签字同意,表明对80,111,817元的工程造价予以认可,应作为认定成本的依据。关于胡成还应返还的超支款金额,结合案涉工程各项支出情况,考虑双方在工程项目中的工作职责和身份,综合工程亏损的原因,扣除三建公司尚未退还给胡成还的款项,本院酌定胡成还承担的超支款为900,000元。相应地,三建公司主张的利息请求,应予支持。一审以合同未明确约定超出经济责任成本时的责任如何承担为由认为胡成还对此不承担责任,有违双方真实意思,也不合常理,本院予以纠正。另外,一审适用的《合同法》第五十二条、第二百七十二条及《施工司法解释》第一条为关于合同无效和建设工程领域分包禁止性的规定,案涉合同为内部承包合同,依法成立并生效,并非无效合同,也不违反法律禁止性规定,一审适用上述法律规定不当,本院予以指正。

案例3-9-3

名义"项目经理"承担赔偿责任

吕国平、徐小妹与上海中呈建筑安装工程有限公司建设工程施工合同纠纷案

审理法院:江苏省高级人民法院

案号:(2018)苏民终621号

裁判日期:2018年6月27日

【基本案情】

吕国平以中呈公司名义承接了国安公司发包的国安商厦装饰工程项目，并由中呈公司与国安公司签署潍坊国安商厦建筑装饰工程施工合同。吕国平系项目实际负责人、挂靠人，未在中呈公司交纳社保。

施工合同履行过程中，因吕国平现场管理不善，项目工期延误严重并出现全盘停工状态。后，国安公司发出通知要求解除施工合同并起诉中呈公司。同时，国安公司安排其他施工单位强行进场，吕国平及中呈公司施工人员被迫退出现场。

此后，中呈公司在与国安公司的诉讼中失利，被判返还超付工程款并赔偿损失。中呈公司立即向法院提起诉讼，要求吕国平赔偿损失。

一审、二审法院部分事实及法律关系的认定：

1. 吕国平系以平等主体身份与中呈公司签订项目经营管理合同，意在挂靠中呈公司并以其名义承接案涉工程，并且该挂靠施工合同已实际履行。

2. 项目管理合同约定本案所涉工程所产生的一切经济责任均由吕国平承担。因本案所涉工程发生纠纷，国安公司向法院提起诉讼，法院终审判决中呈公司退还部分工程款并承担相关诉讼费用。

3. 因本案中吕国平与中呈公司的挂靠合同关系因违法而归于无效，故因该挂靠关系无效而产生的损失应当由吕国平、中呈公司根据双方的过错进行分担。中呈公司明知国家关于建设工程资质管理的强制性规定禁止无施工资质的个人进行工程施工而与吕国平签订挂靠合同，应对挂靠合同无效而产生的损失承担次要责任，吕国平作为建筑业从业人员，亦明知相关禁止性规定，挂靠中呈公司进行工程施工，并造成经济损失，应当对合同无效产生的损失承担主要责任。综合双方当事人约定，结合本案实际情况，法院确定付款对因挂靠合同无效而产生的损失承担80%的赔偿责任，其余损失由中呈公司自行承担。

【实务建议】

实际施工人以项目经理名义挂靠建筑企业承揽项目，是建筑市场的常见现象。即使在工程总承包模式下，该现象依然难以杜绝。实践中，有挂靠的项目经理经营不善，收取工程款后即远走他方，将一个巨额亏损的烂摊子留给被挂靠建筑企业。被挂靠企业仅收取少量的管理费，却遭受各方的巨额索赔。笔者认为，接受挂靠的建筑企业应当采取相关手段维护自身权益。相关措施总结如下：

1. 固定被动接受挂靠的证据，降低过错责任

挂靠人在挂靠关系中是否发挥主导作用是法院认定各方过错程度的重要考量。被挂靠人应注意固定挂靠人主导挂靠施工合作关系的事实，如挂靠人联系挂靠事宜的往来函件、双方备忘录，挂靠人在项目实施期间向被挂靠企业发出的合同用印、付款要求等。

2. 挂靠合同设置责任分配条款

即使挂靠合同被法律评价无效，但合同约定仍然是法院据以分配双方责任的重要依据。被挂靠人应当充分重视合同条款的完备性，如约定因工程履约所产生的一切经济责任均由挂靠人承担。因挂靠人未全面履行施工合同导致发包人追究公司违约责任的，违约金及违约损失均由挂靠人承担；如果公司先行垫付代偿的，公司有权就垫付或代偿款及因垫付或代偿而产生的一切费用向挂靠人进行追偿。

3. 固定损失证据并证明因果关系

被挂靠人对挂靠人造成的损失负有举证责任，应当注意收集相关证据，如因生效判决、执行凭证及其他费用实际发生的证据。前述案件中，A 公司向付某主张的各项损失包括：与发包人诉讼案件中判令返还的工程款，承担的保全费、二审受理费、执行费、执行款利息、代缴税金等。该生效判决完整阐述了挂靠人造成损失的事实，除税金外，各项损失均被法院支持。税金因未在另案生效判决中明确，A 公司也未提交相关的证据予以证明上述款项实际发生，未获支持。

4. 预留财产线索并追究担保主体及其他人员的责任

被挂靠企业在接受挂靠前，应要求挂靠人提供有价值的财产担保，作为未来争议发生时的财产线索。同时，也可以接受其他有实力的人员的担保。在诉讼过程中，对于已发生的混同的财产可向共同债务人主张责任。如本案中，法院认定因涉案工程所取得的收益应属于夫妻共同财产。根据权利义务相一致原则，挂靠人因管理经营涉案工程所承担的亏损风险，亦应当由夫妻共同承担。

挂靠有风险，接受挂靠应谨慎。由于挂靠人的行为并不可控，被挂靠企业的责任是无法事先充分估量的。争议发生后，被挂靠企业能否追偿到挂靠人也

是未知数。在建筑市场监管趋势向严的背景下，建筑企业应当努力提升自身实力，依法合规经营，杜绝挂靠现象。

【参考依据】

1.《工资支付暂行规定》

第十六条 因劳动者本人原因给用人单位造成经济损失的，用人单位可按照劳动合同的约定要求其赔偿经济损失。经济损失的赔偿，可从劳动者本人的工资中扣除。但每月扣除的部分不得超过劳动者当月工资的20%。若扣除后的剩余工资部分低于当地月最低工资标准，则按最低工资标准支付。

2.《关于改革国营施工企业经营机制的若干规定》

第二条 施工企业内部可以根据承包工程的不同情况，按照所有权与经营权适当分离的原则，实行多层次、多形式的内部承包经营责任制，以调动基层施工单位的积极性。可组织混合工种的小分队对或专业承包队，按单位工程进行承包，实行内部独立核算；也可以由现行的施工队进行集体承包，队负盈亏。不论采取哪种承包方式，都必须签订承包合同，明确规定双方的责权利关系。

3. 浙江省高级人民法院民事审判第一庭《关于审理建设工程施工合同纠纷案件若干疑难问题的解答》

第一条 建设工程施工合同的承包人与其下属分支机构或在册职工签订合同，将其承包的全部或部分工程承包给其下属分支机构或职工施工，并在资金、技术、设备、人力等方面给予支持的，可认定为企业内部承包合同；当事人以内部承包合同的承包方无施工资质为由，主张该内部承包合同无效的，不予支持。

4. 北京市高级人民法院《关于审理建设工程施工合同纠纷案件若干疑难问题的解答》

第五条 建设工程施工合同的承包人将其承包的全部或部分工程交由其下属的分支机构或在册的项目经理等企业职工个人承包施工，承包人对工程施工过程及质量进行管理，对外承担施工合同权利义务的，属于企业内部承包行为；发包人以内部承包人缺乏施工资质为由主张施工合同无效的，不予支持。

5. 南通市中级人民法院《关于建设工程实际施工人对外从事商事行为引发纠纷责任认定问题的指导意见(试行)》

第十二条 相对人不知道存在挂靠、转包、违法分包的事实，实际施工人以建筑单位名义与相对人进行买卖、租赁、借贷等商事交易,构成表见代理的,其行为后果由建筑单位承担。

依前款规定,建筑单位在承担责任后可依其与实际施工人的约定或依据《最高人民法院关于合同法司法解释(二)》第十三条的规定向实际施工人追偿。

6.最高人民法院《关于适用〈中华人民共和国合同法〉若干问题的解释(二)》

第十三条 被代理人依照合同法第四十九条的规定承担有效代理行为所产生的责任后,可以向无权代理人追偿因代理行为而遭受的损失。

第10节 EPC项目索赔争议,是否可以先做索赔成立与否的定性判决

【分析与解读】

建设工程施工合同纠纷案件因需查明事实较多、涉及法律关系众多、当事人利益关系复杂等因素,往往审理周期较长,息讼服判率低。工程总承包模式下,情况更甚。

实务中,工程总承包项目实施过程复杂、不确定因素较多,而发承包双方对合同价格风险范围的认识不一,因此极易发生索赔争议。但在争议发生时,双方合作关系可能并未破裂,即使进入诉讼程序也是出于公事公办"走程序"的考虑。在这类案件办理过程中,发承包双方都有可能基于切身利益计而产生就某项较为急切的法律关系主张先行判决的需要,如需要法院就索赔是否成立作出定性判决。

此类定性判决应为"先行判决"(仲裁中为"先行裁决")。《民事诉讼法》第一百五十六条规定:"人民法院审理案件,其中一部分事实已经清楚,可以就该部分先行判决。"《仲裁法》第五十五条亦规定:"仲裁庭仲裁纠纷时,其中一部分事实已经清楚,可以就该部分先行裁决。"

通常认为,适用先行判决应符合以下三个条件:其一,已经查清的部分事实涉及当事人的权利义务关系。当事人提出的一个或多个诉讼请求基于该部分事实,对该部分事实的判决能够解决当事人的某个诉讼请求。其二,该部分民

事权利义务关系具有相对独立性。即已经查清的案件事实所反映的民事权利义务关系,相对独立于、不涉及未查清的那部分案件事实。其三,案件的其他一些事实不能在审限内查清,而一方当事人又迫切需要对方当事人尽快履行义务,否则将对其生产或生活严重不利或造成重大损失。

定性判决作出之后,实际上为当事人提供了更大的和解空间。若当事人服从定性判决结果,则可自行协商工程造价的定量问题,或者要求法院仅针对索赔成立部分的造价委托鉴定,极大地节省了争议解决成本。

需要注意的是,先行判决作出之后,案件并未终结,法院仍应继续审理尚未查清的那部分案件事实。如果因客观原因或当事人申请中止审理导致无法继续审理的,法院可以裁定中止诉讼程序,待中止的原因消除后继续审理。后续,若当事人达成和解,法院可以制作调解书结案(仲裁程序中,仲裁庭可根据仲裁中的和解协议制作裁决书)。若当事人无法和解,法院也可以在查清遗留事实后,作出第二份判决。第二份判决和先行判决一起,是一个案件的完整判决。

【典型案例】

案例 3-10-1

双方无争议的造价部分先行判决

南昌市第一建筑工程公司、上饶市茂林房地产开发有限公司建设工程施工合同纠纷案

审理法院:最高人民法院

案号:(2018)最高法民终 332 号

裁判日期:2018 年 8 月 16 日

【裁判摘要】

承包人一审起诉诉请:(1)发包人支付工程款 102,478,760.07 元及利息 1 亿元;(2)依法拍卖、变卖工程并主张优先受偿权;(3)发包人支付违约分包工程的配合费及违约金合计 500 万元。

一审法院经查明,承包人单方制作的工程决算报告中,载明案涉工程总体造价为 105,648,206.25 元,发包人通过单方委托审计,自认案涉工程总体造价为 75,249,196.96 元,两者之间的造价相差 3000 万元左右,双方在工程实际造价的计算上存在争议。一审法院认为,对案涉工程总体造价需委托鉴定机构进

行鉴定,以确认案涉工程的实际造价,再对发包人已支付工程款的金额进行认定,即可计算出发包人尚欠工程款的数额。但因委托鉴定所需的时间较长,为保障债权人债权尽早实现,一审法院依法就已查明、双方当事人无争议的部分案件事实先行判决。诉讼中,发包人自认案涉工程总造价为75,249,196.96元,主张已向承包人支付工程款共计49,526,930元。虽然承包人对发包人主张的工程总造价和已付程款数额有异议,案涉工程总造价和发包人实际已付工程款数额需一审法院根据鉴定意见和其他证据再作认定,但对发包人而言,即使按其自认的工程总造价数额和已付工程款的数额,也至少应付承包人工程款25,722,266.96元(75,249,196.96元-49,526,930元)。因此,一审法院先行判决发包人向承包人支付工程款25,722,266.96元。对双方有异议的其他事实,法院在后续判决中再作认定。

案例3-10-2

先行判决承包人撤出施工现场,再审理工程款争议

郑州市正岩建设有限公司与北京八威众信国际投资有限公司建设工程施工合同纠纷案

审理法院:最高人民法院

案号:(2015)民一终字第118号

裁判日期:2015年6月18日

【承包人向河南高院起诉】

1.解除承包协议书及补充协议;

2.要求发包人支付工程款、逾期付款违约金;

3.赔偿停工期间的经济损失;

4.退还履约保证金100万元;

5.诉讼中,承包人要求先行裁决80%的工程款来解决工人工资问题以避免增加社会不稳定因素。

【发包人反诉请求】

1.依法确认承包协议书和补充协议已经解除;

2.对已完成工程量进行评估结算;

3. 判令承包人交付相关施工资料;

4. 承包人5日内撤出其施工人员及设施;

5. 承包人支付违约金并赔偿经济损失。

【河南高院一审认为】

1. 涉案承包协议书及补充协议,虽系双方当事人真实意思表示,但因高级中学新校区是最终由政府投资建设的关系社会公共利益的项目,该建设项目未进行招投标,违反了《招标投标法》第三条第二项、第三项之规定。根据《建设工程施工解释》第一条第三项的规定,上述《承包协议书》及《补充协议》为无效合同。

2. 根据《民事诉讼证据规定》第三十五条的规定,在一审法院向发包人和承包人作出承包协议书和补充协议认定无效、相关诉讼请求可以变更的释明后,发包人不变更相关诉讼请求,承包人不回复意见。据此,承包人与发包人要求一审法院解除双方签订的承包协议书和补充协议及确认上述协议已经解除的诉讼请求不符合法律规定,一审法院不予支持。

3. 承包人已无滞留在案涉工程施工现场的法律依据。在一审法院已向承包人释明,告知承包人应自行撤场,而承包人表示不撤场的情况下,一审法院认为,发包人申请承包人撤场的主张于法有据。鉴于案涉工程款正在对鉴定的质证中,尚有较长的审理时间,为不影响本案工程建设,依据《民事诉讼法》第153条"人民法院审理案件,其中一部分事实已经清楚,可以就该部分先行判决"的规定,一审法院对当事人的部分诉讼请求先行判决。

4. 先行判决:(1)驳回承包人关于解除承包协议书及补充协议的诉讼请求;(2)驳回发包人关于确认其承包协议书和补充协议已经解除的诉讼请求;(3)承包人自判决生效之日起十五日内撤出施工现场。一审案件受理费50元,由承包人负担。

【承包人上诉请求】

1. 撤销一审判决第三项,驳回发包人关于要求承包人撤离工地现场的诉讼请求。

2. 在一审判决下发前,一审法院已经查明了案涉工程造价金额、发包人支付工程款的具体数额,承包人要求先行裁决80%的工程款来解决工人工资问题以避免增加社会不稳定因素,但一审判决对此未予处理,显然属于故意遗漏判项,程序违法。

【最高人民法院二审认为】

1. 承包人认为一审法院不应当适用《民事诉讼法》第153条(现为第156条)之规定对案涉合同的效力以及正岩公司退出施工场地的问题作出先行判决,理由是在一审判决作出时,本案全部案件事实已经查清,一审法院应当对全案作出判决。本院认为,本案全部事实特别是工程款问题是否已经查清,需要由负有裁判责任的一审法院作出判断。任何一方当事人都无权代替受诉法院作出判断。因此,对于承包人以全部案件事实已经查清为由主张一审法院作出先行判决属于适用法律错误的理由,本院不予支持。

2. 承包人还提出曾要求先行裁决80%的工程款来解决工人工资问题以避免增加社会不稳定因素,但一审判决对此未予处理,属于故意遗漏判项、程序违法的观点也是不能成立的。如果全部工程款的数额尚未查清,那么80%的工程款究竟是多少显然也无法确定。因此,承包人该项主张显然无法成立。

【实务建议】

1. 慎重选择争议解决方式

工程总承包合同纠纷存在多种争议解决方式,如争议评审、诉讼、仲裁、造价管理部门的协调、当事人自行磋商和解等。诸多争议解决方式中,诉讼的灵活度和效率较低。若当事人具备协商条件,有希望在解决索赔法律定性问题之后自行处理造价问题,则笔者并不建议当事人将争议提交法院。以仲裁为例,双方当事人均可选择信任的仲裁员审理实体争议,也可以与仲裁庭协商庭审时间、庭审程序,在仲裁程序中达成一致意见的,也可以要求仲裁庭根据和解意见制作裁决书。

2. 补充约定提交先行判决/裁决事宜

若当事人事先达成一致意见,就某些争议事项可以争取先行判决/裁决,则建议签署书面文件予以固定。笔者团队代理的某工程总承包索赔案件中,双方当事人高层领导在内部会议上均认可先行确定索赔的法律定性问题,但没有签署会议纪要、备忘录等。案件进入仲裁阶段后,对方代理人以没有当事人书面授权为由明确拒绝先行裁决,使得笔者不得不出具申请和情况说明争取仲裁庭的同意。若在仲裁中提交了双方均同意先行裁决的书面文件,则仲裁庭没有理由予以拒绝。

3. 详细阐明申请先行判决/裁决理由

承上文所述,若双方并未签署争取先行判决/裁决的文件,或一方当事人明确反对，则申请先行判决/裁决的一方需要详细说明理由。如（2020）沪民终595号案件中，上海高院认为天安金谷公司确认合同解除及场地返还的诉讼请求可以先行判决，提出：系争施工合同解除原因的事实已经查明，且该案后续审理所需的司法鉴定工作已经完成现场勘验的情况下，中建二局继续占有施工场地已无必要，完成场地交接有利于双方当事人，亦不会影响本案后续审理，应当进行先行判决。

【参考依据】

河南省高级人民法院《关于强化建筑领域纠纷案件实质性化解的工作指引》

一、积极落实先行判决制度

《中华人民共和国民事诉讼法》第一百五十三条规定："人民法院审理案件，其中一部分事实已经清楚，可以就该部分先行判决。"

建设工程案件的事实认定相对复杂，相当一部分案件还存在本诉反诉交织、启动鉴定等情形，造成审理期限较长；同时由于当事人对抗性强以及部分当事人刻意拖延诉讼等因素，一审服判息诉率相对较低，上诉率、申请再审率、发改提指率相对较高的"三高一低"情形比较突出，施工人追要工程款权益难以尽快实现。为及时保护施工人的合法权益，各级法院应当积极落实《中华人民共和国民事诉讼法》第一百五十三条规定，对于各方无异议以及其他符合先行判决条件的，应及时先行判决；必须发回重审的，也要慎用全案发回。应当及时回应施工人的合法诉求，维护下游农民工的合法权益，防止损失因诉讼拖延而扩大。

第11节 未按EPC合同约定的索赔期限及程序发起索赔，是否会丧失索赔权利

【分析与解读】

回答这一问题需要从索赔的定义、性质、请求权基础等角度考虑。

《建设项目工程总承包合同（示范文本）》（GF-2020-0216）通用合同条件规定了索赔期限和程序，但未对索赔进行定义，也未详细列明索赔事项的范围。

《工程量清单计价规范》"术语"2.0.23条对"索赔"的定义为："在工程合

同履行过程中,合同当事人一方因非己方的原因而遭受损失,按合同约定或法律法规规定承担责任,从而向对方提出补偿的要求。”从本条规定理解,索赔是一种补偿请求权,该权利来源于合同约定或法律法规规定。因此,当我们讨论索赔逾期失权问题的时候,也应当区分权利性质分别论述。

关于合同约定的索赔权。笔者认为,合同既然可以创设权利,自然也可以进一步约定权利的行使方式、消灭程序,即索赔程序、索赔时限以及合同主体未按约定程序及时限行使索赔权利的后果。实务中,裁判机关一般认为此类约定是有效的。

法律法规规定的索赔权,包括违约责任与侵权责任的追责权利。笔者认为,法定索赔权不同于约定索赔权,需要依照权利的具体内容判断是否属于当事人自行处置的范畴。《民法典》第一百九十七条规定:“诉讼时效的期间、计算方法以及中止、中断的事由由法律规定,当事人约定无效。当事人对诉讼时效利益的预先放弃无效。”以违约责任中的给付请求权为例,其实体权利的消灭应当遵循诉讼时效制度,当事人约定并不足以产生效果。

换言之,索赔程序及期限的约定,仅适用于约定索赔权,并不适用于法定索赔权。判断合同主体未按约定程序及时限行使索赔权利的后果,应当首先区分该索赔权属于约定索赔权还是法定索赔权。

需提示的是,即使是约定索赔权,在特殊情况下也会受到法律的干预。如《施工合同司法解释(一)》(法释〔2020〕25号)第十条规定了承包人未按照约定期限提出工期顺延的申请,但是承包人提出合理抗辩的,可以不视为不顺延。

【典型案例】

一、认为逾期索赔条款系双方真实意思表示,具有法律效力的案例

案例3-11-1

中铁二十二局集团有限公司(以下简称中铁二十二局)、宁夏宝塔能源化工有限公司(以下简称宝塔能源公司)建设工程施工合同纠纷案

审理法院:最高人民法院

案号:(2018)最高法民终827号

裁判日期:2018年11月16日

【裁判要点】

中铁二十二局主张该部分损失共计 3,831,319.69 元。经查,中铁二十二局所提供的证据均为其单方制作,并无监理单位或宝塔能源公司的确认,且中铁二十二局并未依约向宝塔能源公司及时主张上述损失。《施工合同》"通用条款"第 36 条规定,一方向另一方索赔,要有正当的索赔理由,且需提供索赔发生的有效证据;因工期延误等情形造成经济损失时,需在索赔事件发生后 28 天内向工程师发出索赔意向通知;发出索赔意向通知 28 天内,向工程师提出延长工期或补偿经济损失的索赔报告及有关资料;在索赔事件持续进行时,承包人应当阶段性向工程师发出索赔意向,并于索赔事件终了后 28 天内,向工程师送交索赔的有关资料和最终索赔报告。法院认为,窝工索赔的时间限制和相关要求是窝工索赔事实能够被准确确认的前提,也是判断合同当事人处理实际施工问题真实意思表示的依据,对控制施工成本和进行施工管理均具有重要意义,具有一定的时效性和程序性限制。中铁二十二局未及时主张土石方及桥涵工程施工期间的停、窝工损失,应承担相应的不利后果。

二、支持未按合同约定的索赔期限及程序发起索赔,丧失索赔权利的案例

案例 3－11－2

中建中环工程有限公司建设工程合同纠纷再审案

审理法院:最高人民法院

案号:(2016)最高法民再 192 号

裁判日期:2016 年 12 月 16 日

【裁判摘要】

关于中环公司是否应承担违约责任的问题。在本案一审过程中,国电公司反诉请求中环公司支付违约金数额为 710.9707 万元。总承包合同书第 10.10 条约定:"不管合同设备性能验收试验进行一次或二次,发包人将于初步验收证书签发之日起至一年并按照 11.4 款的规定完成索赔后止 15 天内签发最终验收证明书";第 11.1 条约定:"保证期是指脱硫岛签发初步验收证书之日起一年或工程竣工验收通过之日起 24 个月。二者以先到日期为准。……";第 11.4 条约定:"合同规定的保证期满后,由发包人在 15 天内出具合同设备保证期满最终验收证书交给承包商。条件是:承包商已经完成发包人在保证期满前提出的索赔和

赔偿。……”从国电公司签署的最终验收证书所载明的“验收试验值”数值和南京电力设备质量性能检验中心出具的检验报告看,可以认定国电公司于2009年5月5日签署最终验收证书时就已经知道案涉工程存在石灰石耗量及噪声超过保证值的情况,但其没有向中环公司提出索赔和赔偿,而是直接签署了最终验收证书,并载明“经过初步验收后一年多的质保期运行来看,国电阳宗海发电有限公司2×300MW工程烟气脱硫工程质量良好,FGD装置试生产情况良好,系统运行稳定,根据性能验收报告检验结论除真空皮带机出力外,其他各项技术指标符合合同要求,据此根据合同特签定此最终验收证书。”因此,可以认定国电公司在签署最终验收证书时已确认案涉工程除“真空皮带机出力外”,其他各项技术指标包括讼争的石灰石耗量及噪声指标在内,均符合合同要求。故国电公司以案涉工程石灰石耗量及噪声指标超过保证值为由主张中环公司违反合同约定,应承担违约责任的反诉请求不能成立,应予驳回。

【裁判要点】

设计单位作为总包方,应当与施工单位约定索赔答复期限,并约定逾期视为接受或放弃索赔要求的规定。当出现索赔情形时,设计单位应当及时向施工方提出索赔,并保留索赔证据。否则,不能径行在工程欠款中抵扣索赔金额。

案例3-11-3

重庆钢铁集团设计院有限公司(以下简称重钢设计院公司)与上海二十冶建设有限公司(以下简称二十冶建设公司)建设工程施工合同纠纷案

审理法院:重庆市高级人民法院

案号:(2017)渝民终129号

裁判日期:2017年4月20日

【裁判摘要】

重庆高院二审认为:重钢设计院公司无权在向二十冶建设公司支付工程尾款时径行扣除质量索赔款,事实和理由:(1)重钢设计院公司提出因二十冶建设公司承建的土建及安装工程中的屋面彩钢瓦存在质量问题,但未举示证据证明。(2)根据专用条款第26.2(2)条约定,重钢设计院公司若在质量保修期内发现屋面彩钢瓦存在质量问题,应当向二十冶建设公司提出索赔。若重钢设计院公司向二十冶建设公司发出索赔通知30日内,二十冶建设公司未答复的，该索赔视为二十冶建设公司已接受，若二十冶建设公司未按重钢设计院公司同意的任何一种方式处理索赔事宜的，重钢设计院公司将从未付货款中扣回索赔金额。但重钢设计院公司并未举示其曾经向二十冶建设公司发出索赔通知的证据，亦未在结算工程款时主张抵扣，故不能依据该条约定径行在工程欠款中抵扣索赔金额。

三、不支持以施工合同约定判定逾期索赔失权的案例

案例 3－11－4

山东民生建设有限公司、林芝华庭房地产开发有限责任公司建设工程施工合同纠纷再审案

审理法院：西藏自治区高级人民法院、最高人民法院

案号：(2018)藏民终 67 号、(2019)最高法民申 2708 号

裁判日期：2018 年 11 月 27 日、2019 年 9 月 29 日

【裁判要点】

关于约定的违约索赔期限已过，是否适用诉讼时效的问题。

西藏高院观点：根据《民法总则》第一百九十九条规定："法律规定或者当事人约定的撤销权、解除权等权利的存续期间，除法律另有规定外，自权利人知道或者应当知道权利产生之日起计算，不适用诉讼时效中止、中断和延长的规定。"本院认为，根据该规定，适用除斥期间的权利为撤销权、解除权等形成权。本案中索赔权属于损害赔偿请求权，不属于除斥期间。因此，本案中，华庭公司请求人民法院保护其民事权利属于诉讼时效期间。根据《民法总则》第一百九十七条第二款规定："当事人对诉讼时效利益的预先放弃无效。"《民事诉讼时效规定》第四条规定"当事人在一审期间未提出诉讼时效抗辩，在二审期间提出的，人民法院不予支持。"民生公司在一审中并未提出时效抗辩，对于民生公司的该项上诉请求本院不予支持。

最高人民法院观点：二审判决依据《民法总则》第一百九十七条第二款、第一百九十九条、《民事诉讼时效规定》第四条的规定，以诉讼时效利益的预先放弃无效、民生公司在一审期间并未提出诉讼时效的抗辩为由驳回民生公司诉讼时效的抗辩具有事实和法律依据。民生公司关于华庭公司未在 28 日内发出索赔意向通知书，丧失索赔权利的再审申请理由亦不能成立。

四、支持以主张违约责任方式索赔窝工损失的案例

案例3－11－5

湖南省第四工程有限公司(以下简称湖南四公司)、洪洞县交通运输局(以下简称洪洞交通局)建设工程施工合同纠纷案

审理法院:最高人民法院

案号:(2019)最高法民终491号

裁判日期:2019年6月27日

【裁判要点】

洪洞交通局主张,湖南四公司应根据合同约定的索赔程序主张权利,湖南四公司未在损失事件发生28天内提出索赔申请则丧失索赔权利。但双方当事人签订的合同文件中既有工程索赔也有违约责任的约定,上述窝工损失符合合同中关于发包人违约的约定,湖南四公司要求洪洞交通局承担违约责任赔偿其损失的诉请有法律及合同依据,洪洞交通局关于湖南四公司应按照索赔条款主张权利而不能按违约条款主张权利的观点没有法律及合同依据。

【实务建议】

从发包人角度,为了控制承包人“低价中标高价索赔”的风险,可以考虑法定索赔权向约定索赔权的转化,尽量在合同中列明索赔情形及严格的索赔程序、未按约定程序及时限行使索赔权利则丧失索赔权利的后果。另外,考虑到司法实践中仲裁、争议评审倾向于尊重当事人意思自治原则,而司法机关则囿于司法解释明确规定排除约定时效效力或基于公平原则考虑对承包人实际损失的补偿,建议在合同争议解决方式中尽量约定仲裁管辖。

从承包人角度,一是在办理索赔时认真分析索赔权的性质,当出现约定索赔事件与发包人违约竞合,在索赔条件不具备,尤其是遇到索赔失权规则的限制时,可考虑将索赔变更为违约责任进行主张;二是注重证据管理,在索赔事件发生后,及时将事实固定下来形成证据,为日后纠纷处理提供依据。实务中许多索赔失败的案例,并非裁判机关对索赔逾期失权制度的严苛遵守,而是索赔事件发生久远,承包人缺乏有效证据固定,导致诉讼中无法查明相关事实。

【参考依据】

1. 最高人民法院《关于审理建设工程施工合同纠纷案件适用法律问题的解释(一)》

第十条 当事人约定顺延工期应当经发包人或者监理人签证等方式确认,承包人虽未取得工期顺延的确认,但能够证明在合同约定的期限内向发包人或者监理人申请过工期顺延且顺延事由符合合同约定,承包人以此为由主张工期顺延的,人民法院应予支持。

当事人约定承包人未在约定期限内提出工期顺延申请视为工期不顺延的,按照约定处理,但发包人在约定期限后同意工期顺延或者承包人提出合理抗辩的除外。

2.《建设项目工程总承包合同(示范文本)》(GF-2020-0216)

19.1 索赔的提出

根据合同约定,任意一方认为有权得到追加/减少付款、延长缺陷责任期和(或)延长工期的,应按以下程序向对方提出索赔:

(1)索赔方应在知道或应当知道索赔事件发生后28天内,向对方递交索赔意向通知书,并说明发生索赔事件的事由;索赔方未在前述28天内发出索赔意向通知书的,丧失要求追加/减少付款、延长缺陷责任期和(或)延长工期的权利;

3.《民法典》

第八百零三条 发包人未按照约定的时间和要求提供原材料、设备、场地、资金、技术资料的,承包人可以顺延工程日期,并有权请求赔偿停工、窝工等损失。

第八百零四条 因发包人的原因致使工程中途停建、缓建的,发包人应当采取措施弥补或者减少损失,赔偿承包人因此造成的停工、窝工、倒运、机械设备调迁、材料和构件积压等损失和实际费用。

第12节 工程总承包项目定额缺项,合同价格如何确定

【分析与解读】

工程定额是指在通常的施工条件和合理劳动组织、合理使用材料及机械的

条件下,完成一个常规项目的单位工程合格产品所必须消耗资源的数量标准,是项目施工过程中所投入的人工、机械、材料和资金等社会通常成本。一般认为,定额属于政府指导价。

2020年7月24日,住建部办公厅印发了《工程造价改革工作方案》,在主要任务第二条“完善工程计价依据发布机制”中明确提出要“逐步停止发布预算定额”。未来,定额这一政府指导价模式将在工程造价市场化改革的浪潮中渐趋弱化。

但到目前为止,我国许多工程项目的发包定价仍然依赖定额,即使以工程量清单形式进行招投标,但发承包双方实质上还是借鉴定额组价来确定清单价格。

工程总承包模式下,项目发包阶段提前,施工图后续由工程总承包商编制,发包阶段工程相关建造范围和标准并不明确,发包定价对定额的依赖程度更高。

建设工程定额存在滞后性。由于工程建设日益发展,新技术、新材料不断采用,在一定时间范围内编制的预算定额,不可能包括施工中可能遇到的所有项目,称这样的项目为“缺项”。遇到“缺项”时,一般应按现行预算定额的编制原则和方法编制补充定额。

在具体项目中遇到定额缺项,相关定额管理部门也未能及时补充的情况下,应当首先看合同计价条款中关于定额缺项是否约定了处理方式。若合同没有约定或者约定不明确,根据《民法典》相关规定,可以协议补充,不能达成补充协议的,按照合同相关条款或者交易习惯确定。发承包双方对定额缺项问题进行协商时,应立足于发包定价阶段,结合项目需求和质量标准等,按照常规做法和市场价格协商确定综合单价。①

若双方无法协商一致并诉诸法律,实务中存在多种裁判观点,有法院认为可根据实际施工情况选择其他定额确定造价,也有法院会从合同价格风险原则解读是否应对缺项内容重新计价,更多的情形是遵从诉讼程序中鉴定机构的鉴

① 省标定站:《关于中山市北部组团垃圾综合处理基地垃圾焚烧发电厂和垃圾渗滤液处理厂三期工程(扩容工程)计价争议的复函》,载微信公众号“广东省建设工程标准定额站订阅号”2021年7月26日,https://mp.weixin.qq.com/s/psBrfYP-KRp8VREFZtzLHQ。

定意见。

【典型案例】

案例3－12－1

参考项目开工时的现有定额确定造价

重庆金来置业有限公司与重庆覃家岗建设(集团)有限公司建设工程施工合同纠纷案

审理法院:重庆市高级人民法院

案号:(2018)渝民终195号

裁判日期:2018年6月19日

【裁判摘要】

二审法院认为:99定额中没有的项目,是否应当套用2008定额计算费用的问题。99定额中未对保温及连接板的费用如何计取、200mm×95mm×53mm标准砖的费用如何计取、天棚打磨的费用如何计取、植筋的费用如何计取作出规定,但前述项目均为案涉工程中实际施工的工程,相应费用应当计入工程造价。补充协议约定土建执行99定额,但在99定额缺项的情况下,双方应当协商确认价格,未能协商一致的,因案涉工程是2011年开工的工程,故一审法院参照2008定额确定造价符合客观实际,符合公平原则,也未损害金来置业公司合法权益。

案例3－12－2

依据鉴定行业习惯,套用同期定额确定缺项造价

夏文才、梅登权建设工程施工合同纠纷案

审理法院:四川省高级人民法院

案号:(2018)川民终1205号

裁判日期:2019年5月23日

【裁判摘要】

一审法院认为:对于旋挖钻孔灌注混凝土桩的费用,鉴定人认为双方约定的2000定额缺项,同汇公司要求参照其他合同计算,夏文才、梅登权要求按同

期定额计算。一审法院审查认为,同汇公司要求参照计算的是案外人其他工程合同,对本案并不具有必然的参考价值,而鉴定机构出具的补充说明明确在工程中出现定额缺项时一般采用套用同期定额处理,属于鉴定行业习惯,故一审法院对套用同期定额的方案一予以确认。

二审法院认为:关于旋挖钻孔灌注混凝土桩费用问题。同汇公司辩称,根据泸州市建设工程造价管理站的答复函,旋挖钻孔灌注混凝土桩费用由于定额缺项,鉴定机构进行简单换算作为结算单价无依据,应当参考市场价确定该项费用。关于旋挖钻孔灌注混凝土桩费用,因合同约定的定额缺项,鉴定单位在计算该部分费用时套用同期定额进行换算,同汇公司抗辩称套用同期定额计算方式不准确,并提交泸州市建设工程造价管理站的答复予以佐证。本院经询问泸州市建设工程造价管理站,泸州市建设工程造价管理站答复,旋挖钻孔灌注混凝土桩费用无市场参考价格,且因为地质结构原因,该项施工项目市场价差距较大。综合方案一和方案二关于该部分费用计算依据的对比,本院认为鉴定机构以行业习惯套用同期定额进行换算得出的费用,比案外人其他项目中的旋挖钻孔灌注混凝土桩费用更具有参考价值,故对于旋挖钻孔灌注混凝土桩费用,采用方案一计价更为合理。一审法院对于该分项费用认定正确,法院予以维持。

案例 3-12-3

定额缺项导致的定额套用争议不属于招标控制价编制误差范畴,
不应当调整合同价格

浙江省东阳第三建筑工程有限公司(以下简称东阳三建)与中国移动通信集团江西有限公司九江分公司(以下简称九江移动)建设工程施工合同纠纷案

审理法院:江西省九江市中级人民法院

案号:(2017)赣 04 民初 79 号

裁判日期:2018 年 2 月 9 日

【裁判摘要】

一、关于东阳三建要求调整桩基础价格是否符合招投标文件、合同约定、法律规定或者得到九江移动认可的焦点。

法院从以下两个方面进行阐述:

(一)九江移动的招标文件是否存在招标控制价编制误差?《江西省房屋建筑和市政基础设施工程施工招投标评标办法》第九条规定"招标控制价一般应与招标文件同时发出。但最迟应在开标之日7天前公布招标控制价及各组成部分的详细内容(指详细到综合单价),不得只公布招标控制总价"。招标文件3.1.4"招标人根据招标文件和施工图纸及有关规定编制工程项目招标控制价,在购买招标文件的同时或开标之日3天前将招标控制价及各组成部分的详细内容(指详细到综合单价;报价承诺法可详细到综合单价分析)下发到各投标人"。虽然九江移动提供的招标文件当中"分部分项工程量清单"并未细致到综合单价,存在瑕疵,但是本案争议并不在此,而是关于桩基础工艺定额套用争议。在九江移动提供招标文件工程量清单的项目特征中明确为"成孔方法:冲击成孔灌注桩",在东阳三建的投标文件中也是以冲击成孔灌注桩的工艺进行组价。九江移动并没有公布冲击成孔灌注桩综合单价,当时冲击成孔灌注桩在《江西省二〇〇四年工程定额》中没有定额(该定额在2015年《关于颁发江西省旋挖钻机成孔灌注桩、卷扬机带冲击锥冲孔桩补充定额子目(试行)的通知》赣建价发〔2015〕11号得到补充)。因招标、投标文件中工程量清单关于成孔方法"项目特征"中都确定为冲击成孔灌注桩,冲击成孔灌注桩没有定额不符合"《关于对〈江西省房屋建筑和市政基础设施工程施工招投标评标办法〉》有关执行问题的解释(赣建招标〔2010〕15号)一、《评标办法》第五条第六款中招标控制价编制误差及调整问题,按以下解释执行:(一)招标控制价编制误差是:2.未按工程量清单项目特征及有关要求编制招标控制价"规定情形,并不属于招标控制价编制误差,也没有相应法律、法规、规章等规范性文件对此有明确强制性规定。依据招标文件3.1.4"投标人应认真阅读并考虑市场环境和生产要素价格变化对合同价影响,在投标办法规定的范围内自主编制投标报价",东阳三建应当对明知招标文件载明的成孔方式是"冲击成孔灌注桩"并已经进行详细组价投标的行为及后果负责。

(二)九江移动在收到东阳三建的桩基础套用定额异议后是否必须进行修改?依据《江西省房屋建筑和市政基础设施工程施工招投标评标办法》第五条有关规定和招标文件3.1.7条"提供招标控制价的,当发现招标人提供的招标控制价编制误差(不含工程量清单编制误差)超过1%的,招标人和中标人在施工合同签订前或生效一个月内,按照2010年《江西省建设工程计价管理办法》

的规定调整误差,修正合同价,并报招投标监管部门备案。招标人收到投标人或中标人书面提出的误差内容14天内未书面答复的,视同默认。中标人在签订施工合同一个月内未提出误差内容,视同无异议或已包含在其他单价和合价中,招标范围内价款不予调整”。东阳三建作为中标人有针对招标控制价编制误差提起异议的权利。由上述第一个焦点的分析,本院认为九江移动关于冲击成孔灌注桩定额缺项导致的定额套用争议不属于招标控制价编制误差范畴,因此,并不适用招标文件该3.1.7条款。根据《江西省房屋建筑和市政基础设施工程施工招投标评标办法》(赣建字〔2010〕1号)第十条第二款规定:“采用固定价格招标的项目,招标工程量清单范围内的工程中标价即为合同价,合同价即为竣工结算价,并在施工合同中明确约定。在竣工结算时,应以招标文件中工程量清单标明的工程量为基础,除设计变更、隐蔽签证、风险范围之外的价差和合同约定及人工费的政策性调整外,不得以任何因素或理由调整合同价”。当东阳三建提出要求修改冲击成孔灌注桩定额时,虽经过双方多次协商以及向有关部门咨询,九江移动并未同意东阳三建修改冲击成孔灌注桩定额要求。东阳三建要求九江移动调整桩基础价格并无招标文件、合同、法律依据或者得到九江移动认可。

案例3-12-4

定额缺项导致的定额套用争议不属于招标控制价编制误差范畴,不应当调整合同价格

北京新神剑经济技术发展公司、沈阳长峰房地产开发有限公司与上海市安装工程集团有限公司建设工程施工合同纠纷再审案

审理法院:上海市高级人民法院

案号:(2018)沪民申1215号

裁判日期:2019年10月31日

【裁判摘要】

关于93定额紧定式电线管增加造价问题,原审法院依据鉴定单位对专业问题作出判断即本案中93定额缺项子目仅涉及JDG一项,该项仅在上海2000定额中有规定,故采用上海2000定额的鉴定意见,确定该项工程造价,有一定的事实依据。新神剑公司的申诉意见与鉴定单位的专业意见相左,但又不能提

供足以推翻鉴定结论的事实依据,法院难以以此为据提起再审。

案例3-12-5

以审计部门的审计意见作为确定定额缺项部分造价

天颂建设集团有限公司(以下简称天颂集团)、歙县人民政府建设工程施工合同纠纷案

审理法院:安徽省黄山市中级人民法院

案号:(2017)皖10民终61号

裁判日期:2017年3月21日

【裁判摘要】

关于天颂集团主张的道排土石方爆破工程款,天颂集团自认山体爆破与平基爆破系不同项目,天颂集团主张按平基爆破定额计算相关工程造价并无依据。安徽省建设工程造价管理总站批复遇定额缺项时,可根据工程实际情况协商确定定额缺项部分的造价。由此可见,定额缺项时如何确定造价并非能由某一第三方鉴定机构来确定标准,亦无法得出某一第三方鉴定机构确定的标准更具有公平性。双方已在协议中约定以审计部门的审计意见作为结算依据,道排土石方爆破工程款应以审计意见为准,天颂集团没有提供证据推翻审计意见,其主张由第三方鉴定机构另行决算没有依据。综上,天颂集团的上诉理由不能成立。原审法院认定事实清楚,适用法律正确,程序合法,二审法院予以维持。

【实务建议】

从发包人角度,为尽量控制工程总承包项目的造价,一方面应当在前期设计达到一定深度要求(如初步设计、扩大初步设计)后进行发包;另一方面应当减少定额的应用机会。发包人依据方案设计或初步设计明确的内容(规模)和要求(标准)编制工程总承包项目清单,要求工程总承包企业依据总承包项目清单、设计文件及发包人要求编制工程总承包的投标报价文件。同时,工程承包项目的计价应当尽量采用固定总价方式,详细约定承包人应承担的价格风险范围,并尽量减少发包人原因的设计变更。

从承包人角度,无论是定额缺项还是清单漏项引起的价格争议,均应当及时向发包人申请价格确认,以达成补充协议的方式增补合同价款。若无法与发

包人协商一致,但判断争议项目属于合同约定的价格调整情形或索赔情形的,应及时发起争议解决程序,以保障工程款权益。

【参考依据】

1.《民法典》

第五百一十条 合同生效后,当事人就质量、价款或者报酬、履行地点等内容没有约定或者约定不明确的,可以协议补充;不能达成补充协议的,按照合同相关条款或者交易习惯确定。

第五百一十一条 当事人就有关合同内容约定不明确,依据前条规定仍不能确定的,适用下列规定:

……

(二)价款或者报酬不明确的,按照订立合同时履行地的市场价格履行;依法应当执行政府定价或者政府指导价的,依照规定履行。

……

2.《价格法》

第三条 国家实行并逐步完善宏观经济调控下主要由市场形成价格的机制。价格的制定应当符合价值规律,大多数商品和服务价格实行市场调节价,极少数商品和服务价格实行政府指导价或者政府定价。

市场调节价,是指由经营者自主制定,通过市场竞争形成的价格。

本法所称经营者是指从事生产、经营商品或者提供有偿服务的法人、其他组织和个人。

政府指导价,是指依照本法规定,由政府价格主管部门或者其他有关部门,按照定价权限和范围规定基准价及其浮动幅度,指导经营者制定的价格。

政府定价,是指依照本法规定,由政府价格主管部门或者其他有关部门,按照定价权限和范围制定的价格。

3.《建设工程定额管理办法》

第三条 本办法所称定额是指在正常施工条件下完成规定计量单位的合格建筑安装工程所消耗的人工、材料、施工机具台班、工期天数及相关费率等的数量基准。

定额是国有资金投资工程编制投资估算、设计概算和最高投标限价的依据,对其他工程仅供参考。

第九条　定额的制定与修订包括制定、全面修订、局部修订、补充。

(一)对新型工程以及建筑产业现代化、绿色建筑、建筑节能等工程建设新要求,应及时制定新定额。

(二)对相关技术规程和技术规范已全面更新且不能满足工程计价需要的定额,发布实施已满五年的定额,应全面修订。

(三)对相关技术规程和技术规范发生局部调整且不能满足工程计价需要的定额,部分子目已不适应工程计价需要的定额,应及时局部修订。

(四)对定额发布后工程建设中出现的新技术、新工艺、新材料、新设备等情况,应根据工程建设需求及时编制补充定额。

第13节　EPC项目采用费率招标,工程造价是否要按实结算

【分析与解读】

费率招标是以定额为依据,投标人填报综合费率或下浮率,待施工图纸完成后以合同约定的费率编制施工图预算。在项目管理中,由于工期、资金回笼等原因,特别是“三边工程”,发包人想尽快确定承包单位,又无法及时出具招标图纸编制招标清单,通常会考虑选用费率招标或模拟清单的方式招标。

若采用费率招标,发包人事前控制环节薄弱,很容易造成投资“三超”。因此,EPC项目中,发包人往往又在招标文件的计价规则条款中规定限额设计原则,即以承包人编制经发包人审定的初步设计概算金额作为合同价格的上限,并要求概算中的建安工程费、设计费不得超过签约合同价中的相应金额。否则,承包人必须在保持项目建设标准、工程质量标准和使用功能的前提下,优化调整施工图设计直至符合限额要求并承担相关费用。

但项目实施过程中,往往出现发包人调整工程建设规模、发包人提出设计变更的情况,可能导致实际实施的工程量超出或低于预算工程量,此时容易产生是否按实结算的争议,如在工程规模减少的情况下是否扣回多付的进度款,在工程规模增加的超出设计概算的情况下是否仍以概算金额作为费用控制的上限?

笔者认为,之所以产生这样的争议,是因为合同计价方式约定不明。根据EPC项目的性质,通常会采用固定总价方式,但即使是固定总价,也只是对承包

人投标风险范围内的价格进行固定，出现约定或法定的价格调整情形的，需要对签约合同价中的可调整部分进行变更估价。

在费率招标的情况下，如果没有对签约合同价进行固定价格和可调价格的划分，则通常认为实际上是整体采用可调整价格方式。结算时，根据承包人实际完成的工程量套用费用定额(在没有清单价格的情况下)再乘以中标费率计算工程造价。由于承包人负责设计并约定限额设计，因此承包人设计范围内导致超出概算的部分不予增补。发包人提出的设计变更增加的部分，考虑中标费率后纳入结算价。发包人提出降低工程规模的变更的，除非合同约定了补偿方式，否则应直接扣减减少部分工程的造价。反之，合同也可以约定采用施工图预算包干的方式确定固定总价，则预算范围内的工程量变动并不构成价格调整的情形。

实务中，费率招标满足了发包人分阶段控制造价的形式要求，但由于按实结算使得承包人缺乏优化设计控制造价的动力，甚至出现了以抬高费率再降基点，或者在过程中不断追加工程量和投资，事实上形成了一种“后计价”模式，无法实现工程总承包以“固定总价”控制投资总额的既定目标。

【实务建议】

从发包人角度，采用费率招标的项目，为了控制投资成本，建议采用以下三方面措施：

一、在EPC合同条款中明确约定以设计概算为上限的结算规则

特别是容易产生争议的建安工程费部分，如：建安工程费结算价 = 预算包干价 + 因发包人原因引起的变更、签证调整费用 + 本合同约定可调材料价差。采用经审定的施工图预算总价(扣除暂列金额、专业工程暂估价后) × *** %(建安工程费中标费率)包干(因非承包人原因引起的费用增加除外)，最终工程结算价以发包人审定的结算金额为准。工程结算金额在没有发生因非承包人原因引起费用增加的情况下，不得超过经审定的施工图预算金额 × *** %(建安工程费中标费率)；若因非承包人原因导致工程结算金额超过经审定的初步设计概算中相应的建安工程费 × *** %(建安工程费中标费率)，则按经审定的初步设计概算中相应的建安工程费 × *** %(建安工程费中标费率)结算。

二、要求在承包人中标后及时编制施工图并制作施工图预算

由于费率招标的方式下投标时没有详细施工图纸，中标总价实际上并没有组成来源，因此需要以施工图清单预算价格作为总价包干风险范围的补充。承

包人依据审查批准的施工图进行施工,以此编制的施工图预算相应成为工程造价、设计变更和施工控制的依据,也属于限额设计原则的落实。

三、约定设计优化的利润分成,或聘请全过程咨询顾问严格审查设计

由于费率招标后采用按实结算的计价方式,使得承包人并无优化设计的动力,为了防止承包人过度设计导致投资失控,发包人可以考虑采取两方面的防范措施:一是在合同中约定设计优化后的利润分成条款(分成基数为审定施工图预算中优化减少的工程量),促使承包人主动控制和优化设计;二是聘请既懂设计又懂造价的全过程咨询单位,协助发包人审核承包人的设计成果,及时提出优化设计控制造价的建议,在承包人出现过度设计增加造价的情况下提出质疑意见。

【参考依据】

1.深圳市住房和建设局印发《关于进一步完善建设工程招标投标制度的若干措施》的通知

第二十条　设计—采购—施工总承包(EPC)项目招标应当明确建设项目的建设规模、使用功能、建设和交付标准、工期要求和服务需求。

招标人应当谨慎采用基于概算下浮率的方式竞价,可以采用总价包干、单位经济指标包干等计价方式,并应当在招标文件中明确引导合理价格的工程定价方法和结算原则。

2.《成都市政府性工程建设项目招标投标活动事中事后监管办法》

第二十一条　(费率招标)政府性工程建设项目施工招标活动必须在履行设计审查、概算审批手续后方能组织实施;除采用EPC(工程总承包)模式的项目外,其他政府性工程建设项目施工招标不得实行费率招标。

第14节　采用固定总价的EPC项目,结算时发包人是否可以要求重新审价

【分析与解读】

实务中,部分EPC项目在项目建设工程中没有争议,但在办理结算时,发包人可能提出固定总价部分与实际情况有所偏离,要求委托审计。发包人的要求是否合理,承包人如何应对,需要认真考虑。

一、从计价方式来看,固定总价项目按约完工的情况下,原则上不应当重新审价

实务中,即使是EPC项目的总包合同文本,也很少列明结算规则,反而较为详尽地约定结算申请和审核流程。这使得当事人容易产生结算时是否需要对全部合同价格重新审核的争议。

《工程总承包管理办法》第十六条规定:"企业投资项目的工程总承包宜采用总价合同,政府投资项目的工程总承包应当合理确定合同价格形式。采用总价合同的,除合同约定可以调整的情形外,合同总价一般不予调整。"

《工程总承包计价计量规范》(建办标函〔2018〕726号)第3条"基本规定"第3.1.5款规定:"建设项目工程总承包应采用总价合同,除合同另有约定外,合同价款不予调整。"

《建设项目工程总承包合同(示范文本)》(GF-2020-0216,简称"示范文本")第一部分合同协议书第2条"合同价格形式"规定:"合同价格形式为总价合同,除根据合同约定的在工程实施过程中需进行增减的款项外,合同价格不予调整,但合同当事人另有约定的除外。"

从上述规范性文件和示范文本可以看出,工程总承包模式提倡固定总价的计价方式,除了约定的价格调整情形,合同价格原则上不予调整。《工程总承包计价计量规范》第9条"工程结算与支付"第9.3.1款进一步规定:"竣工结算价为扣除暂列费用后的签约合同价加(减)合同价款调整和索赔。"根据本条理解,工程总承包项目按约完工后,固定价格部分是无须办理重新结算认价的,需要按实结算的是暂列费用、合同价格调整和索赔部分金额。

当然,固定总价项目无须审价有个重要的客观前提,就是工程按约完工,符合计价要求。如果项目未完工被解除合同或工程质量不合格,则合同价格需要重新商定或确定。

二、如果EPC合同并未约定工程结算价以审计结论为准,则要求审计并无依据

实务中,一些合同并没有事先约定审计,但发包人为了达到节省投资的目的,要求在结算阶段引入审计。对此,承包人可以明确拒绝,理由如下:

1. 合同中明确约定以行政审计结论作为结算依据的情况下，才可以将审计结论作为判决的依据

审计结论是审计机关对被审计单位作出的具体行政行为，双方建立的是行政法律关系，在政府投资建设项目中，国家审计机关必须对建设项目工程造价进行审计，但该审计结论并不当然能够约束建设工程合同双方当事人之间民事法律关系。对此，最高人民法院在《关于建设工程承包合同案件中双方当事人已确认的工程决算价款与审计部门审计的工程决算价款不一致时如何适用法律问题的电话答复意见》(〔2001〕民一他字第2号)中答复："审计是国家对建设单位的一种行政监督，不影响建设单位与承建单位的合同效力。建设工程承包合同案件应以当事人的约定作为法院判决的依据。只有在合同中明确约定以审计结论作为结算依据或合同约定不明确、合同约定无效的情况下，才能将审计结论作为判决的依据。"《全国民事审判工作会议纪要》(法办〔2011〕442号)第四条第三款规定："除合同另有约定，当事人请求以审计机关作出的审计报告、财政评审机构作出的评审结论作为工程价款结算依据的，一般不予支持。"

2. 行政审计必须符合法定要件，即使合同条款中出现"审计机关"称谓也不能推定双方约定了行政审计程序

某EPC合同约定："本工程以审计局委托的造价咨询公司的最终审定值为工程结算价格。"合同当事人就是否属于审计条款产生了争议。《审计法实施条例》第二条规定："审计法所称审计，是指审计机关依法独立检查被审计单位的会计凭证、会计账簿、财务会计报告以及其他与财政收支、财务收支有关的资料和资产，监督财政收支、财务收支真实、合法和效益的行为。"根据上述规定，所谓行政审计必须符合一定要件。首要条件是主体适格。审计的主体必须是国家行政审计机关，发包方自行审核或者委托具备造价咨询资质的第三方审核并非审计机关的行为。其次，审计范围法定。建设项目审计是国家审计机关对建设单位财政投资规模、资金使用情况、有无截留国家资金、有无任意扩大投资规模、执行财经纪律等行为进行审查监督，仅对合同约定范围内已完工程量及其造价进行审核属于审价而非审计。

该约定并未体现"以审计机关作出的审计报告、财政评审机构作出的评审结论作为工程价款结算依据"的意思表示。该条款约定的审价主体是"审计局

委托的造价咨询公司”,审核内容是“工程结算价格”,既不符合行政审计的主体要件,又不符合审计范围的规定。在实操层面,既未约定由哪一方去申请审计局启动委托审核的程序,也没有约定审计局通过何种方式委托哪家公司,根本不具备可操作性,属于约定不明或无效约定。结合前述最高人民法院裁判指导精神,无法认定本案当事人达成了以审计结论为准的意思表示。

3. 即使是按规定需要审计的 EPC 项目,对工程结算的审核(审计),固定价格部分也不再重新计算工程量和费用

如浙江省建设工程造价管理总站于 2021 年 9 月 10 日发布的《浙江省房屋建筑和市政基础设施项目工程总承包计价规则(征求意见稿)》第 6.0.4 条规定:“对于采用总价合同的工程总承包项目,在工程结算审核(审计)时,固定总价部分不再重新计算工程量和费用,重点审核工程项目的建设规模、标准及所用的主要材料、设备等是否满足《发包人要求》,以及是否符合合同的风险条款约定。”

【典型案例】

一、EPC 合同约定按固定价结算工程款,不予支持工程造价鉴定

案例 3-14-1

参考项目开工时的现有定额确定造价

新疆电力建设有限公司(以下简称新疆电建公司)与宁夏光源电力有限公司、共创实业集团有限公司等建设工程施工合同纠纷案

审理法院:宁夏回族自治区高级人民法院

案号:(2016)宁民初 30 号

裁判日期:2017 年 1 月 19 日

【案情简介】

2014 年 12 月 17 日,新疆电建公司与光源电力公司签订了宁夏光源电力 49MW 光伏发电工程 EPC 总承包合同(以下简称总承包合同),约定由新疆电建公司为光源电力公司在宁夏吴忠市建设 49MW 光伏发电工程的总承包工作,工程总承包合同为固定总价合同。同时约定,合同协议书签订后 7 天内,双方签署股权质押协议及项目股东方担保协议,并办理股权质押手续及担保手续。

后，担保协议签约及股权质押手续实际办理。

2015年9月15日，新疆电建公司向光源电力公司提交了工程竣工报告，在报告上，监理公司、光源电力公司均盖章确认。新疆电建公司与光源电力公司共同认可，涉案工程于2016年1月14日并网生产，并网之前有三个月的验收期。

2015年12月18日，衡阳房地产公司向新疆电建公司账户支付260万元。2015年12月25日，衡运置业公司向新疆电建公司账户支付240万元。2016年7月至10月，光源电力公司用电费向新疆电建公司支付工程款290万元。

2016年3月30日，新疆电建公司以与光源电力公司、共创集团公司、衡阳房地产公司、衡运置业公司、共创光伏公司为共同被告提起诉讼。

庭审中，五被告主张工程价款无法确定，申请对工程造价进行司法鉴定。

【裁判要点】

宁夏高院认为：五被告抗辩主张因无法确定涉案工程的工程量，申请对工程造价进行司法鉴定。最高人民法院《施工合同司法解释》第二十二条规定："当事人约定按照固定价结算工程价款的，一方当事人请求对建设工程造价进行鉴定的，不予支持。"据此，涉案总承包合同约定按照固定价格结算工程款，在施工合同履行过程中，并没有发生合同变更或工程变更等情况导致工程量发生变化，就应当按照合同约定的固定价结算工程款，五被告提出对工程造价进行鉴定的申请，法院不予支持。

二、除双方合同约定之外，审计部门对建设资金的审计不能作为工程款结算的依据

案例3－14－2

参考项目开工时的现有定额确定造价

中铁十九局集团有限公司与重庆建工集团股份有限公司建设工程合同纠纷再审案

审理法院：最高人民法院

案号：(2012)民提字第205号

裁判日期：2013年3月20日

【裁判摘要】

一、根据审计法的规定，国家审计机关对工程建设单位进行审计是一种行政监督行为，审计人与被审计人之间因国家审计发生的法律关系与本案当事人之间的民事法律关系性质不同。因此，在民事合同中，当事人对接受行政审计作为确定民事法律关系依据的约定，应当具体明确，而不能通过解释推定的方式，认为合同签订时，当事人已经同意接受国家机关的审计行为对民事法律关系的介入。

二、在双方当事人已经通过结算协议确认了工程结算价款并已基本履行完毕的情况下，国家审计机关做出的审计报告，不影响双方结算协议的效力。

最高人民法院认为，本案的争议焦点为：如何确定重庆建工集团与中铁十九局之间结算工程款的依据。

关于重庆建工集团主张案涉工程属于法定审计范围，因此必须按照国家审计机关的审计结果进行结算的问题。法院认为，根据审计法的规定及其立法宗旨，法律规定审计机关对政府投资和以政府投资为主的建设项目的预算执行情况和决算进行审计监督，目的在于维护国家财政经济秩序，提高财政资金使用效益，防止建设项目中出现违规行为。重庆建工集团与中铁十九局之间关于案涉工程款的结算，属于平等民事主体之间的民事法律关系。因此，本案诉争工程款的结算，与法律规定的国家审计的主体、范围、效力等，属于不同性质的法律关系问题，即无论案涉工程是否依法须经国家审计机关审计，均不能认为，国家审计机关的审计结论，可以成为确定本案双方当事人之间结算的当然依据，故对重庆建工集团的上述主张，法院不予采信，对案涉工程的结算依据问题，应当按照双方当事人的约定与履行等情况确定。

关于分包合同是否约定了案涉工程应以国家审计机关的审计结论作为结算依据的问题。法院认为，分包合同中对合同最终结算价约定按照发包人审计为准，系因该合同属于分包合同，其工程量与工程款的最终确定，需依赖合同之外的第三人即发包人的最终确认。因此，对该约定的理解，应解释为工程最终结算价须通过专业的审查途径或方式，确定结算工程款的真实合理性，该结果须经发包人认可，而不应解释为须在发包人接受国家审计机关审计后，依据审计结果进行结算。根据审计法的规定，国家审计机关的审计系对工程建设单位的一种行政监督行为，审计人与被审计人之间因国家审计发生的法律关系与本案当事人之间的民事法律关系性质不同。因此，在民事合同中，当事人对接受行政审计作为确定民事法律关系依据的约定，应当具体明确，而不能通过解释推定的方式，认为合同签订时，当事人已经同意接受国家机关的审计行为对民事法律关系的介入。因此，重庆建工集团所持分包合同约定了以国家审计机关的审计结论作为结算依据的主张，缺乏事实和法律依据，法院不予采信。

【实务建议】

从工程顺利结算的角度，笔者建议EPC合同中除了详细约定计价规则以外，也要明确约定与计价方式相匹配的结算审核规则，避免审价争议。如约定：采用固定总价方式并不影响双方按竣工结算条款约定程序办理结算。若发生合同约定的价格调整情形，双方按约定的计价规则办理结算之后确定合同价款。若未发生合同约定的价格调整情形，或双方确认合同约定承包范围内造价无争议的，签约合同价可以直接作为竣工结算价或合同承包范围对应的结算价。

从承包人角度，为了避免发包人恶意拖延结算和扣减合同价款，则应当慎重对待发包人提出的重新审价要求，若不符合合同约定计价方式的，则应当明确予以拒绝。即使配合发包人审价的，也可以要求限定审价范围，如仅限于签约合同价中的暂列费用、合同价格调整和索赔部分金额。

【参考依据】

1.最高人民法院《关于建设工程承包合同案件中双方当事人已确认的工程决算价款与审计部门审计的工程决算价款不一致时如何适用法律问题的电话答复意见》

河南省高级人民法院：

你院“关于建设工程承包合同案件中双方当事人已确认的工程决算价款与审计部门审计的工程决算价款不一致时如何适用法律问题的请示”收悉。经研究认为，审计是国家对建设单位的一种行政监督，不影响建设单位与承建单位的合同效力。建设工程承包合同案件应以当事人的约定作为法院判决的依据。只有在合同明确约定以审计结论作为结算依据或者合同约定不明确、合同约定无效的情况下，才能将审计结论作为判决的依据。

2. 最高人民法院《关于审理建设工程施工合同纠纷案件适用法律问题的解释(一)》

第二十八条 当事人约定按照固定价结算工程价款,一方当事人请求对建设工程造价进行鉴定的,人民法院不予支持。

3.《中华人民共和国审计法》

第二条 国家实行审计监督制度。国务院和县级以上地方人民政府设立审计机关。国务院各部门和地方各级人民政府及其各部门的财政收支,国有的金融机构和企业事业组织的财务收支,以及其他依照本法规定应当接受审计的财政收支、财务收支,依照本法规定接受审计监督。审计机关对前款所列财政收支或者财务收支的真实、合法和效益,依法进行审计监督。

4.《中华人民共和国国家审计准则》

第六条 审计机构的主要工作目标是通过监督被审计单位财政收支、财务收支以及有关经济活动的真实性、合法性、效益性,维护国家经济安全,推进民主法治,促进廉政建设,保障国家经济和社会健康发展。真实性是指反映财政收支、财务收支以及有关经济活动的信息与实际情况相符合的程度。合法性是指财政收支、财务收支以及有关经济活动遵守法律、法规或者规章的情况。效益性是指财政收支、财务收支以及有关经济活动实现的经济效益、社会效益和环境效益。

第二十四条 审计人员执行审计业务时,应当合理运用职业判断,保持职业谨慎,对被审计单位可能存在的重要问题保持警觉,并审慎评价所获取审计证据的适当性和充分性,得出恰当的审计结论。

第六十五条 审计人员在调查了解被审计单位及其相关情况的过程中,可以选择下列标准作为职业判断的依据:(一)法律、法规、规章和其他规范性文件;(二)国家有关方针和政策;(三)会计准则和会计制度;(四)国家和行业的技术标准;(五)预算、计划和合同;(六)被审计单位的管理制度和绩效目标;(七)被审计单位的历史数据和历史业绩;(八)公认的业务惯例或者良好实务;(九)专业机构或者专家的意见;(十)其他标准。审计人员在审计实施过程中需要持续关注标准的适用性。

5.《建设项目工程总承包合同(示范文本)》(GF-2020-0216)

通用合同条件

14.5 竣工结算

14.5.1 竣工结算申请

除专用合同条件另有约定外,承包人应在工程竣工验收合格后 42 天内向工程师提交竣工结算申请单,并提交完整的结算资料,有关竣工结算申请单的资料清单和份数等要求由合同当事人在专用合同条件中约定。

除专用合同条件另有约定外,竣工结算申请单应包括以下内容:

(1)竣工结算合同价格;

(2)发包人已支付承包人的款项;

(3)采用第 14.6.1 项[承包人提供质量保证金的方式]第(2)种方式提供质量保证金的,应当列明应预留的质量保证金金额;采用第 14.6.1 项[承包人提供质量保证金的方式]中其他方式提供质量保证金的,应当按第 14.6 款[质量保证金]提供相关文件作为附件;

(4)发包人应支付承包人的合同价款。

14.5.2 竣工结算审核

(1)除专用合同条件另有约定外,工程师应在收到竣工结算申请单后 14 天内完成核查并报送发包人。发包人应在收到工程师提交的经审核的竣工结算申请单后 14 天内完成审批,并由工程师向承包人签发经发包人签认的竣工付款证书。工程师或发包人对竣工结算申请单有异议的,有权要求承包人进行修正和提供补充资料,承包人应提交修正后的竣工结算申请单。

发包人在收到承包人提交竣工结算申请书后 28 天内未完成审批且未提出异议的,视为发包人认可承包人提交的竣工结算申请单,并自发包人收到承包人提交的竣工结算申请单后第 29 天起视为已签发竣工付款证书。

第 15 节 EPC 总价清单范围内未施工内容是否需要扣减费用

【分析与解读】

采用固定总价方式的政府投资 EPC 项目,结算时经常会遇到审计问题。较为常见的是,审计机关依据《政府投资项目审计规定》等相关规定,对固定总价内的价款据实结算,要求扣减 EPC 合同总价清单范围内未施工内容对应的价款,包括承包人通过设计优化节约的施工成本。

对此,笔者认为,结算时扣减总价清单范围内未施工内容对的价款,并不符合 EPC 模式的创设初衷,也有违 EPC 合同的计价规则。

一、计价方式应遵照合同约定,价格清单并不代表工程量按实结算

《建设项目工程总承包合同(示范文本)》(GF-2020-0216)第二部分通用合同条件对“价格清单”定义为:指构成合同文件组成部分的由承包人按发包人提供的项目清单规定的格式和要求填写并标明价格的清单。

由于 EPC 项目招投标时没有图纸和工程量清单,投标人在进行项目投标的过程中,需要结合发包人要求及前期的设计资料对工程量进行估算,签约合同价(中标价)以投标人填报的价格清单确定。但与采用清单价格按实际工程量结算的传统施工总承包项目不同,招标人并不承担工程量计算错误的责任,投标人需要在投标时考虑工程量错算、漏算的风险。

另外,EPC 项目多采用固定总价方式,EPC 项目的价格清单一般仅用于进度款支付,列出的数量也只是估算的工作量,不能将其视为承包人要完成的实际或准确工作量。最终结算时,若并未发生合同约定的价格调整情形,如发包人要求改变提出设计变更等,则签约合同价即为结算价,不会因为实际工程量的变动而据实结算。

因此,一般情况下,即使价格清单内所列的项目并未施工,也不能在结算时扣减费用。

二、EPC 合同约定设计优化分成的情况下,发包人有权分享分成并扣减结算价款

《工程总承包管理办法》第十九条规定:“工程总承包单位应加强设计、采购与施工的协调,完善和优化设计,改进施工方案,实现对工程总承包项目的有效管理控制。”

从本条可以看出,在追求设计、施工深度融合的工程总承包模式下,主管部门是鼓励工程总承包单位通过设计优化节约建设成本的。设计优化带来建设资金结余时,必然涉及分配问题。

虽然 EPC 项目通常采用固定总价方式,但固定总价并非在任何情况下不能

调整。如果合同将设计优化列为可以调整合同价格的情况,则优化减少施工内容的造价应在期中支付、结算审核时按约定比例予以扣减。此时,总价清单范围内未施工内容系根据合同约定的价格调整方式扣减费用。

【典型案例】

案例 3－15－1

EPC 总价清单范围内未施工内容不予扣除

敦煌市清洁能源开发有限责任公司(以下简称敦煌清洁能源公司)与中国能源建设集团安徽电力建设第二工程有限公司(以下简称安徽电力二建公司)建设工程合同纠纷案

审理法院:甘肃省高级人民法院

案号:(2018)甘民终 481 号

裁判日期:2018 年 8 月 28 日

【裁判摘要】

关于敦煌清洁能源公司主张的扣减款项理由是否成立的问题。敦煌清洁能源公司认为,安徽电力二建公司未按中标文件及合同确定的范围与规定的规模标准进行设备的购置与安装,未按敦煌清洁能源公司批准的施工图组织施工,对部分施工内容擅自变更,偷工减料,未按投标文件与费用清单购置安装相应设备,对该部分款项应进行扣减,并提供酒泉市鸿瑞工程造价事务所有限责任公司《关于敦煌市光电产业园 3#110KV 升压站项目竣工结算的审核说明》的证明。法院认为,《关于敦煌市光电产业园 3#110KV 升压站项目竣工结算的审核说明》系敦煌清洁能源公司单方委托形成的,且安徽电力二建公司并不认可。安徽电力二建公司提供的《敦煌光电产业园 3#110KV 升压站移交生产交接书》载明没有遗留和整改项目,且经建设单位、生产单位、主体设计单位、主体施工单位、主体调试单位盖章确认。安徽电力二建公司提供的《工程进度产值报审表》载明工程量所对应的工程价款,总额为合同约定的工程总造价,且经敦煌清洁能源公司、安徽电力二建公司监理单位签字确认,证明安徽电力二建公司完成了案涉工程全部工程。敦煌清洁能源公司主张扣减款项,但未提交相应证据,故其理由不能成立,法院不予支持。

案例3－15－2

约定固定总价,未施工部分的工程款及设计费均不应扣减费用

青海宏润新能源投资有限公司、国电光伏公司建设工程施工合同纠纷案

审理法院:最高人民法院

案号:(2017)最高法民终576号

裁判日期:2017年11月30日

(1)关于宏润新能源公司主张国电光伏公司未施工部分的工程款项1068万元应否扣除的问题。

宏润新能源公司认为,建筑工程部分由其自行施工完成,国电光伏公司并未施工,总承包合同约定的建筑工程部分价款为2868万元,扣除总承包合同补充协议中约定的工程款1800万元后,差额1068万元亦应从工程款中予以扣除。经查,案涉《总承包合同》第4.1.3约定,建筑工程费价格为人民币2868万元;2013年9月双方又签订《总承包合同补充协议》,第三条"建筑工程部分"约定,案涉合同内所有建筑工程,综合单价为0.60元/W,总价为1800万元,为固定总价,任何情况下不予调增,均由宏润新能源公司负责实施,宏润新能源公司在支付国电光伏公司的总价款时直接扣减1800万元建筑工程费用。第六条第2项约定,本协议作为原合同的补充部分,如与原合同有冲突,以此协议为准。由此可见,虽然双方在原合同中约定建筑工程费用为2868万元,但在之后的补充协议中已达成一致意见,建筑工程部分全部由发包方宏润新能源公司自行完成,费用为固定总价1800万元,不因任何情况而调增,结算时在应付国电光伏公司总工程款中予以扣除。双方约定的原工程总价为25,500万元,依照该补充协议的约定扣减1800万元后,合同总价款变更为23,700万元。由于在签订总承包合同补充协议时,宏润新能源公司对建筑工程部分的工程量及费用已经明确,其自愿以1800万元包干价扣减建筑工程部分的费用,属于对自己权利的处分;现宏润新能源公司主张扣减差额部分1068万元,违反协议约定,其主张不能成立,一审判决对该部分款项未予扣除并无不妥,法院予以维持。

(2)关于设计费差额44万元是否应予扣除的问题。

根据总承包合同约定,设计总费用为140万元。总承包合同补充协议第一

条约定，设计工作，宏润新能源公司已委托十一院进行全部设计内容；国电光伏公司作为EPC总承包方，另行与十一院签订设计合同，合同签订后，国电光伏公司负责设计费用的支付。2013年9月21日，国电光伏公司与十一院签订建设工程设计合同，该合同第九条约定国电光伏公司总计应付设计费用为96万元。宏润新能源公司认为，虽然双方总合同约定设计费用为140万元，但该约定仅为暂定价，最终价格应据实结算，国电光伏公司最终仅支付96万元，故应以96万元确定决算价格，差额44万元不应予以支付，故应从工程款中扣除44万元。法院认为，本案双方之间系固定总价合同，约定设计费用为140万元。后根据总承包合同补充协议约定，国电光伏公司与十一院签订设计合同，经协商双方约定设计费用为96万元，国电光伏公司已全额支付该款。总承包合同约定的设计费140万元与国电光伏公司实际向设计方支付的96万元的差额44万元，应属国电光伏公司的正常商业利润部分，宏润新能源公司主张扣减该款缺乏依据。综上，一审判决未支持宏润新能源公司关于扣减设计费差额44万元的主张，并无不妥，法院予以维持。

案例3－15－3

设备及材料增加，但未明显超越合同约定功能，不予增加合同价款

新煤化工设计院（上海）有限公司与中国铝业股份有限公司河南分公司、中国铝业股份有限公司建设工程合同纠纷案

审理法院：河南省高级人民法院

案号：（2019）豫民初27号

裁判日期：2020年10月10日

【裁判要旨】

EPC项目中，承包人应对工程承包范围及内容发生变化承担举证责任，对涉及设备及材料增加，没有证据证明项目功能明显超越合同约定功能的，法院对承包人要求增加费用的主张不予支持。涉案新煤化工公司主张了合同外16项增项费用，法院经审理后支持了其中7项为合同外工程，支持了合同外增加价款。

【实务建议】

固定总价对发承包双方都具有约束力,一旦确认总价包干范围,则包干范围内的价款原则上不应调整。如果发承包双方预判在施工过程中发生工程量增减的可能性较大,则应当区分情形约定计价规则,如对设计优化所节省的工程款项或采购优化所节省的费用约定分配方式,对清单偏差导致的建设成本变动约定分担规则,以及其他发承包人双方的风险负担原则。

考虑到审计机构不恰当审减 EPC 合同固定总价范围内未施工内容价款的问题客观存在,笔者提出应对建议如下:

1. 如有可能参与到项目前期工作的意向承包人,制作符合 EPC 项目固定总价模式的计价说明,与项目发包人沟通列入招标文件及 EPC 合同文本,则即使项目面临审计,发承包双方均可依据该计价说明与审计机构沟通结算价审核方式。

如针对争议频发的清单项目是否按实结算、设计优化部分是否扣减造价等问题规定如下:

(1)价格清单的合价作为工程承包合同的签约合同价及进度款支付的基数,但价格清单列出的建安工程量或设备型号、数量仅作为估算工作量,承包人应当根据经过发包人审批的施工图设计进行材料设备采购及施工安装。

除非合同另有约定或双方协商一致调整清单项目,否则价格清单组成的固定总价在结算时不予调整,也无须结合实际完成的工作量办理结算。

(2)初步设计文件中发包人不允许承包人自行优化调整的内容,应在发包人要求中予以明确;发包人要求未明确的,承包人在满足发包人要求所列内容,符合设计规范和工程验收标准的条件下可进行优化设计,合同总价不因此调整。

承包人提出调整发包人要求所列内容的合理化建议,需经发包人批准后实施,由此引起的合同价格调整按变更条款有关规定执行。合理化建议降低了合同价格的,对节约部分价款,双方可在专用合同条款中约定按照 30% ~50% 的比例由承包人分享,若降低标准档次的合理化建议节约的价款,双方另行协商确定分成比例。

(3)工程竣工验收及试运行通过后,发承包双方一致确认工程总承包项目实施过程中并未发生价格调整情形的,可以直接按签约合同价办理结算。发生合同约定的价格调整情形的,仅针对调整的部分重新计价。

2. 尽量避免在招标文件及 EPC 合同中约定以审计机关作出的审计报告、财政评审机构作出的评审结论作为工程价款结算依据。

3. 从承包人角度，在无法避免审计条款时，可争取增加约定审计程序的合理期限，以及未在合理期限内出具审计结论/报送审计的后果。同时，积极推动与发包人的先行结算，若遭遇结算和审计久拖不决，妥善留存报送结算资料的签收记录，果断发起诉讼。

4. 从承包人角度，为防止审计结论与发承包双方结算金额（或承包人送审金额）差额过大，可以争取在 EPC 合同中增加约定异议程序，如差额达到一定比例时承包人有权要求进入争议解决程序处理结算问题，或由发包人负责先行与审计机构核实审减依据问题。

【参考依据】

1.《工程总承包管理办法》

第十六条　企业投资项目的工程总承包宜采用总价合同，政府投资项目的工程总承包应当合理确定合同价格形式。采用总价合同的，除合同约定可以调整的情形外，合同总价一般不予调整。……

2. 广西壮族自治区住房和城乡建设厅、财政厅《关于推进广西房屋建筑和市政基础设施工程总承包试点发展的指导意见》

第十八条　项目结余分成。工程总承包单位通过优化设计及科技创新管理后，工程竣工结算总价（不包括减少原施工图纸的规模、内容和降低装修标准）低于实际合同总价时，竣工结算总价与实际合同总价的差额为该工程总承包项目的结余资金。工程总承包单位可按分级累进法参与结余资金的分成。

1. 项目结余资金为实际合同价 10% 以内的项目，项目结余资金的 40% 为工程总承包单位所得，其余 60% 为建设单位所得（若为政府投资项目应返还财政）；

2. 项目结余资金为实际合同价 10% －20% 的项目，项目结余资金的 50% 为工程总承包单位所得，其余 50% 为建设单位所得（若为政府投资项目应返还财政）；

3. 项目结余资金为实际合同价 20% 以上的项目，项目结余资金的 60% 为工程总承包单位所得，其余 40% 为建设单位所得（若为政府投资项目应返还财政）。

第16节 EPC工程未达到约定质量标准,但发包人提前运营的,是否可以认定合格

【分析与解读】

在传统房屋建筑施工总承包项目中,发包人对项目提前使用说明建设工程已经具备功能性价值,应当认定为质量合格,典型如酒店装修未经验收即试运行对外营业。

但在技术性较强的EPC工程(如石油化工工业设备安装、电力设备设施)中,工程质量标准需要满足发包人要求中的关键技术指标,不能以发包人“试车”“试运行”的行为作为判定质量合格的标准。

一、关于质量标准的法律规定

现行法律和工程规范仅规定了“合格”的质量标准,并进一步衍生出“合格”与“不合格”的质量等级区别,并未规定更高的法定质量标准。

《建筑法》第六十一条第一款规定:“交付竣工验收的建筑工程,必须符合规定的建筑工程质量标准,有完整的工程技术经济资料和经签署的工程保修书,并具备国家规定的其他竣工条件。”《建设工程质量管理条例》第16条规定:“……建设工程经验收合格的,方可交付使用。”《建筑工程施工质量验收统一标准》(GB 50300－2013)第3.0.7项规定:“建筑工程施工质量验收合格应符合下列规定:1.符合工程勘察、设计文件的要求;2.符合本标准和相关专业验收规范的规定。”《房屋建筑工程质量保修办法》(建设部令第80号)第三条第二款规定:“本办法所称质量缺陷,是指房屋建筑工程的质量不符合工程建设强制性标准以及合同的约定。”

二、法律并不禁止当事人约定更高的质量标准

虽然现行法律和工程规范并未明确规定合格之外的质量等级,但也没有对当事人约定更高质量标准的权利进行限制。反之,法律对于发包人要求承包人降低工程质量的情形作出了禁止性规定。

实务中,施工合同当事人约定合格以外的工程质量标准并不鲜见,如约定

取得鲁班奖或其他地方质量奖项后支付优良工程增加费或其他方式的奖励。原建设部于1989年9月1日发布的《建筑安装工程质量检验评定统一标准》（GBJ 300－88，已废止）第3.0.1条亦规定："本标准的分项、分部、单位工程质量均分为'合格'与'优良'两个等级。"可以看作官方层面认可更高质量标准的依据。

北京市高级人民法院《关于审理建设工程施工合同纠纷案件若干疑难问题的解答》（京高法发〔2012〕245号）第二十七条也明确规定："建设工程施工合同中约定的建设工程质量标准低于国家规定的工程质量强制性安全标准的，该约定无效；合同约定的质量标准高于国家规定的强制性标准的，应当认定该约定有效。"

在（2013）民申字第114号案件中，最高院认为："……（双方）签订的施工合同及补充条款，意思表示真实，未违反法律和行政法规的禁止性规定，应当认定为合法有效。虽然原建设部发布文件将工程质量检验评定标准由过去样板、优良、合格三个等级改为合格一个等级，但并未禁止当事人在高于该国家标准之上另行约定工程质量标准。"

《建筑法》第五十四条第一款规定："建设单位不得以任何理由，要求建筑设计单位或者建筑施工企业在工程设计或者施工作业中，违反法律、行政法规和建筑工程质量、安全标准，降低工程质量。"《工程质量管理条例》第二款规定："建设单位不得明示或者暗示设计单位或者施工单位违反工程建设强制性标准，降低建设工程质量。"

三、发包人擅自使用工程丧失部分质量抗辩权的规定并不必然适用于工程总承包项目

《施工合同司法解释（一）》（法释〔2020〕25号）第十四条规定："建设工程未经竣工验收，发包人擅自使用后，又以使用部分质量不符合约定为由主张权利的，人民法院不予支持；但是承包人应当在建设工程的合理使用寿命内对地基基础工程和主体结构质量承担民事责任。"

施工总承包模式下，承包人并不负责项目设计，只要严格按照发包人提供的施工图纸和工程规范施工即可，并不需要考虑原设计成果能否达到发包人要求，即承包人只对施工过程质量负责。工程总承包模式下，承包人负责设计、采

购和施工,不仅需要控制施工质量,更需要保证工程成品满足发包人技术指标要求。换言之,工程总承包模式下,承包人的工程质量责任有二:一是保证施工质量合格,二是保证产品性能达标。二者缺一,工程总承包模式的意义就无法实现。故此,《建设项目工程总承包合同(示范文本)》(GF-2020-0216)通用条件第9条、第10条、第12条,按照验收流程实施的先后顺序,详细规定了竣工试验、竣工验收、工程接收、竣工后试验等环节,就是为了有效检验发包人的各项要求能是否得以实现。

综上,笔者认为,最高人民法院的上述规定仅考虑了施工质量问题,故仅能适用于竣工验收程序相对简单的房屋建筑工程,对于技术要求较高、验收投产程序繁琐的非民用工程总承包项目,则不宜机械套用。

【典型案例】

案例3-16-1

项目通过环保验收投入生产但未达到合同约定技术指标,不能认定质量合格

江苏和亿昌环保工程科技有限公司(以下简称和亿昌公司)与新浦化学(泰兴)有限公司(以下简称新浦公司)承揽合同纠纷案

审理法院:江苏省高级人民法院

案号:(2020)苏民申869号

裁判日期:2020年12月9日

【裁判摘要】

【承包人申请再审主张】

和亿昌公司交付给新浦公司的标的物合格,所有设备均可稳定运行。新浦公司于2014年9月1日在未调试的情况下擅自使用设备进行生产,应视为设备已经验收,新浦公司不应再以质量问题作为拒付价款的抗辩理由。案涉设备在2015年5月通过泰兴市环境保护局的竣工环保验收,故新浦公司的合同目的已经实现。案涉设备是对新浦公司2006年投产的设备进行技术改造,对工业水质、气、汽源参数等有严格要求,若出现设备故障,只有先确定故障发生的原因,才可以进行责任划分,目前新浦公司未举证设备故障的原因系由和亿昌公司造成,依据江苏省科技咨询中心出具的技术鉴定报告也不足以将设备产生的故障、原因及责任归咎于和亿昌公司。据此，本案应认定设备已符合付款条件，新浦公司应向和亿昌公司支付剩余价款。

【发包人辩称】

和亿昌公司关于脱硫装置合格的说法不能成立。根据《工程总承包合同》第四条的约定，装置验收合格必须是装置试运行连续三十日合格、统计期三个月性能指标达到性能表保证值。而案涉装置于2014年9月进行投料试车，新浦公司于11月24日即就试车存在问题发函给和亿昌公司要求整改，双方此后就装置存在问题亦多次通过函件、会议等方式进行沟通，因装置存在的“硫酸铵夹带”等多种问题未能整改，而未进入性能考核阶段。和亿昌公司称脱硫装置已于2014年验收合格，新浦公司擅自使用设备的说法没有依据。脱硫装置的喷淋层脱落、双方的往来函件以及江苏省科技咨询中心的技术鉴定报告等足以证明和亿昌公司所供装置存在质量问题。

案涉装置建成后是否合格，在技术协议及付款方式条款中均有明确约定，即必须连续运行168小时，通过环保部门验收，还要具备其他技术指标，而2015年5月的环保竣工验收仅是环保部门对于案涉装置运行时废水和氨气等排放浓度的监测，并不能说明案涉装置符合上述要求。

【江苏高院再审认为】

关于和亿昌公司提出的案涉设备已经通过环保验收，故可证明新浦公司已将设备投入生产，新浦公司的合同目的已经实现，故应支付剩余价款的主张。法院认为，虽然泰兴市环境保护局于2015年5月25日对新浦公司2×220t/h循环流化床锅炉烟气脱硫脱硝除尘项目运行过程中可能产生的废水、废气、噪声、固废及其他等通过竣工环保验收，且就上述设备在2016年1季度及11月、12月运行排放的烟气、烟尘等进行了监测并公布相关数据，但不能据此即认定双方约定的付款条件已经成就。从前述第24.2条的约定可见，和亿昌公司要求新浦公司支付剩余合同价款，须同时满足装置建成调试合格、通过环保验收和通过性能考核等三项条件。一审法院在审理过程中也根据新浦公司的申请，就案涉装置进行了质量鉴定。江苏省科技咨询中心于2017年10月11日出具技术鉴定报告，意见为：（一）新浦公司3×220t/h锅炉烟气脱硫工程竣工环境保护验收项目虽然达到了总包合同第24.2.1条规定的“且通过环保部门验收”的要求，但总包合同第24.2.1条同时规定达到“装置建成调试合格（连续运行168小时）”的要求，未有相关支持证据予以印证。此外，按照环保工程惯例，承包商装置验收合格后应移交发包方。而本项目资料中没有合同双方关于装置的移交记录,双方往来的函件也证明装置一直处于整改中。(二)该项目氨法脱硫塔结构和工艺控制技术路线(设计)缺陷等存在的缺陷问题造成了硫酸铵夹带排入大气环境(产生“飘雨”或“白雾”飘逸现象),致使氨回收率不能满足总包合同技术协议约定的技术标准限值要求的根本原因。江苏省科技咨询中心的鉴定程序合法,对和亿昌公司提出的质疑亦作了解答,故在和亿昌公司没有充分证据推翻该鉴定意见的情况下,该鉴定意见可以作为认定本案事实的依据。从该鉴定意见可知,和亿昌公司所供设备确实存在未能达到合同约定的技术指标的问题,且和亿昌公司未能提供证据证明“装置建成调试合格(连续运行168小时)”以及“通过第二次性能考核”的付款条件已经成就,据此,和亿昌公司要求新浦公司支付剩余价款的依据不足。

案例 3-16-2

EPC 总承包项目达到合同约定的性能条件才能视为质量合格的案例

江苏新世纪江南环保股份有限公司(以下简称江南环保公司)建设工程施工合同纠纷再审案

审理法院:最高人民法院

案号:(2019)最高法民申 1187 号

裁判日期:2019 年 4 月 23 日

【裁判摘要】

最高人民法院认为,EPC 总承包合同书约定装置联动试车和性能考核合格并通过 168 小时验收后才支付进度款。根据原审查明的事实,案涉设备的烟气脱硫系统存在较多遗留质量问题。江南环保公司(承包方)未提交证据证明案涉设备质量能满足上述 168 小时连续运行考核试验运行条件,不能证明案涉设备的运行已经达到合同约定的要求,因此原审法院认为未达到工程进度付款条件,具有事实依据。

本案中,江南环保公司提供奥维乾元化工公司 3×280t/h 锅炉烟气氨法脱硫及副产物硫铵回收装置的设计、供货、安装、调试及指导运行服务,对案涉设备质量负责是江南环保公司作为设备供货方的主要合同义务,该义务不因奥维乾元化工公司对案涉设备未竣工验收就使用的行为而免除。

案例 3－16－3

项目已通过环保部门的竣工验收并投入使用，可视为发包人对案涉工程项目质量的认可

秦皇岛方圆玻璃有限公司与上海金自天正信息技术有限公司建设工程施工合同纠纷案

审理法院：秦皇岛市海港区人民法院

案号：（2017）冀 0302 民初 5571 号

裁判日期：2018 年 8 月 20 日

【裁判摘要】

法院认为，原告与被告签订的 EPC 总承包合同及秦皇岛方圆玻璃有限公司 1#、2#、3#玻璃熔窑烟气脱硝除尘工程总承包技术协议，系双方当事人真实意思表示，合法有效，对双方当事人具有约束力。原告因 1#、2#、3#玻璃熔窑在试运行期间排放超标被处罚款 14 万元（已交纳），应视为 1#、2#、3#玻璃熔窑在调试期间给原告造成的损失，应由被告承担。另秦皇岛市抚宁区环境保护局于 2015 年 9 月 9 日对原告作出的秦皇岛市抚宁区环境保护局抚环连罚字（2015）2 号按日连续处罚决定书所涉及的罚款，因原告出示证据不能证实原告已交纳该笔罚款，应另案处理。2015 年 12 月 23 日，秦皇岛市环境保护监测站受原告委托针对秦皇岛方圆玻璃有限公司玻璃溶窑烟气脱硝、脱硫、除尘技术改造项目作出秦环测（验）字（2015）第 49 号建设项目环保设施竣工验收监测报告，结论为：实际污染物排放总量满足总量控制指标。案涉工程通过环保部门的竣工验收。自 2015 年 12 月 23 日起，应视为原告对案涉工程的实际使用，建筑法第六十一条规定，建设工程竣工经验收合格后，方可交付使用；未经验收或者验收不合格的，不得交付使用；最高人民法院《施工合同司法解释》第十三条规定，建设工程未经竣工验收，发包人擅自使用后，又以使用部分质量不符合合同约定为由主张权利的，不予支持。现案涉工程项目已通过环保部门的竣工验收并投入使用，可视为原告对案涉工程项目质量的认可。

【实务建议】

现行的法律体系对于工程总承包模式下承包人的质量责任并未做出清晰

界定,由此导致司法实践中不同法院也存在不同认识。笔者呼吁,国家立法层面应尽快出台符合工程总承包模式的法律或行政法规来规制工程总承包项目的质量管理,给从业人员提供定分止争的依据。

在立法滞后的现状下,合同当事人也可以聘请专业团队,根据项目实施的质量管理目标制定详细的发包人要求文件,以及质量标准、质量控制、验收程序、与质量标准关联的计价方式及付款条件,以便在争议发生时争取有利的地位。

第 17 节　EPC 项目竣工验收后发生安全事故,承包人是否需要赔偿发包人损失

【分析与解读】

回答该问题,首先需要对竣工验收的法律性质进行明确。其次,应考虑安全事故发生的原因是不是承包人的施工质量问题。

《建筑工程施工质量验收统一标准》(以下简称"验收标准")第 2.0.7 条"验收"规定:"建筑工程质量在施工单位自行检查合格的基础上,由工程质量验收责任方组织,工程建设相关单位参加,对检验批、分项、分部、单位工程及其隐蔽工程的质量进行抽样检验,对技术文件进行审核,并根据设计文件和相关标准以书面形式对工程质量是否达到合格做出确认。"第 6.0.6 条规定:"建设单位收到工程竣工报告后,应由建设单位项目负责人组织监理、施工、设计、勘察等单位项目负责人进行单位工程验收。"

根据上述规定,竣工验收是工程建设相关单位(建设工程合同的民事主体)对工程质量的确认行为,而"竣工验收报告"是一项记载当事人关于工程质量问题是否合格之意思表示的书面文件。从验收标准所规定的竣工验收的内容要求上看,工程质量合格的前提条件是每一道施工工序都要按照施工图纸组织施工,每一个检验批都要符合施工规范要求,并逐步确认施工的材料(设备)质量、检验批的质量、分项工程的质量和分部工程的质量合格。最终,记载工程质量合格的"竣工验收报告"作为工程质量合格的书面证据,证明五方主体通过最终验收并自愿依法承担相应法律责任。但实务中,也有种种原因会导致竣工验收报告的合格结论与工程实体质量之间存在严重偏差的情况,或"竣工验收报告"

形成过程不合法。因此,并不能仅以竣工验收报告记载情况作为证明工程是否达到合格标准的唯一凭证。①

另外,《建筑法》第八十条规定:“在建筑物的合理使用寿命内,因建筑工程质量不合格受到损害的,有权向责任者要求赔偿。”据此,工程验收合格不等于工程真正合格,因施工人的原因发生质量事故的,其依法仍应承担民事责任。任何法律、法规均没有工程一经验收合格,施工人对之后出现的任何质量问题均可免责的规定。

从证据形成的角度,若在竣工验收合格后,当事人又因为特殊情况的发生又合意(或由裁判机关委托第三方鉴定)对已施工部位的质量问题进行重新检验,并发现验收前存在的施工质量问题的,也可能推翻此前质量合格的结论,承包人也需要对此前的质量问题承担责任。

【典型案例】

案例 3－17－1

火灾事故发生的原因有施工质量不合格,判定 EPC 承包人承担责任

海宁茂硕诺华能源有限公司(以下简称茂硕公司)与海宁市诺耶科华太阳能电力工程有限公司(以下简称科华公司)建设工程施工合同纠纷案

审理法院:海宁市人民法院、浙江省嘉兴市中级人民法院

案号:(2017)浙0481民初4638号、(2018)浙04民终221号

裁判日期:2017年12月18日、2018年5月10日

【案情简介】

2014年5月21日,茂硕公司和科华公司签订海宁市科技园区微电网系统15MWp分布式太阳能电站项目工程项目总承包合同,合同约定:茂硕公司(甲方)将位于海宁市的海宁市科技园区微电网系统15MWp分布式太阳能电站项目工程发包给科华公司(乙方),项目为交钥匙工程,工程为整个项目正常并网发电,合同总价115,500,000元。

① 闫中军:《“竣工验收证明书”的法律属性及效力研究》,载微信公众号“永伦律所”2021年3月11日,https://mp.weixin.qq.com/s/UiE7dGnfowhJr789MT032A。

2014年12月底,本案所涉15MWP光伏电站工程通过国家电网验收,同意并网投产。

2015年6月4日,茂硕公司自行委托浙江鉴衡检测技术有限公司对本案所涉起火的工程项目进行验收,并于2015年6月12日完成验收并出具验收检查报告,报告载明的验收结果未明确指出该项目存在问题。

2016年5月12日,案涉15MWP光伏电站工程恒森子项目卡雷诺公司着火,海宁市尖山专职消防队出具证明,载明着火系安装在该公司屋面上的光伏太阳能电线引发。

2016年5月13日,茂硕公司向中华联合财产保险股份有限公司申请火灾损失索赔,索赔申请书载明的事故原因是"潮湿、闷热、高温",出险原因为"恒森子项目彩钢瓦屋顶光伏电缆起火,引起火灾事故",报损金额为4,000,000元至6,000,000元,最终茂硕公司获赔887,817.21元。

【裁判要点】

关于本案所涉项目发生火灾的原因是否可归责于科华公司及其应承担的责任比例的问题,一审法院认为:茂硕公司在火灾后委托的检测机构系经科华公司同意并认可的检测机构,该机构出具的报告,科华公司未提供相反证据予以推翻,对于报告的内容和结论,予以认定。从分析报告结论中提及的起火部位及起火原因分析,具体涉及线缆和逆变器。一是线缆起火的可能原因有三种,分别对应的是线缆桥架内的线缆布置设计、具体施工及线缆本身绝缘性能、阻燃等级等质量问题。本案工程为"交钥匙工程",设计、监理、施工、调试、验收等费用全部包括在合同价款中,对于前述工程涉及的问题均应由科华公司负责处理,且在火灾发生前,茂硕公司也要求科华公司对存在的工程质量问题进行整改,但科华公司并未完成。报告中提及的线缆可能起火原因中线缆桥架内的线缆布置、施工导致绝缘性破坏以及线缆本身质量问题等均属于合同约定的科华公司的义务和责任,故线缆起火的原因应归责于科华公司。报告结论认为逆变器内断路器着火的原因有二,但两种原因都可归结为逆变器自身质量的问题,根据茂硕公司和科华公司总包合同的约定,逆变器供应由深圳市富凌控制技术有限公司负责,科华公司虽主张该逆变器系根据茂硕公司的指定采购安装,但双方合同约定的是逆变器由深圳市富凌控制技术有限公司负责,对具体型号并未予以约定,科华公司亦未提供证据证明现场安装的逆变器型号是茂硕公司指定安装，故科华公司应对其安装的逆变器的质量及是否符合工程设计需要负责。根据前述分析，本案线缆、逆变器起火的原因均可归责于科华公司。然而，茂硕公司明知科华公司无承接本案所涉工程施工的总包资质，仍将本案所涉工程发包给科华公司，双方签订的合同依法属于无效合同，无效合同中，因建设工程不合格造成的损失，发包人有过错的，也应承担相应的民事责任。虽然分析报告的结论关于火灾原因并未确定唯一，但从可能原因分析，茂硕公司和科华公司均对火灾的发生存在过错，综合考虑茂硕公司、科华公司的过错程度，酌定科华公司承担本案火灾造成损失的70%，茂硕公司自负30%。

就火灾损失赔偿问题，二审法院认为，本案为合同纠纷，茂硕公司系根据科华公司违反合同约定的情况主张相关损失，一审法院在认定时却考虑了过错这一侵权责任的构成要件，存有不当，本院对此予以纠正。然而，根据鉴定机构出具的事故分析报告，也不能得出火灾事故全系茂硕公司违反合同约定造成，本院根据科华公司的违约情况酌定由其承担70%的赔偿责任，故一审法院该项判决结果可予以维持。

案例3－17－2

火灾事故发生的原因有施工质量不合格，判定EPC承包人承担责任

大连市政设施修建有限公司（原大连市政设施修建总公司）、北方华锦化学工业股份有限公司建设工程施工合同纠纷案

审理法院：最高人民法院

案号：（2019）最高法民申5769号

裁判日期：2020年1月8日

【裁判要点】

《建筑法》第八十条规定："在建筑物的合理使用寿命内，因建筑工程质量不合格受到损害的，有权向责任者要求赔偿。"据此，工程验收合格不等于工程真正合格，因施工人的原因发生质量事故的，其依法仍应承担民事责任。任何法律、法规均没有工程一经验收合格，施工人对之后出现的任何质量问题均可免责的规定。市政公司以案涉工程已经正式通过竣工验收为由主张其不应承担责任，理由不能成立。

【实务建议】

竣工验收合格后发生因施工质量问题导致的安全事故,发包人往往面临求告无门的困难。因此,笔者从发包人角度提出防控验收后质量风险的建议如下:

1. EPC合同中可约定严于普通施工合同的质量担保责任。如:约定工程已经通过竣工验收后仍可以追究承包人工程实际质量不合格所引起的法律责任;保修期内持续维修未果,保修期届满后持续存在的质量问题,承包人应继续负责维修,发包人委托第三方维修的,相关费用由承包人承担;保修期届满后发现的质量问题,经确认(或鉴定)属于承包人未按合同约定工艺要求、标准规范进行施工导致的(如偷工减料、使用不合格材料或构配件的),承包人应继续应当承担维修责任并赔偿对发包人或第三方造成的损失。

2. 发包人在接收工程后应及时购买财产保险,增加索赔渠道。鉴于实务中各方对竣工验收的认识不一,发包人在竣工验收合格后向承包人追偿因质量不合格造成的损失存在一定困难和法律成本,为及时弥补损失恢复生产,发包人可以考虑为已完工程及时投保财产险。在前文海宁茂硕诺华能源有限公司与海宁市诺耶科华太阳能电力工程有限公司建设工程施工合同纠纷案中,发包人茂硕公司就是在向保险公司申请火灾损失索赔后又向承包人科华公司提起诉讼的。